Workbook
to accompany

Eighth Edition

puntos
de partida

An Invitation to Spanish

Alice A. Arana
Formerly of Fullerton College

Oswaldo Arana
Formerly of California State University, Fullerton

**McGraw-Hill
Higher Education**

Boston   Burr Ridge, IL   Dubuque, IA   New York
San Francisco   St. Louis   Bangkok   Bogotá   Caracas   Kuala Lumpur
Lisbon   London   Madrid   Mexico City   Milan   Montreal   New Delhi
Santiago   Seoul   Singapore   Sydney   Taipei   Toronto

McGraw-Hill
Higher Education

Workbook to accompany
Puntos de partida: An Invitation to Spanish, Eighth Edition

3 4 5 6 7 8 9 WDQ/WDQ 0

ISBN: 978-0-07-332558-3
MHID: 0-07-332558-9

Editor in Chief: *Michael Ryan*
Publisher: *William R. Glass*
Executive Editor: *Christa Harris*
Director of Development: *Scott Tinetti*
Development Editor: *Mara Brown*
Marketing Manager: *Jorge Arbujas*
Production Editor: *Alison Meier*
Editorial Assistant: *Margaret Young*
Production Supervisor: *Louis Swaim*
Composition: *Palatino by Aptara, Inc.*
Printing: *40# Alt Book 690 by Worldcolor*
Illustrators: *David Bohn, Rick Hackney, and Lori Heckelman*

Page 29 *Cambio 16;* 98 Secretaria de Estado para La Seguridad, España; 194 © by A.L.I., Brussels; 227 Bob Englehart, *The Hartford Courant*

www.mhhe.com

Contents

To the Instructor

This Workbook is designed to accompany *Puntos de partida: An Invitation to Spanish,* Eighth Edition, published by the McGraw-Hill Companies, Inc., 2009. As in the seventh edition, the Workbook offers a variety of written exercises to reinforce the vocabulary and structures presented in the main text. In most chapters, the exercises progress from mechanical, fill-in exercises, and response based on word cues or pictures to free response and guided composition. For ease of identification, most exercises appear under the same headings as in *Puntos de partida.* Once a section from the textbook has been introduced, the instructor can assign the same section in the Workbook with the assurance that no new vocabulary or structures from later sections of that chapter will be encountered.

The eighth edition has retained all of the features that have proven successful in the previous editions.

- Most exercises are not only contextualized but also personalized, thereby highlighting the importance of context, meaning, and personal experience in the process of language study.
- Almost all grammatical concepts and many vocabulary exercises are introduced with a recognition exercise in which students are asked to react to a series of statements, all of which model the new grammatical concept or vocabulary. For example, students may be asked to indicate whether the statements are true or false for them or to identify how often they perform an action. In this way, students are engaged in using the new material before having to generate it actively in written form.
- All recognition exercises and personalized exercises are marked with a symbol (❖) to indicate that no answers are provided. Instructors may wish to use the personalized exercises to evaluate how well students have understood new concepts being taught.
- The section **Mi diario** appears at the end of each chapter. Its purpose is to encourage students to write freely about their own experiences, applying the material they have been studying in that chapter. For example, in **Capítulo 2,** on the family, the student is asked to write a description of a favorite relative; in **Capítulo 6,** on food, the student is asked to write about his or her most and least favorite foods; and so on. The purpose of this section is to encourage students to write as much as they can without worrying about errors. The instructor *should not grade or correct* this section but rather react to the *content* of what the student has written. It is recommended that students keep their **Diario** in bluebooks, which are easy to carry around. As students acquire more language and vocabulary, it is expected that their entries will become more lengthy than at the beginning of the course.
- All art and realia are functional; that is, they serve as stimuli for answering questions or creating a narrative.
- Some chapters contain brief reading selections. Some selections are adaptations of magazine or newspaper articles. Others are based on personal experiences or oral traditions. All of these selections are followed by comprehension questions and sometimes serve as the basis for short paragraphs or compositions.
- Translation exercises have been further reduced in number in response to instructors' concerns about their appropriateness. Nevertheless, the authors of the Workbook believe, from years of practical classroom experience, that there is a benefit to be derived from patterned translation exercises at the first-year level. These drills help students focus on a particularly troublesome structure or syntax. For these drills, a model in Spanish is frequently provided.
- Answers are provided at the back of the Workbook so that students may check their own work. Although some instructors believe that students simply copy answers when they are available, the authors of the Workbook believe that much is to be gained by asking students to correct their own work. If students are asked to make corrections in another color, instructors can easily tell which students are copying answers. In addition, since answers are not given for all exercises and activities, there is still ample opportunity to monitor students' work and progress.
- Instructors may wish to note, in particular, the constant review/re-entry sections in all chapters.

¡Recuerde!, a brief review section that appears in many chapters, focuses on similarities between a previously learned grammatical item and the new structure being introduced. These exercises take the form of guided translations, fill-ins, transformation drills, and so on.

The **Un poco de todo** section recombines and re-enters the structures and vocabulary presented in the chapter.

Perspectivas culturales corresponds to the cultural section on specific countries found in the textbook. Here students are assessed on their comprehension of the cultural content.

Every chapter includes a section called **Póngase a prueba** with a short quiz called **A ver si sabe... ,** which focuses on some of the most mechanical aspects of the language-learning process—memorization of verb structures, vocabulary, and syntax. By taking this quiz, the students can evaluate their knowledge of the most basic aspects of the language before they move on to the **Prueba corta,** where they will complete a test based on more contextual sentences.

Finally, **¡Repasemos!** sections review structure and vocabulary from preceding chapters. These exercises are usually guided compositions, although there are reading selections and some tense transformation or paragraph completion. The answers to the **¡Repasemos!** sections appear only in the Instructor's Manual. Thus, **¡Repasemos!** exercises may be used for evaluation purposes—written at home and subsequently graded by the instructor.

The authors would like to express their deep appreciation to Thalia Dorwick for her continued leadership and guidance in this project. We especially want to express our gratitude to William R. Glass, whose insightful comments on previous editions have helped to develop and strengthen this manual. Finally, we would like to thank Christa Harris for her leadership in planning this edition, her continued assistance and valuable comments, and especially Scott Tinetti and Mara Brown their tireless efforts in the actual development of this Workbook.

To the Student

Welcome to the Workbook that accompanies *Puntos de partida: An Invitation to Spanish*, Eighth Edition, the textbook you are using in your beginning Spanish class. Because the Workbook is coordinated with the textbook section by section, you will find it easy to use.

Here are some features of the Workbook that you will want to keep in mind as you work with it.

- In each section of the Workbook, the first exercise is generally mechanical in nature. As you do this exercise, you should focus primarily on providing the correct forms: the right form of a new verb tense, the correct adjective ending, the exact spelling of new vocabulary, and so on. The exercises that follow will require more thought and comprehension. They will frequently ask you to use material that you have learned previously and will often give you the chance to express yourself in Spanish. As you write your answers to all exercises, read aloud what you are writing. Doing so will help you to remember the new vocabulary and structures.

- Note that an **Answer Key** is provided at the back of the Workbook. It contains model answers for all exercises and activities except those marked with the symbol (❖); these are more open-ended or personalized. In addition, no answers are provided for the **¡Repasemos!** exercises that come toward the end of each chapter. We recommend that you check your answers for each exercise before proceeding to the next one. Use a colored pencil or pen to write in your corrections so that they stand out. This will make studying for quizzes and exams more efficient because you will be able to spot easily your previous mistakes. Resist the temptation merely to copy the correct answers, even if you are in a hurry or late doing your homework. If you copy consistently, you will fall farther and farther behind in the course because you will not really be learning the new material.

- One of the repeating features of the Workbook chapters is called **Mi diario** (*My Diary*). Its purpose is to encourage you to write freely in Spanish (as much as you can) about your own opinions and experiences, using the vocabulary and structures you are currently studying, without worrying about making errors. Your instructor will read your diary or journal entries and react to them, but he or she will not grade or correct them. It is a good idea to buy a separate notebook or bluebook in which to write **Mi diario** entries. By the end of the year, you will find that you are writing more and with greater ease in Spanish, and your notebook or bluebook will have a wonderful record of the progress you have made in your study of Spanish.

We sincerely hope that beginning Spanish will be a satisfying experience for you!

Alice A. Arana
Oswaldo Arana

About the Authors

Alice A. Arana is Associate Professor of Spanish, Emeritus, at Fullerton College. She received her M.A.T. from Yale University and her Certificate of Spanish Studies from the University of Madrid. Professor Arana has also taught Spanish at the elementary and high school levels and has taught methodology at several NDEA summer institutes. She is coauthor of the first edition of *A-LM Spanish*, of *Reading for Meaning—Spanish*, and of several elementary school guides for the teaching of Spanish. In 1992, Professor Arana was named Staff Member of Distinction at Fullerton College and was subsequently chosen as the 1993 nominee from Fullerton College for Teacher of the Year. In 1994, she served as Academic Senate President.

Oswaldo Arana is Professor of Spanish, Emeritus, at California State University, Fullerton, where he has taught Spanish American culture and literature. He received his Ph.D. in Spanish from the University of Colorado. Professor Arana has taught at the University of Colorado, the University of Florida (Gainesville), and at several NDEA summer institutes. He served as a language consultant for the first edition of *A-LM Spanish*, and is coauthor of *Reading for Meaning—Spanish* and of several articles on Spanish American narrative prose.

The Aranas are coauthors of the Workbooks to accompany *¿Qué tal? An Introductory Course*, Seventh Edition (McGraw-Hill, 2007) and *Puntos en breve*, Second Edition (McGraw-Hill, 2007).

PRIMERA PARTE

■■■Saludos y expresiones de cortesía

A. Saludos. Greet the following people in an appropriate manner.

1. a classmate, at any time of day _____

2. la señora Alarcón, at 9:30 P.M. _____

3. el señor Ramírez, at 2:00 P.M. _____

4. la señorita Cueva, at 11:00 A.M. _____

¡RECUERDE! (*REMEMBER!*)

¿Tú o (*or*) usted?

1. What form do you use when speaking to a professor?   tú ☐   usted ☐

2. What form do you use when speaking to another student?   tú ☐   usted ☐

3. To ask a classmate his or her name, say: ¿ _____?

4. To ask your instructor his or her name, say: ¿ _____?

B. ¡Hola, Carmen! On your way to class, you meet Carmen, a student from Spain, and exchange greetings with her. Complete the brief dialogue.

USTED: Hola, Carmen, ¿_____?[1]

CARMEN: Bien, gracias. ¿_____?[2]

USTED: Regular.

CARMEN: Adiós, _____[3] mañana.

USTED: Adiós, Carmen. _____.[4]

C. Diálogo. Complete the following dialogue between you and your new Spanish instructor. Be sure to use your own name and that of your instructor in the appropriate blanks.

USTED: _____[1] noches, profesor(a) _____ (*instructor's name*).

¿Cómo _____[2]?

PROFESOR(A):   Bien, _____.[3] ¿Cómo _____[4] usted?

USTED: _____[5] (*your name*).

PROFESOR(A):   Mucho _____.[6]

USTED: _____[7]

D. ¡Hola, Mario! In the student center you meet a foreign student and want to find out where he is from.

USTED: ¡Hola! ¿Cómo _____¹?

MARIO: Me llamo Mario Fernández. ¿Y tú?

USTED: _____² (*your name*). ¿De dónde _____³ Mario?

MARIO: _____⁴ de Caracas, Venezuela. ¿Y tú?

USTED: Yo _____⁵ de _____ (*your city*).

E. Situaciones. What would you say in the following situations?

  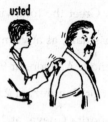

1. _____   2. _____   3. _____

Now give at least one appropriate response to your answer to item 1.

4. _____

■■■El alfabeto español

A. El alfabeto español. Answer the following questions about the Spanish alphabet.

1. What are the two letters in the Spanish alphabet that are not found in the English alphabet?

_____ _____

2. What letter in the Spanish alphabet is never pronounced? _____

B. ¿Cómo se escribe... ? (*How do you write . . . ?*) Write only the name of the underlined letter.

MODELO: ¿Se escribe <u>J</u>osé con (*with*) ge o con jota? → Con *jota*.

1. ¿Se escribe <u>g</u>eneral con ge o con jota? Con _____.

2. ¿Se escribe Oli<u>v</u>ia con be o con ve (uve)? Con _____.

3. ¿Se escribe e<u>x</u>perto con equis o con ese? Con _____.

4. ¿Se escribe Pére<u>z</u> con ese o con zeta? Con _____.

5. ¿Se escribe <u>C</u>ecilia con ese o con ce? Con _____.

6. ¿Se escribe opt<u>i</u>mista con i o con i griega? Con _____.

7. ¿Se escribe <u>h</u>asta con o sin (*without*) hache?_____ _____.

❖**C. ¿Cómo se llama usted?** Spell your complete name in Spanish.*

MODELO: Me llamo Juan Martínez. → Jota -u -a -ene, eme- a -ere- te- i acentuada- ene- e -zeta

Me llamo _____.

_____
*Exercises marked with this symbol (❖) do *not* have answers at the back of the Workbook.

■■■Nota comunicativa: Los cognados

❖**A. Pronunciación.** Read aloud the following pairs of words. The stressed syllable is italicized. Note how the stress shifts in most of the Spanish words. These adjectives can be used to describe a man or a woman.

	ENGLISH	SPANISH			ENGLISH	SPANISH
1.	*nor*mal	nor-*mal*		8.	*te*rrible	te-*rri*-ble
2.	e*mo*tional	e-mo-cio-*nal*		9.	res*pon*sible	res-pon-*sa*-ble
3.	*e*legant	e-le-*gan*-te		10.	*va*liant	va-*lien*-te
4.	*cru*el	cru-*el*		11.	*ho*rrible	ho-*rri*-ble
5.	pesi*mis*tic	pe-si-*mis*-ta		12.	im*por*tant	im-por-*tan*-te
6.	opti*mis*tic	op-ti-*mis*-ta		13.	in*te*lligent	in-te-li-*gen*-te
7.	materia*lis*tic	ma-te-ria-*lis*-ta		14.	re*bel*lious	re-*bel*-de

B. Los cognados

❖**Paso 1.** Scan the following selection, then underline all the cognates and other words that look familiar to you.

> **Un producto natural, protector de la salud**
>
> El aceite de oliva, especialmente el aceite de oliva virgen, es un producto que cada día gana mayor aceptación en la preparación de las comidas. Contiene mucha vitamina E, un antioxidante por excelencia. Además, el aceite de oliva virgen no contiene colesterol. En efecto, su uso reduce la concentración de colesterol en la sangre. Por lo tanto, es preferible a las grasas de origen animal, que son malas para el sistema cardiovascular.

Paso 2. Based on your understanding of the article, check the box for either **cierto** (**C**) (*true*) or **falso** (**F**) (*false*). ¡OJO! The sentences can help you understand the meaning of the paragraph.

		C	F
1.	Virgin olive oil is gaining more acceptance in the preparation of meals.	☐	☐
2.	One of the benefits of this oil is that it contains a lot of vitamin C.	☐	☐
3.	Olive oil contains as much cholesterol as animal fats.	☐	☐
4.	Animal fats are unhealthy because they are bad for the heart.	☐	☐
5.	The use of olive oil reduces the amount of cholesterol in our blood.	☐	☐
6.	Olive oil is beneficial for the cardiovascular system.	☐	☐

■■■¿Cómo es usted? (Part 1)

❖**A. Adjetivos.** Read aloud the following adjectives, then choose those that best describe you and use them to complete the sentence.

arrogante	irresponsable
egoísta	optimista
emocional	paciente
idealista	pesimista
impaciente	realista
independiente	rebelde
inteligente	responsable

Yo soy _____, _____, _____ y _____.

❖**B. ¿Qué opina usted?** (*What do you think?*) Describe the following people by using appropriate adjectives from the preceding list and from the list in **Los cognados** in your textbook.

1. Jennifer López es _____, _____ y _____.

2. Enrique Iglesias es _____, _____ y _____.

3. Madonna es _____, _____ y _____.

4. Justin Timberlake es _____, _____ y _____.

5. Salma Hayek es _____, _____ y _____.

❖**C. Mi mejor amigo/a** (*My best friend*). Tell your best friend what you think he/she is like. What verb form will you use with **tú: soy, eres, es**?

Tú (soy / eres / es) _____, _____, _____ y _____.

■■■Spanish Around the World

A. Match the geographical area of the United States with the largest Spanish-speaking group(s) that has (have) settled in each area.

Northeast _____   a. Central Americans
Southwest _____   b. Cubans
                      c. Mexicans
Southeast _____   d. Puerto Ricans

❖**B.** Do you know people who have come from Spanish-speaking countries? Which countries?

_____

SEGUNDA PARTE

■■■Los números del 0 al 30; Hay

A. **¿Cómo se escribe?** Write out the numbers that have been omitted from this calendar page.

DICIEMBRE						
L	M	M	J	V	S	D
	1	2	3	4	5	1
7	8	9	10	2	12	13
14	3	4	17	18	19	20
21	5	23	24	25	6	27
28	29	7	31			

1. _____

2. _____

3. _____

4. _____

5. _____

6. _____

7. _____

B. **Cantidades** (*Quantities*). Write out the numbers indicated in parentheses. Remember that the number **uno** changes to **un** before a masculine noun and to **una** before a feminine noun.

1. (1) _____ clase (*f.*)

2. (4) _____ dólares

3. (7) _____ días

4. (13) _____ personas

5. (11) _____ señoras

6. (1) _____ estudiante (*m.*)

7. (20) _____ señoras

8. (23) _____ personas

9. (26) _____ clases

10. (21) _____ señores (*m.*)

11. (21) _____ profesoras (*f.*)

12. (30) _____ estudiantes

C. **Problemas de matemáticas.** Complete each equation, then write out the missing numbers in each statement.

1. 14 + _____ = 22   Catorce y _____ son veintidós.

2. 15 – 4 = _____   Quince menos cuatro son _____.

3. 2 + 3 = _____   Dos y tres son _____.

4. 8 + _____ = 14   Ocho y _____ son catorce.

5. 13 + _____ = 20   Trece y _____ son veinte.

6. 15 + 7 = _____   Quince y siete son _____.

7. _____ – 3 = 27   _____ menos tres son veintisiete.

❖**D. Preguntas** (*Questions*). Answer the following questions that a friend has asked about your university.

1. ¿Cuántas clases de Español I hay? _____

    _____

2. ¿Cuántos estudiantes hay en tu (*your*) clase de español? _____

    _____

3. ¿Y cuántos profesores hay en el Departamento de Español? _____

4. ¿Hay clase de español mañana? _____

5. ¿Hay un teatro en la universidad? _____

■■■Los gustos y las preferencias (Part 1)

A. Los gustos y las preferencias. Imagine that you are asking your instructor and several classmates whether they like the following items and activities. Form your questions by combining phrases from the two columns. Then write the answers you think they *might* give.

le gusta   la música jazz
te gusta   el chocolate
(no) me gusta   el programa «American Idol»
                esquiar
                beber café
                estudiar
                jugar a la lotería / al tenis /al fútbol

1. —Profesor(a), ¿_____?

    —Sí (No), _____.

2. —Profesor(a), ¿_____?

    —Sí (No), _____.

3. —_____, ¿_____?
       (*classmate's name*)

    —Sí (No), _____.

4. —_____, ¿_____?

    —Sí (No), _____.

5. —_____, ¿_____?

    —Sí (No), _____.

6. —_____, ¿_____?

    —Sí (No), _____.

❖**B. Diálogo.** You meet another student who asks you the following questions. Write your answers in Spanish.

ESTUDIANTE: ¿Eres estudiante?

USTED: _____.

ESTUDIANTE: ¿Cómo te llamas?

USTED: _____.

ESTUDIANTE: ¿De dónde eres?

USTED: _____.

ESTUDIANTE: ¿Cómo se llama tu (*your*) profesor(a) de español?

USTED: _____.

ESTUDIANTE: ¿Cómo es él/ella? ¿impaciente? ¿inteligente? ¿interesante? ¿ ?

USTED: _____.

ESTUDIANTE: ¿Te gusta la clase?

USTED: _____.

■■■¿Qué hora es?

A. Son las... Match the following statements with the clock faces shown.

1. _____ Son las cinco y diez de la tarde.

2. _____ Son las diez menos veinte de la noche.

3. _____ Es la una y cuarto de la mañana.

4. _____ Son las once y media de la mañana.

5. _____ Son las cuatro menos cuarto de la tarde.

6. _____ Son las nueve y veinte de la noche.

a.   b.   c.   d.   e.   f.

B. **¿Qué hora es?** Write out the times indicated. Use **de la mañana, de la tarde,** or **de la noche,** as required.

1. It's 12:20 A.M. _____

2. It's 1:05 P.M. _____

3. It's 2:00 A.M. _____

4. It's 7:30 P.M. _____

5. It's at 11:00 A.M. sharp _____

6. It's 9:45 P.M. _____

7. It's 1:30 A.M. _____

8. It's 8:15 A.M. _____

9. It's at 3:25 P.M. _____

10. It's 4:10 A.M. _____

¡OJO!

In Spain, as in most of Europe, times in transportation schedules are given on a 24-hour clock. A comma is often used instead of a colon.

Convert the following hours from the 24-hour system to the A.M./P.M. system.

a. 16,05 = _____

b. 20,15 = _____

c. 22,50 = _____

■■■Lectura: La geografía del mundo hispánico

Un poco de (*A little bit of*) **geografía.** Match these geographical names with the category to which they belong.

1. _____ los Andes   a. una cordillera
   b. una isla
2. _____ Titicaca   c. un lago
   d. una península
3. _____ Cuba   e. un río
4. _____ el Caribe   f. un mar
5. _____ el Amazonas
6. _____ Yucatán

PÓNGASE A PRUEBA

■■■A ver si sabe...

A. ¿Cómo es usted? Fill in the blanks with the appropriate form of **ser.**

1. yo _____

2. tú _____

3. usted, él, ella _____

B. Saludos y expresiones de cortesía. Complete the following phrases.

1. To a friend:

   ¡_____! ¿Qué tal?

2. Fill in the blanks with the correct form of **bueno.**

   _____ días.

   _____ tardes.

   _____ noches.

3. To ask a classmate her name, you say:

   ¿Cómo _____?

4. The responses to **muchas gracias** are:

   _____

   _____

C. Los gustos y las preferencias. Fill in the blanks with the appropriate word(s).

—¿Te _____^{1} el chocolate?

—No, no _____.^{2}

D. ¿Qué hora es?

1. To ask what time it is, you say:

   ¿_____?

2. To answer, use:

   _____ la una (y cuarto, y media)

   _____ las dos (tres, etcétera)

■■■Prueba corta

Conteste en español.

1. Ask your instructor what his or her name is.

   _____

2. Ask the student next to you what his or her name is.

   _____

3. Now ask where he/she is from.

   _____

4. What do you say when someone gives you a gift? _____

5. How does that person respond? _____

6. Tell your best friend what he or she is like. Use at least three adjectives.

   _____

7. Ask your instructor if he or she likes **el jazz.**

   _____

8. Ask a classmate if he or she likes **el chocolate.**

   _____

9. Write out the numbers in the following series: tres, _____, nueve, _____,

   _____, dieciocho, _____, veinticuatro, veintisiete, _____.

10. Express 11:15 P.M. in Spanish: _____

PUNTO FINAL

❖Mi diario

It is a good idea to have a separate notebook for your **diario** entries. Before you begin writing, reread the pages about **Mi diario** in *To the Student* (page vii). Include at least the following information in your first entry:

- First, write today's date in numerals. Note that in Spanish the day comes first, then the month, and finally the year. Thus, 8/9/08 is September 8, 2008.
- Now greet your diary as you would a friend and introduce yourself.
- Write down what time it is. (Write out the hour.)
- Describe your personality, using as many adjectives as you can from page 4 of the Workbook.
- List two things you like (or like to do) and two things you do *not* like (or do not like to do).

CAPÍTULO 1

VOCABULARIO Preparación

■■■En el salón de clase

A. Identificaciones. Identify the person, place, or objects shown in each drawing.

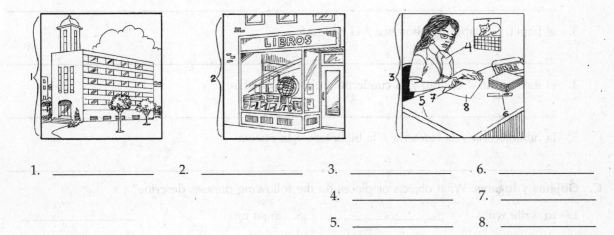

1. _____   2. _____   3. _____   6. _____
                                                     4. _____   7. _____
                                                     5. _____   8. _____

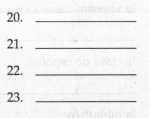

9. _____   14. _____   20. _____
10. _____   15. _____   21. _____
11. _____   16. _____   22. _____
12. _____   17. _____   23. _____
13. _____   18. _____
                          19. _____

B. ¡Busque el intruso! (*Look for the intruder!*) Write the item that does not belong in each series of words and explain why.

    Categorías posibles

    un lugar

    un objeto

    una persona

    MODELO: el bolígrafo / el estudiante / el profesor / el hombre →
           El bolígrafo, porque (*because*) es un objeto. No es una persona.

1. la consejera / la profesora / la calculadora / la compañera de clase

    _____

2. la residencia / la librería / la biblioteca / la mochila

    _____

3. el papel / el lápiz / el hombre / el bolígrafo

    _____

4. el diccionario / el libro / el cuaderno / el salón de clase

    _____

5. la bibliotecaria / la cafetería / la biblioteca / la oficina

    _____

C. Objetos y lugares. What objects or places do the following phrases describe?

1. to write with   _____

2. a machine to do   _____
   calculations with

3. to carry your   _____
   books in

4. to write on   _____
   with chalk

5. used to search   _____
   information on
   the Internet

6. to sit on   _____

7. a book required   _____
   for a class

8. a book used to look   _____
   up meanings of words

9. to put in your   _____
   notebook

10. where students   _____
    attend classes

❖D. Asociaciones. What persons or objects do you associate with the following places? (List as many items as you can for each place.)

1. la librería: _____

    _____

2. la clase de español: _____

    _____

3. la biblioteca: _____

    _____

■■■Las materias

A. Materias. What classes would you take if you were majoring in the following areas? Choose your classes from the list.

Astronomía   Antropología
Biología 2   Francés 304
Gramática alemana   Sociología urbana
Cálculo 1   Trigonometría
Contabilidad (*Accounting*)   Sicología del adolescente
La novela moderna   Física
Química orgánica   Computación

1. Lenguas y literatura   3. Ciencias sociales

    a. _____   a. _____

    b. _____   b. _____

    c. _____   c. _____

2. Matemáticas y administración de   4. Ciencias naturales
   empresas

    a. _____   a. _____

    b. _____   b. _____

    c. _____   c. _____

    d. _____   d. _____

❖**B. ¿Qué estudias?** (*What are you studying?*) Write about the courses you need or like or do not like to study by combining phrases from the two columns.

                              japonés, chino, inglés, ruso, español, italiano
Necesito estudiar...   cálculo, computación, contabilidad
(No) Me gusta estudiar...   historia, ciencias políticas
                              biología, química
                              sicología

MODELO: Necesito estudiar inglés.

1. _____

2. _____

3. _____

❖**C. Anuncios.** Look at these ads for tutoring services from a Spanish newspaper. Copy the names of six subjects that you recognize. Try to find at least three that are different from those given in your textbook.

1. _____

2. _____

3. _____

4. _____

5. _____

6. _____

PRÁCTICAS administrativas, mecanografía, taquigrafía, matemáticas, física y química (FP-2), contabilidad (graduado social), matemáticas financieras y comerciales, contabilidad analítica y financiera. Technical School. Real, 36-2 La Coruña (981) 221886. **MATEMÁTICAS**, física, quí-mica, biofísica, bioquímica, bioestadística, orgánica, físico-química, selectividad. COU, BUP. Telfs. (981) 253943 - 251297

C.E.T.: ingeniería, arquitectura, económicas, empresariales, químicas, farmacia, informática.

■■■Nota comunicativa: Las palabras interrogativas (Part 1)

A. Palabras interrogativas. Complete the sentences with the most appropriate interrogative word or phrase from the following list. In some cases more than one answer is possible. Write your answers in the spaces on the right. To use this exercise for review, cover the answers with a piece of paper.

¿A qué hora?	¿Cuándo?	¿Dónde?
¿Cómo?	¿Cuánto?	¿Qué?
¿Cuál?	¿Cuántos?	¿Quién?

1. ¿_____ es por el libro (*for the book*)? ¿Tres o cuatro dólares?   _____

2. ¿_____ es la clase de historia? ¿A la una o a las dos?   _____

3. —Buenos días, Sr. Vargas. ¿_____ está Ud. hoy?   _____

4. ¿_____ es la capital de la Argentina? ¿Buenos Aires o Lima?   _____

5. ¿_____ estudias (*do you study*), en casa (*at home*) o en la biblioteca?   _____

6. —¿_____ es Ud.?   _____

   —Soy María Castro.

7. ¿_____ es el examen, hoy o mañana?   _____

8. ¿_____ es esto? ¿una trompeta o un saxofón?   _____

B. El Cine Bolívar. Your friend asks you some questions about a movie (**una película**) at the Cine Bolívar. Use an appropriate interrogative phrase to complete each of his questions.

AMIGO: ¿_____¹ se llama la película?

USTED: *Casablanca.*

AMIGO: ¿_____² es el actor principal?

USTED: Humphrey Bogart.

AMIGO: ¿_____³ es la película?

USTED: Es romántica.

AMIGO: ¿_____⁴ es por la entrada (*for the admission*)?

USTED: Siete pesos.   1. _____

AMIGO: ¿_____⁵ está el Cine Bolívar?   2. _____

USTED: Está en la Avenida Bolívar.   3. _____

AMIGO: ¿_____⁶ es la película?   4. _____

USTED: A las siete de la tarde.   5. _____

AMIGO: ¿_____⁷ hora es ahora?   6. _____

USTED: Son las cinco y cuarto.   7. _____

PRONUNCIACIÓN Diphthongs and Linking

A. Vocales. Complete the sentences.

1. Spanish has _____ (*number*) vowels.

2. The strong vowels are _____.

3. The weak vowels are _____.

4. A diphthong consists of one _____ vowel and one _____ vowel, or two successive _____ vowels pronounced in the same syllable.

B. Diptongos. Underline the diphthongs in the following words.

1. es-tu-dian-te
2. dic-cio-na-rio
3. puer-ta
4. cua-der-no
5. bi-lin-güe
6. gra-cias
7. es-cri-to-rio
8. sie-te
9. seis

GRAMÁTICA

1. Identifying People, Places, Things, and Ideas (Part 1) • Singular Nouns: Gender and Articles

A. *¿El o la?* Escriba el artículo definido apropiado, **el** o **la.**

1. _____ tarde
2. _____ libertad
3. _____ nación
4. _____ profesor
5. _____ día
6. _____ mujer
7. _____ clase
8. _____ hombre

B. *¿Un o una?* Escriba el artículo indefinido apropiado, **un** o **una.**

1. _____ diccionario
2. _____ universidad
3. _____ lápiz
4. _____ dependienta
5. _____ día
6. _____ mochila
7. _____ mesa
8. _____ programa

C. Una cuestión de gustos. Indicate how you feel about the following places or things. Remember to use the article **el** or **la**.

MODELO: programa «Sixty Minutes» → (No) Me gusta el programa «Sixty Minutes».

1. clase de español _____

2. universidad _____

3. música de Bach _____

4. Mundo de Disney _____

5. limonada _____

6. comida (*food*) mexicana _____

7. física _____

8. programa «American Idol» _____

2. Identifying People, Places, Things, and Ideas (Part 2) • Nouns and Articles: Plural Forms

A. Singular → plural. Escriba la forma plural.

1. la amiga _____

2. el bolígrafo _____

3. la clase _____

4. un profesor _____

5. el lápiz _____

6. una extranjera _____

7. la universidad _____

8. un programa _____

B. Plural → singular. Escriba la forma singular.

1. los edificios _____

2. las fiestas _____

3. unas clientas _____

4. unos lápices _____

5. los papeles _____

6. las condiciones _____

7. unos problemas _____

8. unas mujeres _____

C. Daniel, un estudiante típico. ¿Qué hay en el escritorio de Daniel? Use el artículo indefinido.

MODELO: Hay un radio en el escritorio.

1. _____

2. _____

3. _____

¿Qué necesita Daniel? (*What does Daniel need?*)

4. Necesita _____

5. _____

6. _____

7. _____

❖¿Y qué necesita Ud.?

8. Necesito _____

3. Expressing Actions • Subject Pronouns (Part 1); Present Tense of -*ar* Verbs; Negation

A. Los pronombres personales. What subject pronouns would you use to speak *about* the following persons?

1. your female friends _____

2. your brother _____

3. yourself _____

4. your friends Eva and Jesús _____

5. your male relatives _____

6. you and your sister _____

B. Más sobre (*about*) **los pronombres.** What subject pronouns would you use to speak *to* the following persons?

1. your cousin Roberto _____

2. your friends (*m.*) _____   _____
                    (*in Spain*)   (*in Latin America*)

3. your instructors _____

4. the store clerk _____

5. your friend _____   _____
              (*in Spain*)   (*in Latin America*)

C. En la universidad. Describe what the following people are doing, using the verbs given. Not all verbs will be used.

bailar
cantar
hablar
pagar
tocar
tomar
trabajar

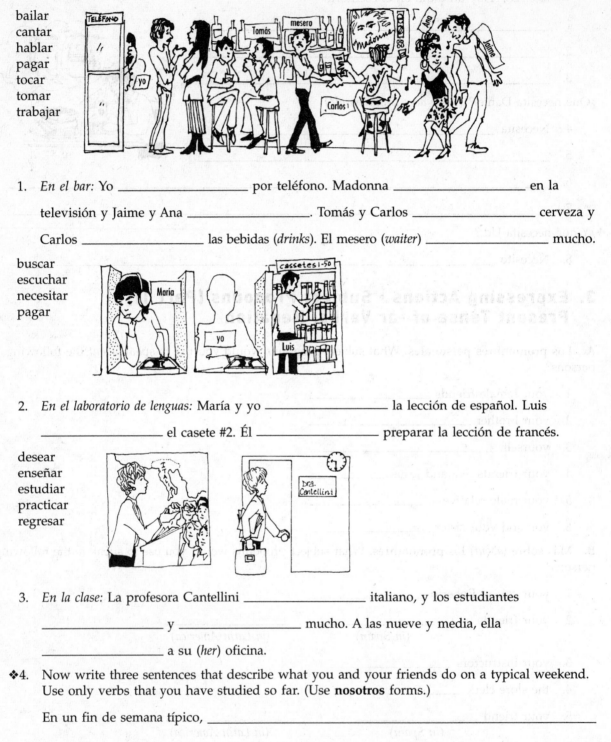

1. *En el bar:* Yo _____ por teléfono. Madonna _____ en la

   televisión y Jaime y Ana _____. Tomás y Carlos _____ cerveza y

   Carlos _____ las bebidas (*drinks*). El mesero (*waiter*) _____ mucho.

buscar
escuchar
necesitar
pagar

2. *En el laboratorio de lenguas:* María y yo _____ la lección de español. Luis

   _____ el casete #2. Él _____ preparar la lección de francés.

desear
enseñar
estudiar
practicar
regresar

3. *En la clase:* La profesora Cantellini _____ italiano, y los estudiantes

   _____ y _____ mucho. A las nueve y media, ella

   _____ a su (*her*) oficina.

❖4. Now write three sentences that describe what you and your friends do on a typical weekend. Use only verbs that you have studied so far. (Use **nosotros** forms.)

   En un fin de semana típico, _____

   _____

D. Preguntas. Answer the questions with real information. Use subject pronouns to replace nouns. Note that normally the subject follows the verb in questions.

MODELO: ¿Cantan o estudian Uds.? → Nosotros estudiamos.

1. ¿Baila o canta Enrique Iglesias?

_____

2. Wynton Marsalis, ¿toca la guitarra o la trompeta?

_____

3. En clase, ¿desean Uds. cantar o escuchar?

_____

4. Por la noche, ¿estudia Ud. en la biblioteca o en casa?

_____

5. ¿Toma Ud. Coca-Cola o cerveza?

_____

6. ¿Y sus (your) amigos?

_____

7. ¿Practican Uds. español o francés?

_____

E. ¡No, no! Correct the following statements by making them all negative. Use subject pronouns in your answers. Then write two sentences telling about things *you* do *not* do. Use only verbs that you have studied so far.

1. Shaquille O'Neal trabaja en una oficina.

_____

2. Shakira canta en japonés.

_____

3. Tomamos cerveza en la clase.

_____

4. La profesora regresa a la universidad por la noche.

_____

5. Los estudiantes bailan en la biblioteca.

_____

6. Enseño español.

_____

❖7. _____

❖8. _____

■■■Nota comunicativa: The Verb *estar*

¿Dónde están todos ahora? Tell where you and your classmates are. Form complete sentences by using the words provided in the order given.

> MODELO: Ud. / cafetería → Ud. está en la cafetería.

1. Raúl y Carmen / salón de clase _____

2. yo / biblioteca _____

3. tú / clase de biología _____

4. Uds. / laboratorio de lenguas _____

_____

F. ¿Dónde están y qué hacen (*what are they doing*)**?** Complete las oraciones con el verbo apropiado de la lista.

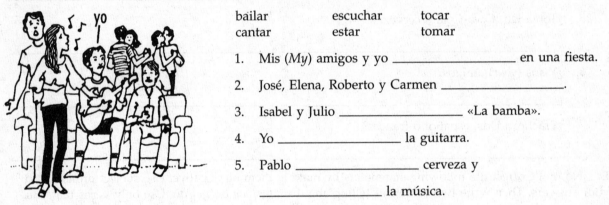

bailar	escuchar	tocar
cantar	estar	tomar

1. Mis (*My*) amigos y yo _____ en una fiesta.

2. José, Elena, Roberto y Carmen _____.

3. Isabel y Julio _____ «La bamba».

4. Yo _____ la guitarra.

5. Pablo _____ cerveza y

_____ la música.

4. Getting Information • Asking Yes/No Questions

A. Preguntas. Use the following phrases to form questions you could use to get information about your classmates.

> MODELO: necesitar la computadora ahora → ¿Necesitas la computadora ahora?

1. trabajar por la noche

_____

2. mirar telenovelas (*soap operas*) con frecuencia

_____

3. tomar café por la mañana

_____

4. desear tomar una Coca-Cola ahora

_____

B. De compras (*Shopping*). Martín necesita comprar unos libros. Conteste las preguntas según el dibujo (*according to the drawing*).

1. ¿Dónde compra libros Martín? _____

2. ¿Hay libros en italiano en la librería? _____

3. ¿Qué otros objetos hay? _____

   _____

4. ¿Cuántos libros compra Martín? _____

5. ¿Hablan alemán la dependienta y Martín? _____

6. ¿Paga Martín doce dólares? _____

UN POCO DE TODO

A. Situaciones. You and your friend have just met Daniel, a new student at the university. It is about half an hour before class. He asks you the following questions. Answer them in complete sentences.

1. ¿Estudian Uds. español? _____

2. ¿Quién enseña la clase? _____

3. ¿De dónde es él/ella? _____

4. ¿Cuántos estudiantes hay en la clase? _____

5. ¿Te gusta la clase? _____

6. ¿El profesor / La profesora habla inglés en la clase? _____

7. ¿Uds. necesitan practicar en el laboratorio todos los días? _____

   _____

8. ¿A qué hora es la clase? _____

B. ¿Qué hay? Escriba una pregunta con las palabras indicadas.

MODELO: diccionario / escritorio → ¿Hay un diccionario en el escritorio?

1. programa interesante / televisión _____

2. problemas / pizarra _____

3. mochila / silla _____

4. residencia / universidad _____

5. cuadernos / ¿ ? _____

PERSPECTIVAS CULTURALES — Los hispanos en los Estados Unidos

¿Cierto o falso?

		C	F
1.	La población (*population*) hispana de los Estados Unidos es más grande que (*bigger than*) la población hispana de México.	☐	☐
2.	La Misión San José de Laguna está en California.	☐	☐
3.	Unos cuatro millones de puertorriqueños (*Puerto Ricans*) viven (*live*) en la Pequeña Habana de Miami.	☐	☐
4.	Hay muchos músicos (*musicians*), escritores (*writers*), atletas y actores hispanos en los Estados Unidos.	☐	☐
5.	En marzo (*March*) celebran el Festival de la Calle Ocho en Los Ángeles.	☐	☐
6.	Un periódico (*newspaper*) importante que se publica (*that is published*) en español es *La Opinión*.	☐	☐

PÓNGASE A PRUEBA

■■■A ver si sabe...

A. Gender and Articles. Escriba el artículo apropiado.

DEFINITE ARTICLES (*the*)   INDEFINITE ARTICLES (*a, an, some*)

	SINGULAR	PLURAL		SINGULAR	PLURAL
1. *m.*	_____	_____	3. *m.*	_____	_____
2. *f.*	_____	_____	4. *f.*	_____	_____

B. Present Tense of -ar Verbs. Escriba la forma correcta del verbo **buscar.**

1. yo _____   4. nosotros/as _____

2. tú _____   5. vosotros/as _____

3. Ud., él, ella _____   6. Uds., ellos, ellas _____

C. Negation. Place the word **no** in the appropriate place to form negative sentences.

1. Yo _____ deseo tomar _____ café.

2. _____ hablamos _____ alemán en la clase.

D. Las palabras interrogativas. Write the appropriate interrogative word. Be sure to write accent marks and question marks.

1. Where? _____   4. Who? (*singular*) _____

2. How? _____   5. What? _____

3. When? _____   6. Why? _____

E. El verbo *estar*. Escriba la forma plural.

SINGULAR   PLURAL

yo estoy → _____   _____ ¹

tú estás → vosotros   _____ ²

          Uds.   _____ ³

él está → _____   _____ ⁴

■■■Prueba corta

A. Dé el artículo definido.

1. _____ papel   4. _____ libro de texto   7. _____ lápices

2. _____ mochila   5. _____ nación   8. _____ programas

3. _____ universidad   6. _____ días

B. Dé el artículo indefinido.

1. _____ librería   4. _____ problema   7. _____ mujer

2. _____ señores   5. _____ clase   8. _____ horas

3. _____ hombres   6. _____ tardes

C. Complete las oraciones con la forma apropiada de un verbo de la lista.

enseñar estudiar hablar necesitar practicar regresar tocar

1. Los estudiantes _____ en la biblioteca.

2. Yo _____ español en el laboratorio de lenguas.

3. En la clase de español (nosotros) no _____ inglés.

4. ¡Alberto es fantástico! _____ el piano como (*like*) un profesional.

5. La profesora García _____ ciencias naturales.

6. (Yo) _____ comprar un diccionario bueno.

7. ¿A qué hora _____ el consejero a su (*his*) oficina?

PUNTO FINAL

❖¡Repasemos!

A. ¿Cómo se dice en español? Siga (*Follow*) el modelo. Use un verbo conjugado + un infinitivo.

MODELO: I need to study. → Necesito estudiar.

1. I want to work. _____

2. We need to work. _____

3. We need to buy a dictionary. _____

4. We need to pay for the dictionary. _____

5. He needs to look for some books. _____

B. En la cafetería. En español, por favor. Escriba el diálogo en otro papel.

ANA: Hi, Daniel! How are you?
DANIEL: Fine, thanks. (At) What time are you going (returning) home today?
ANA: At two o'clock. I work at four.
DANIEL: How many (**¿Cuántas**) hours do you work today?
ANA: Six. And tonight (**esta noche**) I need to study. Tomorrow there is an exam in (**un examen de**) history.
DANIEL: Poor thing! (**¡Pobre!**) You work a lot.
ANA: Well, I need to pay for my (**mis**) books and tuition. See you tomorrow.
DANIEL: Good-bye. See you later.

❖Mi diario

Write the date first. (*Remember:* In Spanish the day comes first, then the month: 15/9/08.) Write about yourself. Be sure to write in complete sentences. Include the following information:

- your name and where you are from
- how you would describe yourself as a student (**Como estudiante, soy...**); review the cognates in **Ante todo** if you need to
- the courses you are taking this term (**este semestre/trimestre**) and at what time they are given
- the school materials and equipment that you have (**tengo...**) and those you need
- what you like to do (**me gusta...**) at different times of the day (**por la mañana, por la tarde, por la noche**).

Limit yourself to vocabulary you have learned so far. Do *not* use a dictionary!

CAPÍTULO 2

VOCABULARIO Preparación

■■■La familia y los parientes

A. Identificaciones. Identifique a los parientes y mascotas de Julián.

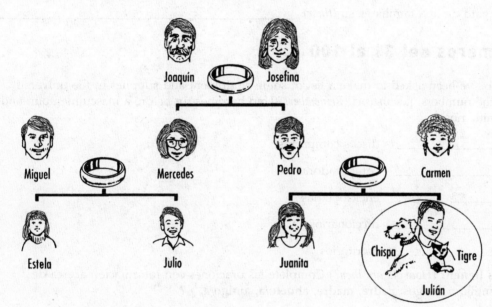

MODELO: Pedro *es el padre de Julián.*

1. Joaquín _____.

2. Julio _____.

3. Miguel y Mercedes _____.

4. Estela y Julio _____.

5. Josefina _____.

6. Pedro y Carmen _____.

7. Chispa _____.

8. Tigre _____.

B. ¿Qué son? Complete the sentences logically. Use each item only once. Some items will not be used.

abuela	hermana	mascota	padres	sobrino
abuelos	hermano	nieta	parientes	tía

1. El hijo de mi hermano es mi _____.

2. La madre de mi primo es mi _____.

3. Los padres de mi madre son mis _____.

4. La madre de mi madre es mi _____.

5. Yo soy la _____ de mis abuelos.

6. Hay muchos _____ en mi familia. Tengo seis tíos y veintiún primos.

7. El perro o gato de una familia es su (*their*) _____.

■■■Los números del 31 al 100

A. Situaciones. You've been asked to make a list of some equipment and supplies in the university library. Write out the numbers. ¡RECUERDE! (*Remember!*) **Uno** becomes **un** before a masculine noun and **una** before a feminine noun.

1. 100 _____ discos compactos

2. 31 _____ computadoras

3. 57 _____ enciclopedias

4. 91 _____ diccionarios

5. 76 _____ escritorios

❖**B. ¿Cuántos años tienen?** (*How old are they?*) Complete las oraciones con información acerca de (*about*) su (*your*) familia o amigos: **padre, madre, abuelo/a, amigo/a, ¿ ?**

1. Mi _____ tiene _____ años.

2. Mi _____ tiene _____ años.

3. Mi _____ tiene _____ años.

4. Y yo tengo _____ años.

Nota cultural: Los apellidos hispánicos

1. Miguel Martín Soto married Carmen Arias Bravo. Thus, their daughter Emilia's legal name is
   a. Emilia Soto Bravo
   b. Emilia Martín Bravo
   c. Emilia Martín Arias
   d. Emilia Soto Arias

2. Ángela Rebolleda Castillo married César Aragón Saavedra. Their son Francisco's name, therefore, is
   a. Francisco Castillo Saavedra
   b. Francisco Aragón Rebolleda
   c. Francisco Saavedra Castillo
   d. Francisco Rebolleda Saavedra

■■■Los adjetivos

❖**A. ¿Qué opina Ud.?** Do you agree or disagree with the following statements? Check the appropriate box.

	ESTOY DE ACUERDO.	NO ESTOY DE ACUERDO.
1. David Letterman es cómico.	☐	☐
2. Danny DeVito es alto y delgado.	☐	☐
3. Christina Aguilera es morena y gorda.	☐	☐
4. Brad Pitt es guapo.	☐	☐
5. El Parque Yosemite es impresionante.	☐	☐

B. Descripciones. Describe the drawings using adjectives from the following list. Some items will not be used.

1.   2.   3.   4.

gordo grande guapo joven listo moreno nuevo pequeño perezoso trabajador viejo

1. El libro es _____ y _____.

2. El libro es _____ y _____.

3. El hombre es _____, _____ y _____.

4. El hombre es _____, _____ y _____.

C. Anuncios personales. Lea (*Read*) los anuncios y corrija (*correct*) los comentarios falsos.

Profesor, 48 años, rubio, guapo. Me gusta el ciclismo, la música clásica. Tel: 2-95-33-51, Luis	Ejecutivo, Banco Internacional, 32 años, graduado en MIT, soltero, delgado. Aficiones: basquetbol, viajar, bailar, ciencia ficción. Tel: 9-13-66-42, Carlos	Secretaria ejecutiva bilingüe, alta, morena, 28 años. Me gusta la playa, el *camping*, la comida francesa. Tel: 7-14-21-77, Diana

1. Diana es joven y rubia. _____

2. Luis tiene cincuenta y ocho años. _____

3. Carlos es casado y gordo. _____

4. A Luis le gusta escuchar la música rock. _____

5. El teléfono de Diana es el siete, cuarenta, veintiuno, setenta y siete. _____

_____

D. ¿Cómo son Ricardo y Felipe? Ricardo is the opposite of Tomás, and Felipe is the opposite of Alberto. What are Ricardo and Felipe like?

1. Tomás es alto, guapo, tonto y perezoso, pero Ricardo es _____,

   _____, _____ y _____.

2. Alberto es casado, joven, antipático y rubio, pero Felipe es _____,

   _____, _____ y _____.

E. ¿Qué opina Ud.?

Paso 1. ¿Cómo son estas personas famosas? Escriba todos los adjetivos apropiados.

1. Will Ferrell es _____.

2. Antonio Banderas es _____.

3. Madonna es (¡OJO! Remember to use the **-a** ending.) _____

   _____

4. Penélope Cruz es (¡OJO!) _____.

❖**Paso 2.** Now write sentences that describe a male friend, a male member of your family, or your favorite male actor. Include that person's age, if you know it.

1. ¿Quién es? _____

2. ¿Cómo es? _____

   _____

PRONUNCIACIÓN — Stress and Written Accent Marks (Part 1)

¡RECUERDE!

Circle the letter of the correct answer.

1. A word that ends in **-n, -s,** or a vowel is normally stressed on
   a. the next-to-last syllable   b. the last syllable
2. A word that ends in any other consonant is normally stressed on
   a. the next-to-last syllable   b. the last syllable

El acento. Underline the stressed vowel in each of the following words.

1. doctor	5. permiso	9. universidad	13. usted
2. mujer	6. posible	10. Carmen	14. libertad
3. mochila	7. general	11. Isabel	15. origen
4. actor	8. profesores	12. biblioteca	16. animal

GRAMÁTICA

5. Describing • Adjectives: Gender, Number, and Position

A. María Gabriela. The following sentences describe some aspects of the life of María Gabriela, a student from Argentina. In each item, scan through the adjectives to see which ones, by *form* and *meaning*, can complete the sentences. Write the appropriate ones in the space provided.

1. La ciudad de Buenos Aires es _____
   (bonita, corta, grande, interesante, largo, pequeños)

2. Los compañeros de María Gabriela son _____
   (amable, casado, delgados, jóvenes, simpáticos, solteras)

3. Su amiga Julia es _____
   (delgada, gordo, importantes, nervioso, pequeña, trabajadora)

4. Sus profesoras son _____
   (altas, impacientes, inteligentes, morena, perezosos, simpáticos)

B. Opiniones. Scan the survey, **Lo que opinan unos de otros,**[a] then fill in the blanks with adjectives that correspond to the percentage of Spaniards who felt Americans had those qualities. ¡OJO! Use the plural form of the adjectives. Remember that adjectives ending in **-ista** have only two forms, singular and plural.

Entre los españoles el…

1. 2% piensa que (*thinks that*) los norteamericanos tienen alto nivel moral y que son

   _____.

2. 9% piensa que son idealistas y

   _____.

3. 15% piensa que son

   _____.

4. 29% piensa que son

   _____ y

   _____.

5. 48,7% piensa que son

   _____.

6. 55% piensa que son

   _____.

LO QUE OPINAN UNOS DE OTROS[a]	
¿Cómo piensan los españoles que son los norteamericanos?	**%**
Materialista	55
Con complejo de superioridad	48,9
Racista	48,7
De mentalidad imperialista	44
Práctico y realista	29
Inteligente	19
Trabajador	15
Simplista	9
Idealista	9
Con sentido del humor	3
Alto nivel moral	2
Generoso	2
(*El % total es de 285/300 debido a que el 5 por 100 no respondió y cada encuestado debía haber dado tres respuestas.*)	

[a]Lo… *What Some People Think About Others*

❖C. **¿Y qué opina Ud.?** Conteste en español.

1. Los norteamericanos son _____.

2. Los estudiantes de esta clase son _____.

3. Mi profesor(a) de _____ es _____.

4. Mi mejor (*best*) amigo/a es _____.

5. Y yo soy _____.

D. **Personas, objetos y lugares internacionales.** Complete the following sentences with the appropriate adjective of nationality.

1. Berlín es una ciudad _____.

2. El Ferrari es un coche _____.

3. Ted Kennedy es un político _____.

4. Londres (*London*) es la capital _____.

5. Guadalajara es una ciudad _____.

6. Shakespeare y Charles Dickens son dos escritores _____.

7. París y Marsella son dos ciudades _____.

E. **En busca de...** (*In search of...*) Describe what you or your friends are looking for by inserting the adjectives given in parentheses *in their proper position* in these sentences. Be sure that the adjectives agree with the nouns they modify.

1. Ana busca coche. (italiano, otro) _____

   _____

2. Buscamos motocicleta. (alemán, uno) _____

   _____

3. Paco busca las novelas. (francés, otro) _____

   _____

4. Busco el drama *Romeo y Julieta*. (grande, inglés) _____

   _____

5. Jorge busca esposa. (ideal, uno) _____

   _____

6. Expressing *to be* • Present Tense of *ser*; Summary of Uses (Part 2)

A. Estudiantes españoles. Muchos estudiantes en la universidad son de España. Imagine que Ud. es uno de ellos. Jorge es de Madrid. ¿De dónde son los otros estudiantes? Use la forma apropiada de **ser**.

Yo _____.[1]
       (Barcelona)

Miguel y David _____[2]
       (Valencia)

Tú _____[3]
       (Granada)

Nosotros _____.[4]
       (Sevilla)

Uds. _____[5]
       (Toledo)

Vosotras _____.[6]
       (Burgos)

❖B. ¿De dónde son? Indicate what state (or country, if appropriate) the following people are from. Use the correct form of **ser**.

1. Yo _____.

2. Mi mejor (*best*) amigo/a _____.

3. Mi profesor(a) de español _____.

4. Muchos estudiantes en mi clase _____.

C. Regalos. Imagine that you are giving presents to the following people. Justify each choice of presents by using one of these phrases. Add other details if you wish.

es gordo/a   necesitan comprar un televisor nuevo
le gusta la música clásica   tienen (*they have*) cuatro niños

MODELO: diccionario bilingüe / Alberto →
        El diccionario bilingüe es para Alberto. Es estudiante de lenguas.

1. programa de «Weight Watchers» / Rosie O'Donnell _____

_____

2. casa grande / los Sres. Walker _____

_____

3. dinero / mis padres _____

_____

4. discos compactos de las sinfonías de Haydn / mi hermano Ramón _____

_____

D. ¿De quién son estos objetos? Ask Jorge to whom the following things belong. Then write Jorge's response.

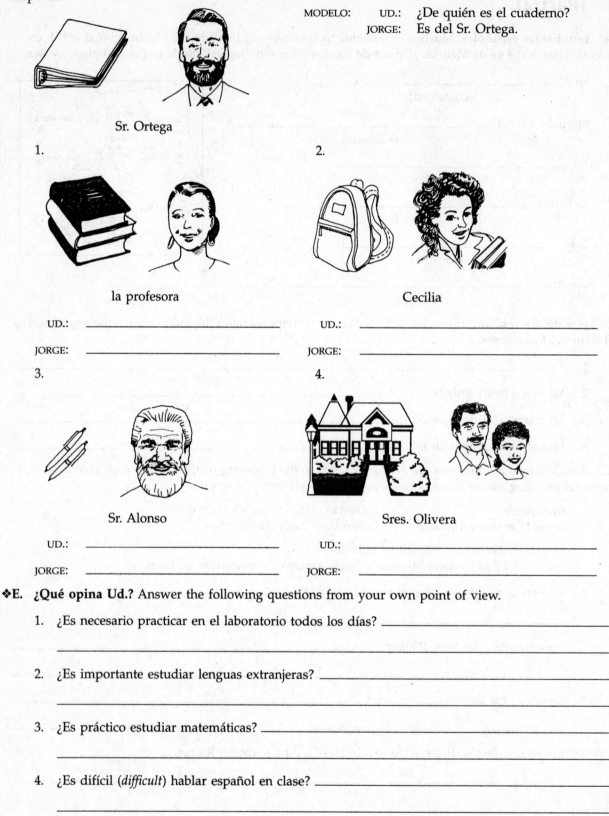

MODELO: UD.:   ¿De quién es el cuaderno?
           JORGE: Es del Sr. Ortega.

Sr. Ortega

1.

la profesora

UD.: _____

JORGE: _____

2.

Cecilia

UD.: _____

JORGE: _____

3.

Sr. Alonso

UD.: _____

JORGE: _____

4.

Sres. Olivera

UD.: _____

JORGE: _____

❖E. **¿Qué opina Ud.?** Answer the following questions from your own point of view.

1. ¿Es necesario practicar en el laboratorio todos los días? _____

_____

2. ¿Es importante estudiar lenguas extranjeras? _____

_____

3. ¿Es práctico estudiar matemáticas? _____

_____

4. ¿Es difícil (*difficult*) hablar español en clase? _____

_____

7. Expressing Possession • (Unstressed) Possessive Adjectives (Part 1)

> **¡RECUERDE!**
>
> Uso de la preposición **de** para expresar posesión.
>
> ¿Cómo se dice en español?
>
> MODELO: It's Raúl's family. → Es la familia de Raúl.
>
> 1. She's Isabel's sister. _____
>
> 2. They're Mario's relatives. _____
>
> 3. They're Marta's grandparents. _____

A. ¿Cómo es su vida (life)? Escoja (Choose) la forma correcta del adjetivo posesivo, y luego (then) complete la oración con todos los adjetivos apropiados.

1. Mi/Mis familia es _____.
   (grande, mediana [average], pequeña, pobre, rica)

2. Nuestra/Nuestro universidad es _____.
   (grande, moderna, nueva, pequeña, vieja)

3. Muchos de mi/mis amigos son _____.
   (casados, estudiosos, listos, perezosos, trabajadores)

4. El coche de mi/mis padres es _____.
   (grande, nuevo, pequeño, viejo)

5. Mi/Mis clases son _____.
   (aburridas (boring), grandes, interesantes, pequeñas)

6. La madre de mi/mis mejor [best] amigo/a es _____.
   (alta, baja, delgada, generosa, gorda, morena, rubia, simpática)

B. Hablando (Speaking) de la familia. Answer affirmatively, using a possessive adjective.

MODELO: ¿Son ellos los hijos de tu hermana? → Sí, son sus hijos.

1. ¿Es ella la suegra de Tomás? _____

2. ¿Es Carlos el hermano de Uds.? _____

3. ¿Son ellos los padres de tu novia? _____

4. ¿Son Uds. los primos de Marta? _____

5. ¿Es Carmen la sobrina de tu mamá? _____

6. ¿Eres el nieto / la nieta de los señores? _____

8. Expressing Actions • Present Tense of -er and -ir Verbs; Subject Pronouns (Part 2)

A. En el centro estudiantil (*student union*). Use los verbos indicados para describir las acciones de los estudiantes.

beber Coca-Cola
comer mucho
escribir una carta
estudiar francés
leer un periódico
mirar un vídeo

1. _____

2. _____

3. _____

4. _____

5. _____

6. _____

❖**B. ¿Y Ud.?** Now imagine that you are at the student union. Write two more sentences telling what you and your friends usually do (or do not do) there. Remember to use the **nosotros** form.

1. _____

2. _____

C. Una carta de Ramón. Ramón y Pepe son dos hermanos mexicanos. Ahora viven en California. Complete el comienzo (*beginning*) de una carta que escribe Ramón a su familia en Morelia, México.

Queridos[a] padres:

Pepe y yo _____[1] (vivir) bien aquí en California, en la casa de una señora muy

simpática. Yo _____[2] (asistir) a clases cinco días a la[b] semana. Mis clases son

difíciles,[c] pero los profesores son buenos. En la clase de inglés _____[3]

_____[4] y _____[5] (*nosotros:* hablar, leer, escribir). Todos los días

_____[6] (*nosotros:* aprender) algo nuevo. Sin embargo,[d] hay estudiantes que[e] nunca

_____[7] (abrir) los libros para estudiar.[f]

Pepe y yo _____[8] (comer) en la cafetería estudiantil por la mañana. Por la

noche _____[9] (*nosotros:* deber) regresar a casa porque la señora nos[g]

_____[10] (preparar) la comida. ¡Es muy amable!

[a]*Dear* [b]*a... per* [c]*difficult* [d]*Sin... However* [e]*who* [f]*para... to study* [g]*for us*

❖**D. Ud. y sus amigos.** Tell about what you and your friends do or do not do. Form complete sentences by using one word or phrase from group A and one from group B. Be sure to limit yourself to writing only those things you have learned how to say in Spanish. Use the **nosotros** verb form.

MODELO: comer → A veces comemos en la cafetería. Casi nunca comemos en casa.

A. nunca, casi nunca, a veces, con frecuencia, todos los días

B. aprender a, asistir, beber, deber, estudiar, leer y escribir, practicar, trabajar

1. _____

2. _____

3. _____

4. _____

5. _____

UN POCO DE TODO

❖**A. La escena (scene) universitaria.** Imagine that you have just returned home after your first few weeks at the university. Describe the people, places, and things you have seen. Form complete sentences by using one word or phrase from each of the four columns. Make five sentences with nouns from the second column and two with nouns that you supply. Watch out for agreement of adjectives! Do not use the same adjective more than once.

	laboratorio de lenguas		nuevo / viejo
mi	edificios		simpático / amable / antipático
mis	estudiantes		pequeño / grande / enorme
el	biblioteca	(no) es	tonto / inteligente
la	coche de mi amigo	(no) son	alto / bajo
los	clases		feo / bonito
las	profesores		joven / viejo
	¿ ?		interesante
			¿ ?

1. _____

2. _____

3. _____

4. _____

5. _____

6. _____

7. _____

B. ¿Qué hacen (*are doing*) **estas personas?**

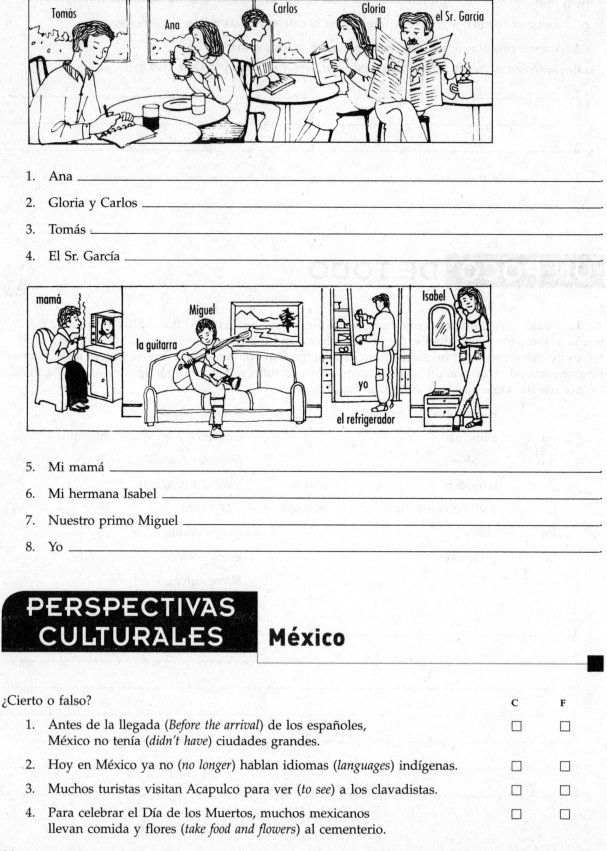

1. Ana _____

2. Gloria y Carlos _____

3. Tomás _____

4. El Sr. García _____

5. Mi mamá _____

6. Mi hermana Isabel _____

7. Nuestro primo Miguel _____

8. Yo _____

PERSPECTIVAS CULTURALES México

¿Cierto o falso?

		C	F
1.	Antes de la llegada (*Before the arrival*) de los españoles, México no tenía (*didn't have*) ciudades grandes.	☐	☐
2.	Hoy en México ya no (*no longer*) hablan idiomas (*languages*) indígenas.	☐	☐
3.	Muchos turistas visitan Acapulco para ver (*to see*) a los clavadistas.	☐	☐
4.	Para celebrar el Día de los Muertos, muchos mexicanos llevan comida y flores (*take food and flowers*) al cementerio.	☐	☐

5. El Chac Mool es una figura arqueológica original de los olmecas. ☐ ☐

6. La cultura olmeca es la más antigua (*the oldest*) de México. ☐ ☐

PÓNGASE A PRUEBA

■■■A ver si sabe...

A. Adjectives: Gender, Number, and Position. Complete las siguientes tablas (*following charts*).

1. Escriba la forma correcta del adjetivo **casado.**

   a. hermana _____   b. primos _____

2. Escriba la forma **plural** de los adjetivos.

   a. grande _____   b. sentimental _____

3. Complete la tabla con la forma correcta de los adjetivos de nacionalidad.

FEMININE SINGULAR	*mexicana*		
MASCULINE SINGULAR			
FEMININE PLURAL			*españolas*
MASCULINE PLURAL		*franceses*	

B. Present Tense of *ser*. Match the following statements with the uses of **ser** given in the right-hand column.

1. Lola es de Puerto Rico.

2. La carta es para mi madre.

3. Los papeles son del profesor.

4. Alicia es mi prima.

a. _____ With **para,** to tell for whom or what something is intended.

b. _____ With **de,** to express possession.

c. _____ With **de,** to express origin.

d. _____ To identify people and things.

C. Possessive Adjectives (Unstressed). Express the following possessive adjectives and nouns in Spanish.

1. my brother _____   3. our grandparents _____

2. her uncle _____   4. their house _____

D. Present Tense of *-er* and *-ir* Verbs. Complete la tabla con la forma correcta de los verbos.

	leer		escribir
yo	_____	tú	_____
nosotros	_____	ella	_____
vosotros	_____	Uds.	_____

■■■Prueba corta

A. Complete the following sentences with the adjective of nationality that corresponds to the country in parentheses.

MODELO: Marta es *mexicana*. (México)

1. Paolo es un estudiante _____. (Italia)

2. París es una ciudad _____. (Francia)

3. El Volkswagen es un coche _____. (Alemania)

4. Diane y Margaret son dos mujeres _____. (Inglaterra)

B. Escriba la forma apropiada del verbo **ser**.

1. La mochila no _____ nueva.

2. Yo _____ de los Estados Unidos.

3. Burgos y Toledo _____ ciudades viejas y fascinantes.

4. ¿Tú _____ de México?

5. El profesor y yo _____ de California.

C. Complete las oraciones con el adjetivo posesivo apropiado.

La madre de _____^{1} (*my*) sobrino Mauricio se llama Cecilia. Ella es

_____^{2} (*my*) cuñada. _____^{3} (*My*) hermanos Enrique y Luis son

solteros. El padre de Cecilia se llama Marco; _____^{4} (*her*) madre se llama Elena.

Elena y Marco son italianos, pero viven en México. Ellos piensan (*They think*) que

_____^{5} (*our*) cultura es muy interesante. Todos _____^{6} (*their*)

nietos son mexicanos. ¿De dónde es _____^{7} (*your*) familia?

D. Complete las oraciones con la forma correcta del verbo apropiado de la lista.

asistir   beber   comprender   escuchar   estudiar   hablar   leer   recibir   vender

1. Nosotros no _____ mucho cuando la profesora _____ rápidamente (*quickly*).

2. ¿(Tú) _____ música mientras (*while*) (tú) _____?

3. Mi padre nunca _____ los libros de historia.

4. ¿Siempre _____ Uds. los libros al final (*at the end*) del semestre?

5. Mi hermana siempre _____ muchos regalos y tarjetas (*cards*) el Día de San Valentín.

6. Yo no _____ café por la noche.

7. Nosotros _____ a esta clase todos los días.

PUNTO FINAL

❖¡Repasemos!

A. La familia Rivera. Answer these questions about the Rivera family in complete sentences. You will need to invent information about several of the characters.

Palabra útil: el ama de casa (*housewife*)

1. ¿Cuántas personas hay en la familia Rivera?

_____

2. ¿De dónde son los padres?

_____

3. ¿Dónde trabaja el padre ahora? ¿y la madre?

_____

4. ¿Qué estudia el hijo mayor (*oldest*)? ¿Cuántos años tiene él? ¿Cómo es él?

_____

_____

5. ¿Quién es la otra señora? ¿Cuántos años tiene? ¿Cómo es?

_____

6. ¿Cómo son el coche y la casa, y de quién(es) son?

_____

_____

B. ¿Cómo son? Now, write a descriptive paragraph about the Rivera family by combining your answers and using connecting words such as **y, pero, por eso, porque, también,** and **aunque** (*although*). Try to be as creative as possible in adding details.

_____

_____

_____

_____

_____

_____

_____

_____

_____

_____

_____

_____

❖Mi diario

Write a description of your favorite relative. Include the following information.

- name
- relationship to you
- age (**Tiene** _____ **años.**)
- where he/she is from
- what he/she does for a living
- appearance
- personality

Use all the adjectives you can! Refer to the vocabulary list on page 64 of your textbook for additional adjectives.

_____

_____

_____

_____

CAPÍTULO 3

VOCABULARIO Preparación

■■■De compras: La ropa

A. La ropa. Identifique la ropa que llevan estas personas. Use el artículo indefinido.

1. a. _____
   b. _____
   c. _____
   d. _____
   e. _____
   f. _____

2. a. _____
   b. _____
   c. _____
   d. _____
   e. _____

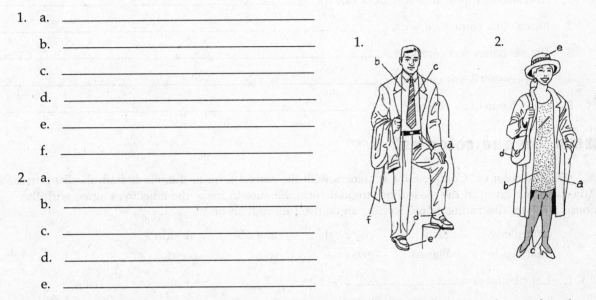

B. De compras en México. Imagine that you are studying in Puebla, México. You ask your friend Rosa about where and how to shop. Complete her answer with the appropriate items from the list provided.

almacén	gangas	regatear
centro	mercado	tiendas
de última moda	rebajas	venden de todo
fijos		

En el _____.[1] comercial de la calle Bolívar, hay un _____.[2]

grande donde _____.[3] Allí (*There*) los precios son _____.[4]

y muy caros, pero la ropa es _____.[5] Ahora (*Now*), en las

_____.[6] del centro, hay muchas _____.[7] O puedes

ir (*you can go*) al _____.[8] Allí los precios no son fijos y es posible

_____.[9] También puedes encontrar (*find*) muchas

_____.[10]

C. ¿Qué opina Ud.? Complete la narración en español. Use estas palabras: **algodón, cuero, lana, seda.**

1. La ropa interior de _____ es más fresca que (*cooler than*) la de nilón.

2. Las _____ de _____ son elegantes y bonitas.
   (*ties*)

3. Los _____ y las _____ de _____ son caros y abrigados (*warm*).
   (*sweaters*)   (*skirts*)

4. Las botas altas de _____ están de moda.

D. Preguntas. Imagine that you are talking with a friend, trying to confirm some information. Change the following statements into *questions* with tag phrases.

MODELO: Nunca usas botas. → Nunca usas botas, ¿verdad?

1. Necesitas comprar una sudadera nueva. _____

2. Buscas una camisa de seda. _____

3. Tus sandalias son cómodas. _____

4. No necesito llevar corbata. _____

5. Esta chaqueta es perfecta. _____

■■■¿De qué color es?

A. ¿De qué color es? Complete the sentences with the correct form of the words from the list provided. Adjectives are given in the masculine singular form. Be sure to make the adjectives agree with the nouns they are describing. Some words can be used more than once.

| amarillo | azul | color café | morado | rosado |
| anaranjado | blanco | gris | rojo | verde |

1. Las plantas son _____.

2. La bandera (*flag*) mexicana es _____, _____ y _____.
   (*green*)   (*white*)   (*red*)

3. La bandera de los Estados Unidos es _____, _____ y
   _____.

4. La naranja (*orange*) es _____ y el limón es _____.

5. El color _____ es una combinación de blanco y negro.

6. El color _____ es una combinación de rojo y azul.

7. El color tradicional para las bebés (*baby girls*) es _____.

8. Muchos hombres hispanos llevan colores oscuros (*dark*): azul, negro y _____.

❖**B. Mi estilo personal.** ¿Qué ropa usa Ud. en estos lugares? Mencione los colores, cuando sea (*whenever it is*) posible.

1. En la universidad: _____

2. En una cena (*dinner*) elegante: _____

3. En la playa (*beach*): _____

■■■Más allá del número 100

A. Los números. Write the following numbers in Arabic numerals.

1. ciento once _____

2. cuatrocientos setenta y seis _____

3. quince mil setecientos catorce _____

4. setecientos mil quinientos _____

5. mil novecientos sesenta y cinco _____

6. un millón trece _____

B. ¿Cuánto cuesta? You have been asked to write six checks for ads of different sizes to be published in a Mexican newspaper. Write out in words the prices in **pesos** ($) for each ad
($2.100,00 = dos mil cien pesos).

1. $28.510,00 _____

2. $14.625,00 _____

3. $7.354,00 _____

4. $3.782,00 _____

5. $1.841,00 _____

6. $920,00 _____

PRONUNCIACIÓN Stress and Written Accent Marks (Part 2)

¡RECUERDE!

Circle the letter of the correct answer.

1. A word that ends in **-n, -s,** or a vowel is normally stressed on
   a. the next-to-last syllable   b. the last syllable
2. A word that ends in any other consonant is normally stressed on
   a. the next-to-last syllable   b. the last syllable
3. Any exception to these rules will require a written accent on the stressed
   a. consonant   b. vowel

A. Las vocales acentuadas. Underline the stressed vowel in each of the following words.

1. doctor	6. permiso	11. universidad	16. López
2. mujer	7. posible	12. Bárbara	17. Ramírez
3. mochila	8. Tomás	13. lápices	18. biblioteca
4. inglés	9. general	14. Carmen	19. sicología
5. actor	10. profesores	15. Isabel	20. usted

B. ¿Acento escrito (*written*) o no? The following words are stressed on the underlined syllables. If a written accent is required, add it above the stressed vowel.

1. ex-<u>a</u>-men
2. lu-<u>gar</u>
3. ma-<u>tri</u>-cu-la
4. bo-<u>li</u>-gra-fo
5. <u>jo</u>-ven
6. sen-ti-men-<u>tal</u>
7. <u>Pe</u>-rez
8. e-di-<u>fi</u>-cios
9. a-le-<u>man</u>

GRAMÁTICA

¡RECUERDE!

Formas de **este**

Escriba la forma apropiada: **este, esta, estos, estas.**

1. _____ (*This*) color está de moda este año.

2. _____ (*These*) colores son feos.

3. Me gusta _____ (*this*) camisa blanca.

4. No me gustan _____ (*these*) camisas grises.

---

9. Pointing Out People and Things • Demonstrative Adjectives (Part 2) and Pronouns

A. ¿Este, ese o aquel? Complete las oraciones con la forma correcta de **este, ese** o **aquel.** Complete la última oración con su preferencia.

Ud. necesita comprar un coche. ¿Cuál le gusta más?

_____¹ coche es muy viejo; _____² coche es muy grande; _____³

coche es fantástico, pero también es muy caro. Pienso comprar _____⁴ coche porque

_____.

B. ¿De quién son? You and a friend are trying to sort out to whom the following items belong. Answer your friend's questions with the appropriate demonstrative adjective.

Note: **Aquí** (*Here*) and **allí** (*there*), like **este** and **ese** suggest closeness to, or distance from, the speaker.

MODELO: Aquí hay unos zapatos negros. ¿Son de Pablo? → Sí, estos zapatos negros son de Pablo.
Allí veo (*I see*) una bolsa. ¿Es de Chela? → Sí, esa bolsa es de Chela.

1. Aquí hay una chaqueta de rayas. ¿Es de Miguel?

_____

2. Allí veo unos calcetines. ¿Son de Daniel?

_____

3. Allí veo un impermeable. ¿Es de Margarita?

_____

4. Aquí hay unos guantes (*gloves*) de cuero. ¿Son de Ceci?

_____

5. Aquí hay un reloj de oro. ¿Es de Pablo?

_____

6. Allí veo unos papeles. ¿Son de David?

_____

10. Expressing Actions and States • *Tener, venir, preferir, querer,* and *poder;* Some Idioms with *tener*

A. Diálogo

Paso 1. Complete the following dialogue between you and a friend to make plans to go to a movie.

—¿_____[1] (*Tú:* Querer) ir al cine[a] esta noche?

—Hoy no _____[2] (*yo:* poder) porque _____[3] (tener) que estudiar

para un examen de sicología. _____[4] (Preferir) ir mañana.

—Bien. Entonces[b] _____[5] (*yo:* venir) por ti[c] mañana a las siete y media. No

_____[6] (*yo:* querer) llegar tarde.

[a]ir... *to go to the movies*   [b]*Then*   [c]*por... for you*

Paso 2. Now rewrite the same dialogue, replacing **yo** with the **nosotros** form and **tú** with the **Uds.** form. (Replace **por ti** with **por Uds.**)

_____

_____

_____

_____

_____

B. Luis habla con su compañero Mario. Complete el diálogo entre (*between*) Luis y Mario. *Note:* / / indica una oración nueva.

LUIS: ¿a qué hora / (tú) venir / universidad / mañana?

_____

MARIO: (yo) venir / 8:30 / / ¿Por qué?

_____

LUIS: ¿(yo) poder / venir / contigo? / / no / (yo) tener / coche

_____

MARIO: ¡cómo no! (*of course!*) / / (yo) pasar / por ti (*for you*) / 7:30 / / ¿(tú) tener / ganas / practicar / vocabulario ahora?

_____

_____

LUIS: no / / ahora / (yo) preferir / comer / algo (*something*) / / ¿(tú) querer / venir? / / (nosotros) poder / estudiar / para / examen / después (*later*)

_____

_____

MARIO: bueno / idea / / (yo) creer / que / Raúl y Alicia / querer / estudiar / con nosotros

_____

C. Conclusiones personales. Conteste con un modismo con **tener.**

1. Cuando Ud. trabaja toda la noche, ¿qué tiene en la mañana?

_____

2. Si Ud. quiere aprender, ¿qué tiene que hacer (*do*)?

_____

3. Si Ud. se encuentra con (*run into*) un hombre con revólver, instintivamente, ¿qué tiene Ud.?

_____

_____

4. Ud. necesita llegar a la oficina a las dos. Si son las dos menos uno, ¿qué tiene Ud.?

_____

5. Si Ud. dice (*say*) que Buenos Aires es la capital de la Argentina, ¿qué tiene Ud.?

_____

_____

Buenos Aires
la Argentina

11. Expressing Destination and Future Actions •
Ir; Ir + a + Infinitive; The Contraction *al*

A. Una fiesta familiar. Complete las oraciones con la forma apropiada del verbo **ir.**

Muchas personas van a ir a una fiesta. Toda la familia de Ana _____.[1] Los tíos y

los abuelos de Julio _____[2] con los padres de Ana. Tú _____[3]

también, ¿verdad? Miguel y yo _____,[4] pero yo _____[5] a

llegar tarde.

B. El cumpleaños (*birthday*) **de Raúl.** Using **ir** + **a** + an infinitive, indicate what the following people are going to do for Raúl's birthday.

    MODELO: La fiesta es este sábado. → La fiesta va a ser este sábado.

1. Eduardo y Graciela buscan un regalo. _____

    _____

2. David y yo compramos las bebidas (*drinks*). _____

    _____

3. Ignacio y Pepe van con nosotros. _____

    _____

4. Por eso necesitamos tu coche. _____

    _____

5. Desgraciadamente (*Unfortunately*) Julio no prepara la comida. _____

    _____

C. Situaciones. Imagine that a friend of yours has made the following statements. Form a response using **vamos a** + one of the phrases from the list. In each case you will be suggesting that you and your friend do something together: "Let's. . ."

    mirar en el Almacén Juárez   buscar algo más barato
    descansar ahora   comprar otro
    estudiar esta tarde

    MODELO: Este diccionario es malo. → Vamos a comprar otro.

1. Mañana vamos a tener examen. _____

2. En esta tienda no venden buena ropa. _____

3. Los precios aquí son muy caros. _____

4. No tengo ganas de trabajar más hoy. _____

UN POCO DE TODO

A. De compras en San Sebastián. Complete the following paragraph with the correct form of the words in parentheses, as suggested by context. When two possibilities are given in parentheses, select the correct word.

En _____[1] ciudad vasca[a] de San Sebastián, en el norte de
(el / la)

España, cuando la gente[b] necesita o _____[2] ir de compras,
(querer)

tiene que _____[3] a _____[4] tiendas que
(ir)   (pequeño)

_____[5] productos _____,[6] porque en San Sebastián no permiten la construcción
(vender)   (especial)

de _____[7] almacenes. La gente _____[8] proteger[c] a los comerciantes vascos
(grande)   (preferir)

locales en vez de apoyar[d] a las grandes galerías _____[9] como El Corte Inglés.
(español)

Por eso, hay en _____[10] ciudad muchas tiendas de ropa para niños, para mujeres
(este)

y para hombres; también hay tiendas _____[11] como zapaterías, librerías o
(especializado)

papelerías. Son muy _____[12] las tiendas que venden artículos de piel[e] como bolsas,
(popular)

cinturones, gorras, guantes[f] y carteras. Claro, también _____[13] pequeñas boutiques muy
(existir)

_____[14] con productos de moda de los más _____[15] nombres de la moda mundial.[g]
(elegante)   (famoso)

[a]*Basque* [b]*people* [c]*to protect* [d]en... *instead of supporting* [e]*leather* [f]*gloves* [g]moda... *world fashion*

B. María Montaño. Imagine that you are a new student in Dr. Prado's class. Talk about yourself and the way you feel. Complete the sentences using idioms with **tener.**

Me llamo María Montaño. _____[1] 18 años y tengo _____[2] de

aprender español porque quiero hablar con mis abuelos y otros parientes que viven en México.

Desgraciadamente (*Unfortunately*), en clase tengo _____[3] de hablar. El profesor

cree que debo practicar más en el laboratorio. Él tiene _____,[4] pero no tengo

mucho tiempo libre (*free*). Trabajo muchas horas y cuando quiero estudiar, tengo mucho

_____[5] y a veces me quedo dormida (*I fall asleep*).

C. Entre amigas. Fill in the blanks with the correct form of the infinitive or with the correct word in parentheses to complete the dialogue between Susana and Paquita.

SUSANA: Hola, Paquita. ¿Qué tal?

PAQUITA: Bien. Y tú, ¿cómo _____[1]?
(estás / eres)

SUSANA: Muy bien. Aquí tengo algo para ti. Creo que _____[2] textos son
(esos / estos)

_____[3] libros de historia, ¿verdad?
(tu / tus)

PAQUITA: ¡Ay, qué bueno! Necesito _____[4] libros para estudiar para
(esos / aquellos)

_____[5] examen. Gracias.
(nuestra / nuestro)

SUSANA: ¿Adónde _____[6] ahora?
(ir)

PAQUITA: Primero _____[7] a la biblioteca a buscar un libro y luego María y yo
(ir)

_____[8] a estudiar. ¿Por qué no estudias con _____[9]?
(ir)   (nosotros / nosotras)

SUSANA: Gracias por _____[10] invitación, pero _____[11] tarde dan[a]
(tú / tu)   (esta / este)

una película francesa y Enrique y yo _____[12] ir. Tengo
(querer)

_____[13] porque él está esperándome[b] ahora mismo.[c]
(razón / prisa)

PAQUITA: Muy bien. _____.[14]
(Adiós / Vamos)

[a]*they're showing*   [b]*waiting for me*   [c]*ahora… right now*

D. Mis amigos y profesores. Imagine that you are talking about your friends and professors. Form complete sentences, using the words provided in the order given. Make any necessary changes, and add other words when necessary. *Note:* / / indicates a new sentence.

MODELO: Irma / aprender / matemáticas / con / doctor Sánchez →
Irma aprende matemáticas con el doctor Sánchez.

1. Beatriz / no / querer / ir / clase / / preferir / ir / compras

_____

_____

2. Isabel Suárez / no / poder / asistir / clases / por / tarde / porque / tener / trabajar

_____

_____

3. ¡mi profesor / siempre / llevar / chaquetas / lana / y / calcetines / rojo!

_____

_____

4. Marcos / no / ser / bueno / estudiante / / con frecuencia / no / leer / lecciones / y / llegar / tarde / clase

_____

_____

5. (yo) creer / que / Sra. Fuentes / ser / uno / grande / profesora

_____

_____

PERSPECTIVAS CULTURALES — Guatemala y Honduras

Complete las oraciones con la información apropiada. Use palabras de la lista.

Copán	la punta	Tikal
maya-quiché	Tegucigalpa	volcanes
pobre		

1. La capital de Honduras es _____.

2. Aunque (*Although*) la ecología de Honduras es muy rica, gran parte de la población (*population*) es _____.

3. Más de (*More than*) cuarenta por ciento de la población de Guatemala es de origen _____.

4. La ciudad más grande de la cultura maya fue (*was*) _____.

5. Algunos (*Some*) de los treinta _____ en el oeste de Guatemala son activos.

6. En las ruinas mayas de _____ hay muchos jeroglíficos y estelas.

7. La música y el baile de los garífunas se llama _____.

PÓNGASE A PRUEBA

■■■A ver si sabe...

A. Demonstrative Adjectives and Pronouns. Escriba el adjetivo demostrativo apropiado.

1. _____ (*this*) zapato
2. _____ (*these*) pantalones
3. _____ (*that*) bolsa
4. _____ (*those*) abrigos
5. _____ (*that, over there*) camiseta
6. _____ (*those, over there*) cinturones

B. *Tener, venir, preferir, querer,* **and** *poder;* **Some Idioms with** *tener.*

1. Complete la tabla con la forma apropiada del presente.

INFINITIVO	YO	UD.	VOSOTROS	NOSOTROS
poder			*podéis*	
querer		*quiere*		
venir				

2. Exprese en español los siguientes modismos con **tener.**

   a. to be afraid (of) _____

   b. to be right (wrong) _____

   c. to feel like _____

   d. to have to _____

C. *Ir; Ir + a + Infinitive.* Rewrite the following sentences, using **ir** + **a** + *infinitive.*

1. Ellos compran ropa. _____

2. ¿No comes? _____

3. Tienen una fiesta. _____

4. Voy de compras. _____

■■■Prueba corta

A. Rewrite the sentences, substituting the noun provided and making all the necessary changes.

MODELO: ¿Necesitas aquel sombrero rojo?

(corbata) → ¿Necesitas aquella corbata roja?

1. Quiero comprar esa camisa negra.

(impermeable) _____

2. ¿Buscas estos calcetines grises?

(traje) _____

3. Juan va a comprar esos zapatos blancos.

(chaqueta) _____

4. Mis padres trabajan en aquel almacén nuevo.

(tienda) _____

B. Complete las oraciones con la forma apropiada de uno de los verbos de la lista. (*Note:* Use each verb at least once.)

poder   preferir   querer   tener   venir

1. Mis amigos y yo _____ a esta biblioteca todos los días para estudiar. Nuestras

clases son difíciles y _____ que estudiar mucho.

2. —¿Qué (tú) _____ tomar, una Coca-Cola o un café?

—Yo _____ un café.

3. Si Ud. _____ prisa, debe salir (*leave*) ahora.

4. En una librería, los estudiantes _____ comprar libros, cuadernos y mochilas.

C. Rewrite each sentence, changing the simple present tense to a construction with **ir** + **a** + infinitive, to tell what the following people are going to do.

MODELO: Estudio mucho. → Voy a estudiar mucho.

1. Roberto lleva traje y corbata. _____

2. Busco unas chanclas baratas. _____

3. Tenemos una fiesta. _____

4. ¿Vienes a casa esta noche? _____

PUNTO FINAL

❖¡Repasemos!

De compras

Paso 1. El Sr. Rivera necesita comprar dos artículos de ropa para sus vacaciones en México. Conteste las preguntas según los dibujos.

1.   2.   3.   4.

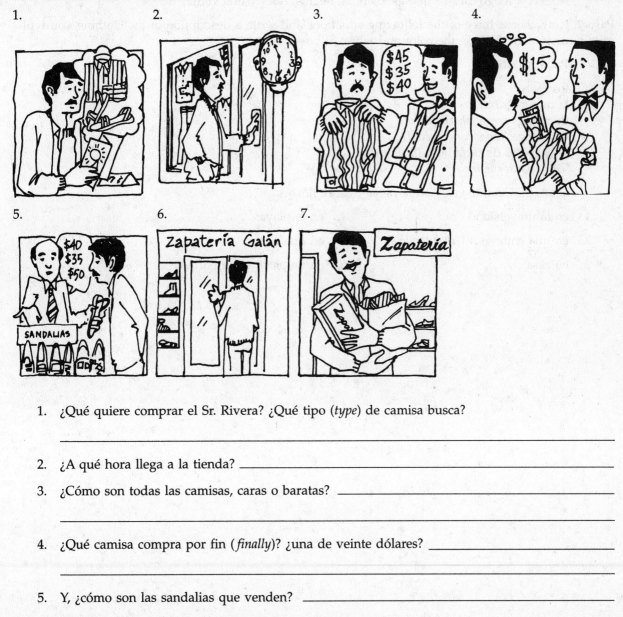

5.   6.   7.

1. ¿Qué quiere comprar el Sr. Rivera? ¿Qué tipo (*type*) de camisa busca?

   _____

2. ¿A qué hora llega a la tienda? _____

3. ¿Cómo son todas las camisas, caras o baratas? _____

   _____

4. ¿Qué camisa compra por fin (*finally*)? ¿una de veinte dólares? _____

   _____

5. Y, ¿cómo son las sandalias que venden? _____

6. ¿Adónde tiene que ir para comprar las sandalias? _____

   _____

7. ¿Regresa a casa contento o triste con sus compras? _____

   _____

Paso 2. Now, on a separate sheet of paper, convert your answers into a paragraph about Mr. Rivera's shopping trip. Use the following words to make your paragraph more coherent and connected: **pero, y, por eso, por fin, ya** (*already*).

❖Mi diario

Paso 1. Look in your closet and bureau drawers and take an inventory of the articles of clothing you own and the approximate number of each item. What colors are they? Now write the information in your diary.

MODELO: Tengo diez camisetas: blancas, negras, rojas y una verde.

Paso 2. Now choose three of the following situations and write a description of the clothing you typically wear in each. Include the color and fabric, if possible.

Palabras útiles

los *jeans*
la manga (*sleeve*)
de manga corta (*short-sleeved*)
de manga larga (*long-sleeved*)
los zapatos de tacón alto (*high heels*)
los zapatos (*de tenis*)

MODELO: Cuando estoy en la playa (*beach*), llevo…

1. en la universidad
2. en una entrevista (*job interview*)
3. en casa
4. en la playa
5. en una fiesta
6. en un *picnic* en el parque

CAPÍTULO 4

VOCABULARIO Preparación

■■■¿Qué día es hoy?

A. El horario (*schedule*) **de David.** Escriba lo que (*what*) va a hacer David esta semana.

L	M	M	J	V	S	D
banco hablar con consejero	dentista	estudiar física	laboratorio de física	examen cenar[a] con Diana	de compras concierto	playa[b]

[a]*to have dinner*   [b]*beach*

MODELO: El lunes tiene que ir al banco. (El lunes va a ir al banco.)

1. El lunes también… _____

2. _____

3. _____

4. _____

5. _____

6. _____

7. _____

B. ¿Qué día es hoy? Complete las oraciones con las palabras apropiadas.

1. Hay dos días en el _____ de semana: _____ y _____.

2. _____ es el primer (*first*) día de la semana en el calendario hispánico.

3. Si hoy es martes, mañana es _____.

4. El Día de Acción de Gracias es siempre el cuarto (*fourth*) _____ de noviembre.

5. Si hoy es miércoles, _____ es viernes.

6. No puedo ir _____ sábado porque _____ sábados trabajo.

7. Tengo que estudiar mucho porque la _____ semana tengo tres exámenes.

❖**C. Preguntas personales.** Conteste estas preguntas sobre el horario de Ud.

1. ¿Cuál es el día de la semana más largo (*longest*) para Ud.? ¿O son todos iguales?

   Para mí, _____.

2. ¿Trabaja Ud.? ¿Dónde? ¿Qué días trabaja? _____

   _____

3. ¿Qué le gusta hacer (*to do*) los domingos? (¿dormir [*to sleep*], jugar al basquetbol, hacer ejerci-

   cio, leer el periódico, etcétera?) _____

   _____

4. ¿Qué tiene que hacer la semana que viene?

   _____

■■■Los muebles, los cuartos y otras partes de la casa (Part 1)

A. ¿Qué hay en esta casa? Identifique las siguientes partes de la casa.

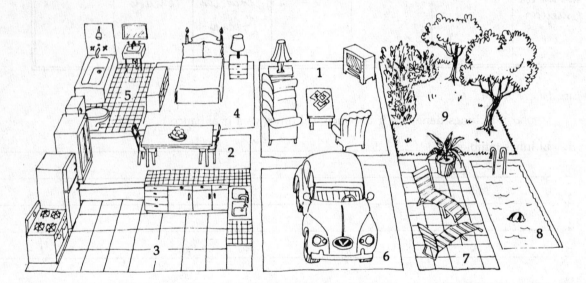

1. _____

2. _____

3. _____

4. _____

5. _____

6. _____

7. _____

8. _____

9. _____

B. Los muebles. Identifique los muebles en la alcoba y la sala.

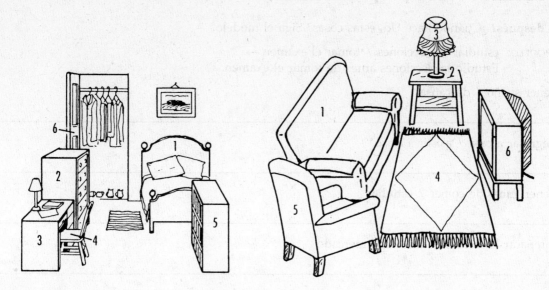

En la alcoba hay…

1. _____
2. _____
3. _____
4. _____
5. _____
6. _____

En la sala hay…

1. _____
2. _____
3. _____
4. _____
5. _____
6. _____

❖**C. Describa su alcoba.** Mencione los muebles que hay y el color de las paredes y de la alfombra (si la hay). Luego use tres adjetivos para describir la alcoba en general.

_____

_____

_____

■■■¿Cuándo? • Las preposiciones (Part 1)

¿Antes o después? ¿Cuándo hace Ud. estas cosas? Siga el modelo.

MODELO: estudiar las lecciones / tomar el examen →
Estudio las lecciones antes de tomar el examen.

1. tener sueño / descansar

_____

2. regresar a casa / asistir a clase

_____

3. tener ganas de comer / estudiar

_____

4. preparar la comida / ir al supermercado

_____

5. lavar (*to wash*) los platos / comer

_____

PRONUNCIACIÓN *b* and *v*

¡RECUERDE!
The pronunciation of the letters **b** and **v** depends on their position in a phrase or sentence, not on which letter is used.   • The stop [b] occurs at the beginning of a phrase or sentence, and after _____ or _____.   • The fricative [b̶] occurs everywhere else. The fricative [b̶] does not occur in English.

Pronunciación. Read aloud the following words and sentences. Then underline the examples of [b].

1. el vestido
2. un vestido
3. cerveza
4. hombre

5. nueve
6. universidad
7. también
8. bien

9. Buenos días, Víctor.
10. Violeta baila bien, ¿verdad?
11. ¡Bienvenido, Benito!
12. ¡Muy bien, Roberto!

GRAMÁTICA

12. Expressing Actions • *Hacer, oír, poner, salir, traer,* and *ver*

A. Las actividades de Roberto. Complete las oraciones con la forma apropiada del verbo.

1. Los domingos _____ (*yo:* ver) mi programa favorito.

2. Ricardo y yo _____ (salir) con amigos los fines de semana.

3. _____ (*yo:* Poner) el televisor antes de ir a clases.

4. Los sábados, _____ (*yo:* traer) a mi perro a este parque (*park*).

5. Mis padres y yo _____ (oír) las noticias (*news*) de las siete.

6. Antes del examen de español, _____ (*yo:* hacer) los ejercicios del cuaderno.

7. _____ (*yo:* Salir) de la clase de matemáticas a las once de la mañana.

B. Un sábado típico. Complete the following paragraph with the correct form of **hacer, oír, poner, salir, traer,** or **ver** to tell about a typical Saturday. ¡OJO! Not all of the verbs will be used.

Por la mañana (yo) _____[1] la radio y _____[2] la tarea para el lunes.

Por la tarde, un amigo normalmente _____[3] sándwiches y cerveza y comemos

juntos (*together*). Por la noche, (nosotros) _____[4] con un grupo de amigos.

_____[5] una película o _____[6] a bailar.

❖**C. Preguntas personales.** Conteste con oraciones completas.

1. ¿A qué hora sale Ud. de casa los lunes para ir a la universidad?

   _____

2. ¿Ve películas en casa o prefiere salir a ver películas en el cine?

   _____

3. En clase, ¿hace Ud. muchas preguntas o prefiere estar callado/a (*quiet*)?

   _____

4. Si Ud. quiere escuchar música, ¿qué pone Ud., la radio o un CD? ¿Tiene Ud. una estación de

   radio favorita? ¿Cuál es? _____

   _____

5. ¿Qué cosas trae Ud. a clase en su mochila? _____

6. ¿A qué hora oye Ud. las noticias (*news*)? _____

Stem-Changing Verbs You Already Know. Complete the verb chart.

	yo	tú	Ud., él, ella	nosotros	Uds., ellos, ellas
querer	_____	_____	_____	*queremos*	_____
preferir	_____	*prefieres*	_____	_____	_____
poder	_____	_____	*puede*	_____	_____

13. Expressing Actions • Present Tense of Stem-Changing Verbs (Part 2)

❖A. ¿Cierto o falso?

	C	F
1. Pienso ir de compras esta noche.	☐	☐
2. Todos los días vuelvo a casa antes de las cinco.	☐	☐
3. Cuando salgo a comer, siempre pido una cerveza.	☐	☐
4. Mis amigos y yo nunca pedimos vino.	☐	☐
5. Almuerzo en casa todos los días.	☐	☐
6. En mi casa servimos la cena (*dinner*) a las siete.	☐	☐
7. Mi primera clase empieza a las ocho.	☐	☐
8. No entendemos cuando el profesor / la profesora de español habla rápidamente.	☐	☐
9. Con frecuencia pierdo mis libros.	☐	☐

B. **Preferencias.** ¿Qué prefieren hacer Ud. y sus amigos? Complete las oraciones con la forma apropiada de los verbos entre paréntesis.

1. (pensar): Isabel y Fernando _____ almorzar en casa, pero Pilar y yo

_____ salir. ¿Qué _____ hacer tú?

2. (volver): Nosotras _____ en tren con Sergio, pero Felipe _____

en coche con Lola. ¿Cómo _____ Uds.?

3. (pedir): Por lo general Tomás _____ cerveza. Rita y Carmen

_____ Coca-Cola. Pepe y yo _____ café.

C. Un día típico de Bernardo. Describe a typical schoolday for Bernardo. Form complete sentences, using the words provided in the order given. Make any necessary changes, and add other words when necessary.

MODELO: comer / casa / 6:00 → Come en casa a las seis.

1. salir / casa / 7:15

   _____

2. su / primera clase / empezar / 8:00

   _____

3. si no / entender / lección, / hacer / mucho / preguntas

   _____

4. con frecuencia / almorzar / en / cafetería

   _____

5. a veces / pedir / hamburguesa / y / refresco

   _____

6. lunes y miércoles / jugar / tenis / con / un / amigo

   _____

7. su madre / servir / cena (*dinner*) / 6:00

   _____

8. hacer / la tarea / por / noche / y / dormir / siete horas

   _____

❖**D. Más preguntas personales.** Conteste con oraciones completas.

1. ¿A qué hora almuerza Ud. generalmente? _____

   _____

2. ¿Cuántas horas duerme Ud. los fines de semana? _____

   _____

3. ¿Piensa Ud. estudiar otras lenguas extranjeras? ¿Cuáles? _____

   _____

4. ¿Estudia Ud. por las noches? ¿A qué hora empieza a estudiar? _____

   _____

5. ¿Pierde Ud. sus llaves con frecuencia? _____

   _____

14. Expressing -self/-selves • Reflexive Pronouns (Part 1)

❖**A. ¿Cierto o falso?**

		C	F
1.	Me levanto tarde los fines de semana.	☐	☐
2.	Me divierto con los amigos todas las noches.	☐	☐
3.	A veces mi padre se duerme cuando mira la televisión.	☐	☐
4.	Siempre me ducho por la noche.	☐	☐
5.	Me pongo zapatos de tenis para ir a clase.	☐	☐
6.	En la clase de español nos sentamos en un círculo.	☐	☐
7.	Me cepillo los dientes antes de vestirme.	☐	☐

B. Oraciones incompletas. Complete las oraciones con la forma apropiada del pronombre reflexivo.

1. Yo _____ llamo Juan y mi hermana _____ llama Inés.

2. Nuestros padres _____ llaman Carlos y Luisa.

3. ¿Por qué _____ pones esa blusa? Está sucia (dirty).

4. ¿_____ despiertan Uds. tarde los sábados?

5. Después de levantarnos, _____ bañamos y _____ vestimos.

6. ¿Dónde _____ diviertes más, en el teatro o en el cine?

C. Ud. y otra persona. Cambie (Change) el sujeto **yo** por (to) **nosotros.** Haga todos los cambios necesarios.

1. Me despierto temprano. _____

2. Me visto después de ducharme. _____

3. Nunca me siento para tomar el desayuno. _____

   _____

4. En la universidad asisto a clases y me divierto. _____

   _____

5. Después de volver a casa hago la tarea. _____

   _____

6. A las doce tengo sueño, me cepillo los dientes y me acuesto. _____

   _____

7. Me duermo a las doce y media. _____

   _____

D. El horario de Daniel y Carlos

1.

2. Carlos   Daniel

3.

4.

5.

Paso 1. Para cada dibujo (*each drawing*), escriba los infinitivos apropiados para describir las acciones de Daniel y Carlos. Use los verbos de la lista. (*Note:* The first one is done for you.)

afeitarse	dormir(se) (ue)	quitarse
despertarse (ie)	ducharse	sentarse (ie)
divertirse (ie)	levantarse	vestirse (i)

1. *despertarse* _____   3. _____   4. _____

2. _____

   _____   5. _____

   _____

Paso 2. Ahora escriba oraciones completas para cada dibujo. Indique también dónde ocurren las acciones. (*Note:* The first one is done for you.)

Palabras útiles: en un café   en el sofá   ponerse

1. *Carlos y Daniel se despiertan en la alcoba a las seis y cuarto.* _____

2. _____

3. _____

4. _____

5. _____

❖E. **Preguntas personales.** Conteste con oraciones completas.

1. ¿A qué hora se despierta Ud. los sábados? ¿Por qué? _____

_____

2. Los lunes, ¿se levanta Ud. inmediatamente después de despertarse? _____

_____

3. ¿Se afeita Ud.? ¿Cuántas veces por semana? _____

_____

4. ¿Prefiere Ud. bañarse o ducharse? ¿Se baña (Se ducha) por la mañana o por la noche?

_____

5. ¿Dónde prefiere sentarse para mirar la tele? ¿en un sillón? ¿en un sofá? ¿en la alfombra? ¿Y

para estudiar? _____

6. ¿Dónde se divierte Ud. más? (en el cine, en una discoteca, en la playa [*beach*], jugando

[*playing*] un deporte) _____

UN POCO DE TODO

A. El próximo sábado… Complete las oraciones con la forma correcta del verbo para describir las actividades de Juan Carlos el próximo sábado.

Los sábados _____^{1} a las nueve de la mañana, pero el sábado de la próxima semana
       (*yo:* levantarse)

_____^{2} que _____^{3} más temprano porque _____^{4}
   (tener)   (despertarse)   (querer)

ir a _____^{5} al tenis con mi amigo Daniel. Casi siempre, _____^{6}
   (jugar)   (*nosotros:* empezar)

a las nueve y media; si _____^{7} el despertador[a] a las ocho y media y _____^{8}
     (*yo:* poner)   (salir)

de la casa a las nueve, _____^{9} llegar a tiempo. Daniel y yo _____^{10}
     (poder)   (almorzar)

después de jugar al tenis. Si Daniel _____^{11} el partido,[b] _____^{12}
     (perder)   (*él:* tener)

que pagar la cuenta[c]; si yo _____^{13} el partido, yo _____^{14} que
     (perder)   (tener)

pagar. A las dos, _____^{15} a casa.
     (*yo:* volver)

[a]*alarm clock* [b]*match, game* [c]*bill*

❖B. Un día típico. Write about your typical day this semester, what you do, and when.

Paso 1. Before you begin to write, read the verbs given and cross out those that do not apply to you. Organize the verbs you plan to use by writing **m (mañana)**, **t (tarde)**, **n (noche)** next to the appropriate infinitives. Then put each group into a logical chronological sequence.

acostarse	hacer	quitarse
afeitarse	ir	salir
almorzar	leer	sentarse a (comer)
asistir	levantarse	tomar el desayuno
bañarse/ducharse	llamar por teléfono (a)	trabajar
despertarse	mirar	vestirse
dormirse	ponerse	volver
empezar		

Paso 2. Now begin to write. Use any of the phrases listed here, or any others, to tell *when* you do these activities and to help you organize your sentences. Connect them into three coherent paragraphs: **por la mañana, por la tarde, por la noche.**

primero, luego	siempre, todos los días	hasta	antes de
nunca	con frecuencia, a veces	durante	después de

PERSPECTIVAS CULTURALES
El Salvador y Nicaragua

Complete las oraciones con la información apropiada. Use palabras de la lista.

activos	española	pirámide
cuatro	indígena	salada
cuatrocientos	lagos	tiburones
El Salvador	pelota	volcanes

1. El país más pequeño (*smallest*) de Centroamérica es _____.

2. Nicaragua tiene diecisiete _____ y dos _____ grandes, Nicaragua y Managua.

3. El Lago Coatepeque tiene _____ millas (*miles*) de ancho (*wide*) y

   _____ pies (*feet*) de hondo (*deep*).

4. En las ruinas mayas de Tazumal, en El Salvador, hay una _____ principal

   (*main*) y un campo (*field*) de juego de _____.

5. El volcán Masaya, cerca de (*near*) Managua, es uno de los volcanes más (*most*)

   _____ del mundo (*world*).

6. El Lago Nicaragua no tiene agua _____ (*salty*), pero sí tiene

   _____ (*sharks*).

7. La música folclórica de Nicaragua y El Salvador es una combinación de música

   _____ y _____.

■■■A ver si sabe...

A. *Hacer, oír, poner, salir, traer,* **and** *ver.* Complete la siguiente tabla.

INFINITIVO	YO	TÚ	NOSOTROS	ELLOS
hacer			*hacemos*	
traer				*traen*
oír		*oyes*		
poner				
ver				
salir				

B. Present Tense of Stem-Changing Verbs.

1. What vowel changes occur in the following verb types?

   a. emp**e**zar, p**e**rder   e → _____

   b. d**o**rmir, alm**o**rzar   o → _____

   c. p**e**dir, s**e**rvir   e → _____

2. What are the two pronouns that do not show any change in the stem? _____ and _____.

3. Complete las oraciones con los siguientes verbos y preposiciones. ¡OJO! No es necesario conjugar todos los verbos.

   a. (pensar servir)   ¿Qué _____ (tú) _____?

   b. (empezar a)   Ahora (yo) _____ _____ entender.

   c. (volver a)   ¿Uds. van a _____ _____ entrar?

   d. (pedir)   Voy a _____ otra Coca-Cola.

C. Reflexive Pronouns.

1. Escriba el pronombre reflexivo apropiado.

   a. yo _____ levanto   c. él _____ despierta   e. vosotros _____ acostáis

   b. tú _____ acuestas   d. nosotros _____ divertimos   f. Uds. _____ bañan

2. Cambie el plural por el singular.

   a. Nosotros nos acostamos tarde.   _____

   b. ¿Cuándo se sientan a comer?   (tú) _____

   c. Nos vestimos en cinco minutos.   _____

■■■Prueba corta

A. Complete las oraciones con la forma apropiada de los verbos de la lista. (*Note:* Use each verb once.)

divertirse	hacer	oír	salir
dormirse	levantarse	ponerse	sentarse

1. Algunos (*Some*) estudiantes _____ en clase cuando están muy cansados.

2. Prefiero _____ cerca del escritorio del profesor porque no

   _____ bien.

3. Yo _____ mucho cuando salgo con mis amigos.

4. Si quieres llegar a tiempo, debes _____ temprano.

5. Para ir a un concierto al aire libre ella _____ un suéter y *jeans*.

6. (Tú) Siempre _____ muchas preguntas en clase, ¿verdad?

7. Los viernes por la noche mis amigos y yo _____ a comer y después vamos al cine.

B. Complete la siguiente lista.

1. Escriba tres actividades que Ud. realiza (*that you do*) en la alcoba por la mañana:

   _____, _____ y _____.

2. Escriba tres actividades que Ud. realiza en el baño, después de despertarse:

   _____, _____ y _____.

3. Escriba el nombre de tres muebles de su sala: _____,

   _____ y _____.

4. Escriba el nombre de tres cosas o muebles que Ud. piensa comprar para su casa:

   _____, _____ y _____.

5. Escriba en qué cuartos de su casa realiza Ud. las siguientes actividades. Use oraciones completas.

   (**almorzar**): _____

   (**dormir**): _____

   (**estudiar**): _____

PUNTO FINAL

❖ ¡Repasemos!

The following is a letter from Mariana to her pen pal in Bogotá, Colombia. Complete it with the correct forms of the words in parentheses, as suggested by the context. When two possibilities are given in parentheses, select the correct word.

Querida Amalia:

Me preguntas[a] cómo pasamos[b] _____[1] fines de semana. Pues,
(nuestro / nuestros)

_____[2] viernes, _____[3] clases, _____[4] a casa o
(el / los)   (antes de / después de)   (yo: volver)

_____[5] a la _____[6] porque es un lugar tranquilo para estudiar.
(ir)   (biblioteca / librería)

Por _____[7] noche, yo voy _____[8] cine con _____[9]
(el / la)   (a la / al)   (mi / mis)

amigos o _____[10] todos a una discoteca. Los sábados trabajo en un almacén
(nosotros: ir)

grande. No es un trabajo difícil,[c] pero _____[11] las seis _____[12]
(a / son)   (de / en)

la tarde, estoy _____.[13] Los domingos, _____[14] padres,
(cansada / cansado)   (mi / mis)

_____[15] hermana y yo _____[16] a la iglesia,
(mi / mis)   (ir)

_____[17] el periódico y _____[18] la televisión.
(leer)   (mirar)

_____[19] la tarde, muchas veces vamos a la casa de _____[20] tíos.
(Por / De)   (mi / mis)

Como _____,[21] _____[22] fines de semana todos nosotros
(tú: ver)   (el / los)

_____.[23]
(divertirse)

Recuerdos cariñosos,[d]
Mariana

[a]Me... *You ask me* [b]*we spend* [c]*difficult* [d]Recuerdos... *Affectionate regards*

❖ Mi diario

In your diary, write a description of your house (apartment, dorm, room, and so on). Be sure to include the following information:

- size
- name(s) and size of room(s)
- furniture in each room
- color of the walls, rug (if any), and furniture
- if there's a garage and/or yard, and what it or they are like
- your favorite place in the house (apartment, and so on) and why

CAPÍTULO 5

VOCABULARIO   Preparación

■■■¿Qué tiempo hace hoy?

A. ¿Qué tiempo hace? Describe the weather conditions in each drawing.

1. _____   2. _____   3. _____

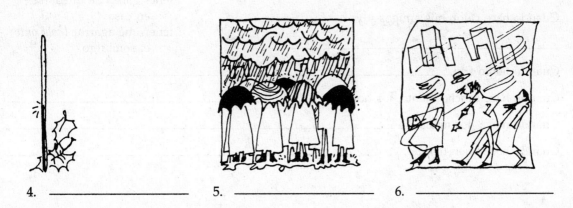

4. _____   5. _____   6. _____

7. _____ 8. _____ 9. _____

B. **¿Qué tiempo hace?**

1. Marta lleva impermeable y botas. _____

2. Joselito tiene frío y lleva abrigo, dos suéteres y botas. _____

3. Carmen tiene calor y lleva traje de baño. _____

4. Samuel lleva una chaqueta de lana, pero no lleva abrigo. _____

5. Todos llevan camisetas y pantalones y están en el parque. _____

6. Nadie (*No one*) hace ejercicio hoy. _____

C. **¿Qué hacen todos?** Complete las oraciones con la forma apropiada de las expresiones de la lista.

1. Cuando llueve, yo _____

   _____.

2. Cuando hay mucha contaminación, nadie _____

   _____.

3. Cuando hace calor, mis amigos y yo _____

   _____.

4. Cuando tengo frío, _____.

5. Cuando hace mucho viento, los hombres _____.

6. Cuando nieva, los niños _____.

7. Cuando hace buen tiempo, yo _____.

almorzar en el parque
hacer ejercicio
ir a la playa
jugar en la nieve
ponerse otro suéter
tener ganas de quedarse
  en casa
tener que agarrar (*hold onto*)
  el sombrero

■■■Los meses y las estaciones del año

A. Meses y estaciones. Complete las oraciones con las palabras apropiadas de esta sección.

1. El Día de los Inocentes (*April Fools' Day*) es (*date*) _____ en los Estados Unidos.

2. Los tres meses del verano son _____, _____ y

   _____.

3. Diciembre es el primer mes del _____.

4. En la primavera hace buen tiempo, pero también _____ mucho.

5. Septiembre, octubre y noviembre son los tres meses del _____.

6. El _____ se celebra el Día de la Independencia de los Estados Unidos.

7. Por lo general, _____ mucho en las montañas durante el invierno.

8. Después de diciembre viene el mes de _____, y después de abril viene

   _____.

❖9. Mi cumpleaños es en (la estación de) _____.

B. Fechas. Exprese estas fechas en español. Comience (*Begin*) siempre con **el**, y use **de** antes del año.

1. March 16, (**de**) 1933: _____

   _____

2. June 14, 1925: _____

   _____

3. September 15, 1566: _____

   _____

4. August 7, 2015: _____

   _____

5. January 1, 1777: _____

   _____

❖6. Yo nací (*was born*) _____

   _____

■■■¿Dónde está? Las preposiciones (Part 2)

❖**A. ¿Cierto o falso?** ¿Qué hace Ud. en su clase de español?

	C	F
1. Me siento delante del profesor.	☐	☐
2. Prefiero sentarme detrás de un estudiante alto.	☐	☐
3. Con frecuencia hablo con mis compañeros durante la clase.	☐	☐
4. Siempre pongo la mochila al lado de mi silla.	☐	☐
5. Me siento cerca de la puerta.	☐	☐
6. Pongo los pies (*feet*) encima de la silla delante de mí.	☐	☐
7. A veces olvido (*I forget*) libros debajo de mi silla.	☐	☐

B. ¿Dónde está España? Mire el mapa y luego complete la descripción con la(s) palabra(s) apropiada(s). Es necesario usar algunas (*some*) palabras más de una vez (*more than once*).

al norte   al sur   al este   al oeste (*west*)   cerca   lejos (*far*)   en   entre

España y Portugal forman la Península Ibérica. Los Pirineos están _____[1] España y Francia. Francia está _____[2] de España y África está _____[3] de España. El Mar Mediterráneo está _____[4] de la península y el Océano Atlántico está _____.[5]

Madrid, la capital, está en el centro del país. La hermosa ciudad de Granada está

_____[6] de Madrid; Toledo está

_____[7] La isla de Mallorca, una

de las Islas Baleares, está _____[8]

el Mar Mediterráneo. Las Islas Canarias están

_____[9] de África.

❖**C. ¿Quién es?**

Paso 1. Draw a seating plan of the people who sit directly around you in class, and write in their names. If no one sits in one of those seats, write **nadie.**

_____

_____ yo _____

_____

Paso 2. Ahora, en otro papel, escriba un párrafo para indicar (*indicate*) dónde se sientan sus compañeros de clase con respecto a Ud. Escriba también los nombres de las personas que se sientan más lejos (*farthest*) y más cerca de la puerta.

a mi derecha   a mi izquierda   delante de   detrás de   más lejos/cerca de

MODELO: George se sienta delante de mí. María se sienta a mi derecha…

PRONUNCIACIÓN *r* and *rr*

¡RECUERDE!
The trilled **r** is spelled _____ at the beginning of a word. It is spelled _____ in the middle of a word (between vowels).

El sonido *rr*. Underline the examples of the trilled **rr** sound in the following words and phrases.

1. Rosa
2. caro
3. perro

4. Roberto
5. rebelde
6. un horrible error

7. una persona rara
8. Raquel es rubia.

GRAMÁTICA

15. ¿Qué están haciendo? • Present Progressive: *Estar + -ndo*

A. En este momento... ¿Qué están haciendo estas personas en este momento?

1. _____ Enrique Iglesias
2. _____ Antonio Banderas
3. _____ su profesor(a)
4. _____ Jennifer López
5. _____ el presidente
6. _____ Rafael Nadal

a. está trabajando en una película
b. está hablando en las Naciones Unidas
c. está cantando canciones románticas
d. está corrigiendo (*correcting*) exámenes
e. está jugando al tenis
f. está haciendo un vídeo

B. La familia de Rigoberto. Describa lo que están haciendo los miembros de la familia de Rigoberto, desde su perspectiva. Use la forma apropiada del gerundio. ¡OJO! Cuidado con los verbos que tienen un cambio en la raíz (*stem*).

1. Mi abuela está _____ (dormir) la siesta ahora.

2. Mi hermana María está _____ (pedir) $8.00 para ir al cine.

3. Mi padre está _____ (servirse) café.

4. Mis hermanos están _____ (leer) libros.

5. Mi madre está _____ (almorzar) con una amiga.

   Está _____ (divertirse).

C. ¿Qué están haciendo Daniel y Carlos? Mire los dibujos del ejercicio D en la página 63 del Capítulo 4 y describa lo que (*what*) están haciendo Daniel y Carlos. Use el progresivo.

     Palabra útil: charlar (*to chat*)

1. Daniel y Carlos _____.

2. Daniel _____ y Carlos _____.

3. Daniel _____ y Carlos _____.

4. Daniel _____.

5. Daniel _____ y Carlos _____.

D. Mis padres (hijos) y yo. Sus padres (hijos) siempre hacen cosas muy diferentes de las que Ud. hace. Cambie los infinitivos para mostrar lo que están haciendo ellos y lo que hace Ud. en este momento.

    MODELO: leer el periódico / estudiar para un examen →
            Mis padres (hijos) están leyendo el periódico, pero yo estoy estudiando para un examen.

1. jugar al golf / correr en un maratón _____

    _____

2. mirar la tele / aprender a esquiar _____

    _____

3. leer el periódico / escuchar música _____

    _____

4. acostarse / vestirme para salir _____

    _____

❖**E. ¿Y Ud.?** ¿Qué está haciendo en este momento? Haga por lo menos cinco oraciones. ¡OJO! «*I am sitting*» se expresa de otra manera en español. Ud. puede usar el progresivo.

En este momento, estoy sentado/a (*seated*) en _____

_____

_____

_____

_____

_____

16. ¿*Ser* o *estar*? • Summary of the Uses of *ser* and *estar*

¡RECUERDE!

¿Se usa **ser** o **estar**? Escriba el infinitivo apropiado en la columna de la izquierda. Luego complete las oraciones con la forma apropiada de **ser** o **estar** en la columna de la derecha.

1. *to talk about location of a person or thing:*   Mis libros _____ al lado de mi silla.

   _____

2. *to talk about origin:* _____   Mi abuela _____ de España.

3. *to express possession with* **de:**   ¿De quién _____ este dinero?

   _____

4. *with adjectives, to express the norm or*   Los padres de Elena _____ altos.

   inherent qualities: _____   La nieve _____ blanca.

5. *with adjectives, to express a change from*   Mi café _____ frío.

   the norm or to express conditions: Tú _____ muy guapo esta noche.

   _____   ¿_____ Uds. ocupados?

6. *to identify people or things:*   Nosotros _____ estudiantes.

   _____   Miguel _____ el hijo de Julio.

7. *to express time:* _____   _____ las dos y media.

A. Minidiálogos. Complete los diálogos con la forma apropiada de **ser** o **estar**.

1. —¿De dónde _____ tú?

   —_____ de Buenos Aires.

2. —¿De quién _____ estas cosas?

   —Creo que _____ de Ana.

3. —Estos boletos (*tickets*) _____ para Uds. Vamos a entrar ahora, ¿eh? Las puertas

   del cine ya _____ abiertas.

   —Buena idea.

4. —Pablo, ya _____ la una y media. Tenemos que _____ en el aeropuerto

   a las dos y _____ difícil encontrar (*to find*) un taxi a estas horas.

   —De acuerdo. Vamos.

5. —Juan, tu cuarto _____ muy desordenado.

   —Sí, mamá. (Yo) _____ de acuerdo, ¡pero la puerta _____ cerrada!

6. —La novia de Tito _____ cariñosa y alegre. ¿Y él?

   —Él _____ muy formal y serio.

B. Sentimientos. Complete the sentences with the forms of **estar** and the most appropriate adjectives from the following list in order to describe how you might feel in the following situations. Use each adjective only once. ¡OJO! Be careful with adjective agreement.

aburrido/a   cansado/a   contento/a   molesto/a   nervioso/a   preocupado/a   triste

1. Cuando leo un libro que no me gusta, _____.

2. Cuando voy al cine con mis amigos, _____.

3. Antes de un examen difícil, _____.

4. Cuando mi novio/a no llama, _____.

5. Cuando mi hermano/a (compañero/a de cuarto) lleva mi chaqueta de seda favorita,

   _____.

6. Después de trabajar diez horas, _____.

7. Cuando no tengo dinero, _____.

C. Diálogo. Mari habla con Anita. Complete el diálogo con las formas apropiadas de **ser** o **estar**.

MARI: Hola, Anita. ¿Cómo _____[1]?

ANITA: Todavía _____[2] un poco enferma de gripe.[a]

MARI: Ay, lo siento.[b] ¿Quiénes _____[3] esos chicos que _____[4] con tu hermano?

ANITA: _____[5] nuestros primos. _____[6] de la Argentina.

MARI: ¿Y esta guitarra? ¿De quién _____[7]?

ANITA: De mi prima Rosario. Ella _____[8] una guitarrista fabulosa. Canta y toca como[c] profesional.

MARI: ¿Cuánto tiempo van a _____[9] aquí?

ANITA: Sólo dos semanas. ¿Por qué no vienes a casa el domingo? Vamos a dar[d] una fiesta.

MARI: Encantada, gracias.

[a]*flu* [b]*lo... I'm sorry* [c]*like a* [d]*give*

17. Describing • Comparisons

❖**A. Opiniones.** Complete las oraciones con **más/menos... que** o **tan... como.**

1. Soy _____ alto/a _____ mi padre/madre.

2. La salud (*Health*) es _____ importante _____ el dinero.

3. Mi cuarto está _____ limpio _____ el cuarto de mi mejor amigo/a.

4. Los hermanos de Michael Jackson son _____ ricos _____ él.

5. Mi padre es _____ serio _____ mi madre.

B. Hablando de Roberto, Ceci y Laura. Compare las cualidades indicadas de las personas nombradas.

MODELOS: Roberto / Ceci (delgado) → Roberto es tan delgado como Ceci.

Roberto / Ceci (estudioso) → Roberto es más estudioso que Ceci.

1. Ceci / Laura (delgado) _____

2. Ceci / Roberto (atlético) _____

3. Roberto / Laura (introvertido) _____

4. Ceci / Laura (alto) _____

5. Roberto / Laura (estudioso) _____

6. Roberto / Ceci (moreno) _____

C. En el centro. Conteste según el dibujo.

1. ¿Es el cine tan alto como la tienda Casa Montaño? _____

_____

2. ¿Cuál es el edificio más pequeño de todos? _____

_____

3. ¿Cuál es el edificio más alto? _____

_____

4. ¿Es el cine tan alto como el café? _____

_____

5. ¿Es el hotel tan grande como el cine?

_____

D. Comparaciones. Complete los diálogos usando una forma comparativa.

> MODELO: —Yo leo dos libros al mes. ¿Y tú?
>
> —Yo leo *más que* tú. Leo *más de* 5 libros al mes.

1. —Yo estudio tres horas al día. ¿Y tú?

   —Yo estudio _____ _____ tú. Estudio sólo[a] dos horas al día.

   —Sí, ¡pero tú siempre sales[b] _____ _____ (*better than*) yo en los exámenes!

2. —Yo tengo veinte dólares. ¿Y tú?

   —Yo tengo _____ _____ tú. Tengo treinta… ¡En realidad,[c] tengo _____ _____ cuarenta!

3. —Mi primo no juega bien al tenis. ¿Y tú?

   Creo que juego _____ _____ él, porque siempre gano.[d]

4. —Este semestre tengo cuatro clases. ¿Y tú?

   —Yo también. Tengo _____ clases _____ tú, ¡y todas son difíciles!

[a]*only* [b]*do* [c]*Actually* [d]*I win*

UN POCO DE TODO

A. ¡Problemas y más problemas! Form complete sentences, using the words provided in the order given. Make any necessary changes, and add other words when necessary. Replace each ¿ ? with the appropriate form of **ser** or **estar**. Write the progressive form of the underlined verbs. Write out all numbers. Be sure that the adjectives agree with the nouns they modify. *Note:* / / indicates a new sentence.

1. Carmen / ¿ ? / ocupado / y / no / poder / ir / cine / este / noche

   _____

2. ese / camisa / ¿ ? / sucio / / (tú) deber / ponerse / otro

   _____

3. ese / tiendas / ¿ ? / cerrado / ahora / / no / (nosotros) poder / entrar

   _____

4. (nosotros) deber / llevar / el paraguas (*umbrella*) / / ¿ ? / llover

   _____

5. mi / primos / ¿ ? / de Lima // Ahora / (ellos) visitar / su / tíos / en Texas, / pero / su / madre / ¿ ? / enfermo / y / (ellos) tener / regresar / su / país / semana / viene

   _____

   _____

B. El tiempo en algunas ciudades. Scan the weather chart and answer the questions that follow.

CIUDAD	MÍN.	MÁX.	CONDICIONES
Nueva York	22	39	nieve
Los Ángeles	51	68	nublado
Washington	42	55	parte nublado
Bogotá	50	66	lluvia
Buenos Aires	69	86	despejado (sin nubes[a])
Caracas	64	81	lluvia, vientos
México, D.F.	47	83	despejado, alta contaminación

[a]*clouds*

1. ¿Puede uno nadar (*swim*) en Buenos Aires hoy? ¿Por qué sí (no)?

   _____

2. Si estamos en Bogotá o en Caracas, ¿qué ropa debemos llevar hoy? ¿Por qué?

   _____

   _____

3. ¿Dónde está contaminado el aire?

   _____

4. En Nueva York, ¿qué ropa tenemos que usar hoy? ¿Por qué?

   _____

   _____

❖5. ¿Qué tiempo hace hoy en la ciudad donde vive Ud.?

C. Un hermano increíble. Fill in the blanks with the correct form of the infinitive or with the correct words in parentheses to complete the narration. Write out the numbers.

Yo tengo _____[1] años. Mi hermano Miguel tiene sólo _____,[2] pero
        (21)   (19)

_____[3] chico es increíble. Estudia menos _____[4] yo, pero recibe
   (ese / eso)   (que / como)

mejores notas[a] _____[5] yo. También gana[b] más dinero _____[6]
           (de / que)   (de / que)

yo, aunque[c] yo trabajo _____[7] _____[8] él. En realidad,[d] gana más
                   (tanto / tan)   (como / que)

_____[9] _____[10] a la semana, pero nunca tiene dinero
   (de / que)   ($200)

[a]*grades* [b]*he earns* [c]*although* [d]*En... In fact*

_____^11 gasta^e todo su dinero en ropa. ¡Le gusta _____^12 muy de
(porque / por qué)   (ser / estar)

moda! Por ejemplo, cree que necesita más _____^13 _____^14
                                              (de / que)   ($150)

para comprar zapatos de tenis. Yo creo que es una tontería^f _____^15 tanto por zapatos.
                                                              (paga / pagar)

^ehe spends   ^ffoolish thing

PERSPECTIVAS CULTURALES   Costa Rica

Complete las oraciones con la información apropiada. Use palabras de la lista.

Arenal	ejército	Sarchí
bañarse	neutral	veinticinco
café	pintadas	

1. Cuando hay conflictos políticos en Centroamérica, Costa Rica siempre mantiene una posición _____.

2. Costa Rica es un país pacífico (*peaceful*) que no tiene _____.

3. Los parques y reservas nacionales cubren (*cover*) más de _____ por ciento del territorio de Costa Rica.

4. Una atracción popular de Costa Rica es el Parque Nacional _____ donde los turistas pueden caminar (*walk*) y _____ en sus aguas termales.

5. El pueblo de _____ es famoso por su artesanía (*craftsmanship*), especialmente por las carretas (*carts*) _____.

6. La tierra (*earth*) volcánica de Costa Rica es ideal para cultivar (*for growing*) _____.

PÓNGASE A PRUEBA

■■■A ver si sabe...

A. Present Progressive: *Estar + -ndo*. Complete la siguiente tabla con la forma correcta del gerundio.

VERBO	GERUNDIO	VERBO	GERUNDIO
cepillarse		hablar	*hablando*
divertirse		leer	
dormir	*durmiendo*	poner	
escribir		servir	
estudiar		tener	*teniendo*

B. *¿Ser o estar?* Match the statements in the left-hand column with the appropriate use of **ser** or **estar** in the right-hand column.

1. Estamos muy ocupados. _____
2. Son las nueve. _____
3. Ella está en Costa Rica. _____
4. El reloj es de Carlos. _____
5. Gracias, estoy bien. _____
6. Ella es de Costa Rica. _____
7. Marta es alta y morena. _____
8. Están mirando la tele. _____
9. Es importante salir ahora. _____

a. to tell time
b. with **de** to express origin
c. to tell location of a person or thing
d. to form generalizations
e. with the present participle to form the progressive
f. with adjectives to express a change from the norm or to express conditions
g. with adjectives to express the norm or inherent qualities
h. to speak of one's health
i. with **de** to express possession

C. Comparisons. Subraye (*Underline*) las palabras apropiadas.

1. Paulina es (más / tanta) bonita (que / como) su hermana.
2. Tengo (tan / tantos) problemas (que / como) tú.
3. Este libro es bueno, pero el otro es (más mejor / mejor).
4. Tú cantas (tan / tanto) bien (que / como) Gloria.
5. Mis hermanos tienen (tantos / menos) clases (que / como) yo.

■■■Prueba corta

A. Escriba oraciones con las siguientes palabras en el presente progresivo.

1. (yo) mirar / programa _____

2. Juan / leer / periódico _____

3. Marta / servir / café / ahora _____

4. niños / dormir _____

5. ¿almorzar (tú) / ahora? _____

B. Complete las oraciones con la forma apropiada de **ser** o **estar,** según el contexto.

1. —Buenas tardes. ¿Cómo_____ Ud., señorita?

   —_____ bien, gracias.

2. —¿De dónde _____ (tú), Pablo?

   —_____ de Bogotá, Colombia.

3. —¿En qué clase _____ Uds.?

   —_____ en la clase de Español 1.

4. —¿Qué te pasa?[a] ¿ _____ enferma?

   —No, sólo _____ cansada.

5. Carlitos, debes ponerte otra camisa. Esa _____ sucia.

   [a]*What's the matter with you?*

C. Study the following drawing. Then form complete sentences using the words provided, in the order given, to compare Arturo and Roberto.

1. Arturo / libros / Roberto _____

   _____

2. Arturo / gordo / Roberto _____

   _____

3. Roberto / alto / Arturo _____

   _____

4. Roberto / años / Arturo _____

   _____

5. Arturo / perros / Roberto _____

Arturo
22 años

Roberto
20 años

PUNTO FINAL

❖¡Repasemos!

On a separate sheet of paper, write two short paragraphs that answer the two sets of questions below. Remember that a paragraph is not a list of numbered answers but a connected composition. Use the following connectors to make your composition more interesting and meaningful: **por eso, y, aunque** (*although*), **también, luego,** and **porque.** However, do not use **porque** to begin a sentence; use **como** (*since*). For example, the two sentences **Hace calor** and **Voy a llevar un traje de baño** can be combined in the following ways:

> Como hace calor, voy a llevar un traje de baño.

> Voy a llevar un traje de baño porque hace calor.

Set A: 1. ¿En qué mes piensa ir de vacaciones este año? ¿Qué día va a salir? 2. ¿Adónde va a ir? ¿Con quién(es) va? 3. ¿Cuánto tiempo piensa estar allí? 4. ¿Va a estar en un hotel o en la casa de unos amigos?

Set B: 1. ¿Qué tiempo hace allí? ¿Llueve con frecuencia? ¿Nieva mucho? ¿Hay contaminación? 2. ¿Qué ropa piensa llevar? 3. ¿Qué cosas quiere hacer durante el día? ¿y durante la noche? 4. ¿En qué fecha piensa volver?

❖Mi diario

Escriba Ud. sobre tres cosas que hace, que piensa hacer o que le gusta hacer en cada estación del año.

> **Vocabulario útil:**   quedarme en casa, visitar a mis abuelos (amigos), celebrar mi cumpleaños, ir a la playa, esquiar, nadar (*to swim*)

> MODELO: En la primavera me gusta ir de compras. En las vacaciones de primavera pienso visitar a mis amigos en Washington. Si todavía hay nieve, voy a esquiar (*to ski*) también. Me gusta mucho esquiar.

CAPÍTULO

6

VOCABULARIO | Preparación

■■■La comida y las comidas

A. La comida. Complete las oraciones con las palabras apropiadas de la lista a continuación.

agua	hambre	leche	sed
arroz	helado	lechuga	té
camarones	huevos	pan	tomate
carne	jugo	papas fritas	verduras
galletas	langosta	queso	zanahorias

1. Un buen desayuno típico para mucha gente (*people*) en los Estados Unidos

   es _____ de naranja, dos _____ con jamón,

   _____ tostado y café, _____ o _____.

2. Dos mariscos favoritos son los _____ y la _____.

3. Las especialidades de McDonald's son las hamburguesas y las _____.

4. El _____ mineral es una bebida favorita de la gente que (*who*) no quiere

   engordar (*to gain weight*).

5. De (*For*) postre, ¿prefiere Ud. pastel, flan o _____ de vainilla o chocolate?

6. Un vegetariano no come _____; prefiere las _____ y las

   frutas.

7. El sándwich de jamón y _____ es popular para el almuerzo.

8. La ensalada se hace (*is made*) con _____ y _____.

9. Una combinación popular son las arvejas y las _____.

10. En la sopa de pollo hay _____ o fideos (*noodles*).

11. Cuando los niños vuelven de la escuela, tienen _____ y a veces quieren

    comer _____ con leche.

12. Cuando tengo _____, bebo agua fría.

❖**B. Preguntas personales.** Conteste estas preguntas sobre sus hábitos y preferencias con respecto a la comida.

1. ¿Dónde y a qué hora almuerza Ud., generalmente?

   _____

2. Cuando Ud. vuelve a casa después de sus clases o después de trabajar y tiene hambre, ¿qué le apetece (*do you feel like*) merendar? ¿frutas? ¿galletas? ¿un sándwich? ¿ ?

   Me apetece merendar _____.

3. Por lo general, ¿come Ud. más pescado, más pollo o más carne?

   _____

C. En un restaurante español. Restaurants in Spain are rated from one to five forks, five being the highest. Scan this dinner check, then answer the questions that follow with a few words. *Note:* I.V.A. means *Value-Added Tax*, somewhat like a sales tax in the U.S. ¡ojo! In 2002 Spain changed from **pesetas** to the euro. This bill is in **pesetas**. Remember to make the necessary agreement (hundreds) with **pesetas**.

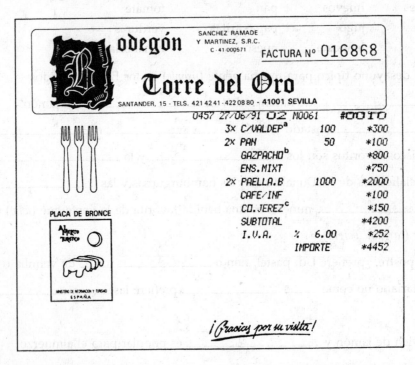

ᵃcopa de vino blanco   ᵇuna sopa fría de tomates y pepino (*cucumber*)   ᶜglass of *sherry*

1. ¿A qué restaurante fueron (*went*) estas personas? _____

2. ¿En qué ciudad está? _____

3. ¿Qué bebieron (*did they drink*) con la comida? _____

4. ¿Cómo se llama la sopa que tomaron (*they had*)? _____

5. La paella consiste en arroz, pollo y mariscos. ¿Le gustaría a Ud. probarla? (*Would you like to try it?*)

   _____

6. ¿Cuántas pesetas pagaron (*did they pay*) por la comida? (Escriba el número en palabras.)

   _____

■■■¿Qué sabe Ud. y a quién conoce?

❖**A.** **¿Qué sabe Ud. y a quién conoce?** Indique si las siguientes declaraciones son ciertas o falsas para Ud.

	C	F
1. Yo sé cocinar bien.	☐	☐
2. Conozco a la familia de mi mejor amigo/a.	☐	☐
3. Mi profesor(a) sabe tocar la guitarra.	☐	☐
4. Yo también sé tocar un instrumento musical.	☐	☐
5. Conozco bien a varios estudiantes en mi clase de español.	☐	☐
6. Conozco a los dueños (*owners*) de un restaurante.	☐	☐

B. **El restaurante El Clavel.** Complete las oraciones con la forma apropiada de los verbos entre paréntesis.

—¿_____¹ (*Tú:* Saber) dónde está el restaurante El Clavel?

—¡Cómo no! _____² (*Nosotros:* Conocer) muy bien al dueño.

—Yo _____³ (conocer) a su hija Lucía, pero no _____⁴ (saber) la

dirección del restaurante.

—Nosotros _____⁵ (saber) su número de teléfono si quieres llamar. Debes

_____⁶ (conocer) a toda la familia. Es una familia muy simpática.

C. **¿*Saber* o *conocer*?** Complete las oraciones con la forma apropiada de **saber** o **conocer,** según el sentido (*meaning*).

1. Ellas no _____ a mi primo.

2. Yo no _____ a qué hora llegan del teatro.

3. ¿(*Tú*) _____ tocar el piano?

4. Necesitan _____ a qué hora vas a venir.

5. (*Nosotros*) _____ a los padres de Paquita, pero yo no _____ al

resto de su familia.

6. Queremos _____ al presidente del club.

D. **La *a* personal.** Complete las oraciones con la **a** personal, cuando sea (*whenever it is*) necesario. ¡RECUERDE! a + el = al.

• No veo _____¹ el dueño y no conozco _____² los camareros (*waiters*). Todos son nuevos.

• —¿_____³ quién buscan Uds.?

—Buscamos _____⁴ la Srta. Estrada. Creo que no está aquí todavía.

• Mis padres conocen _____⁵ este restaurante. Creen que es muy bueno.

• ¿Por qué no llamas _____⁶ el camarero ahora? Quiero ver _____⁷ el menú mientras esperamos

_____⁸ María Elena.

La *d* fricativa. Underline only the fricative [đ] in the following words and phrases.

1. el día
2. adónde
3. ustedes
4. ¿Dónde está el doctor?
5. Buenos días.
6. De nada.
7. venden de todo
8. dos radios
9. universidad
10. adiós
11. posibilidad
12. Perdón.

GRAMÁTICA

18. Expressing *what* or *who(m)* • Direct Object (Part 2): The Personal *a;* Direct Object Pronouns

❖**A. Mis gustos y preferencias.** Indique lo que prefiere en cada grupo. Si Ud. tiene otra preferencia, puede escribirla en el espacio.

1. Las verduras:
   - ☐ No las como nunca.
   - ☐ Las prefiero comer crudas (*raw*).
   - ☐ Las como de vez en cuando (*once in a while*).

   _____

2. La leche:
   - ☐ La bebo todos los días.
   - ☐ La tomo sólo de vez en cuando.
   - ☐ La tomo normalmente sólo en el café.

   _____

3. Los mariscos:
   - ☐ No los preparo nunca.
   - ☐ Los como dos veces por semana.
   - ☐ ¡Los detesto!

   _____

4. El vino:
   - ☐ Casi nunca lo tomo. Prefiero la cerveza.
   - ☐ Me gusta tomarlo sólo en ocasiones especiales.
   - ☐ Me gusta muchísimo. Lo tomo todas las noches.

   _____

B. El cumpleaños de Felipe. César Eco discusses plans for Felipe's birthday, answering everyone's questions but with a great deal of repetition. Rewrite César's answers, using direct object pronouns.

MODELOS: —¿Quién llama a Felipe?
—Yo llamo a Felipe. → Yo lo llamo.

—¿Quién va a llevar las sillas?
—Pepe va a llevar las sillas. (*two ways*) → Pepe va a llevarlas. (Pepe las va a llevar.)

1. —¿Quién prepara el pastel?

   —Yo preparo el pastel. _____

2. —¿Quién va a comprar los refrescos?

   —Yo voy a comprar los refrescos. (*two ways*) _____

   _____

3. —¿Quién va a hacer las galletas?

   —Dolores va a hacer las galletas. (*two ways*) _____

   _____

4. —¿Quién trae los discos?

   —Juan trae los discos. _____

5. —¿Quién invita a los primos de Felipe?

   —Yo invito a los primos de Felipe. _____

C. En casa, con la familia Buendía. Conteste las preguntas según los dibujos. Use los pronombres del complemento directo.

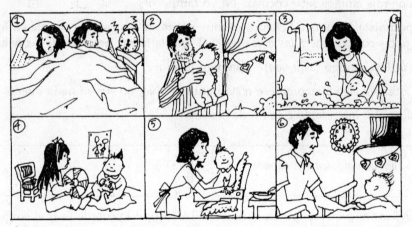

1. ¿A qué hora despierta el despertador (*alarm clock*) a los padres? _____

2. ¿Quién levanta al bebé? _____

3. ¿Quién lo baña? _____

4. ¿Quién divierte al bebé con una pelota (*ball*)? _____

5. ¿Qué hace la mamá con el bebé antes de darle de comer (*feeding him*)? _____

   _____

6. ¿Quién acuesta al bebé? _____

D. ¿Qué acaban de hacer estas personas?

MODELO: Pete Sampras → Acaba de jugar al tenis.

1. Christina Aguilera _____

2. (en un restaurante) nosotros _____

3. (al final de la comida) el camarero _____

4. el profesor que sale de clase _____

❖5. yo, ¿ ? _____

19. Expressing Negation • Indefinite and Negative Words

❖**A. Algo sobre comidas.** Indique si las siguientes declaraciones son ciertas o falsas para Ud.

	C	F
1. No quiero comer nada esta noche. No tengo hambre.	☐	☐
2. Nadie tiene ganas de cocinar esta noche.	☐	☐
3. No hay ninguna comida sabrosa (*tasty*) en el refrigerador.	☐	☐
4. Y no hay nada para tomar tampoco.	☐	☐
5. No hay ningún restaurante chino cerca de mi casa.	☐	☐
6. Me gustan algunos platos vegetarianos.	☐	☐
7. Ninguno de mis amigos sabe cocinar. ¡Ni yo tampoco!	☐	☐

B. Federico, el pesimista. Su amigo Federico es muy pesimista y siempre contesta en forma negativa. Conteste las preguntas como si fuera (*as if you were*) él. Use la forma negativa de las palabras indicadas.

Palabras útiles: contigo (*with you*)   conmigo (*with me*)

MODELO: ¿Sirven *algo* bueno en ese restaurante? → No, no sirven nada bueno.

1. ¿Vas a hacer *algo* interesante este fin de semana?

   No, _____.

2. ¿*Siempre* sales con *alguien* los sábados?

   No, _____.

3. ¿Tienes *algunos* nuevos amigos en la universidad? (¡OJO! Recuerde usar el singular.)

   No, _____.

4. ¿*Algunas* de esas chicas son tus amigas? (¡OJO!)

   No, _____.

5. ¿*Alguien* cena contigo *a veces*?

   No, _____.

C. Evita, la optimista. Federico es una persona negativa pero su novia Evita es muy positiva. Escriba las reacciones positivas de Evita a los comentarios de Federico.

1. —No quiero comer nada. La comida aquí es mala.

—Pues, yo sí _____.

2. —Nadie viene a atendernos (*wait on us*).

—Pero aquí viene _____.

3. —Nunca cenamos en un restaurante bueno.

—Yo creo que _____.

4. —No hay ningún plato sabroso.

—Aquí hay _____.

D. Answer the questions, using **Yo tampoco** or **Yo también,** as appropriate.

1. Yo no tengo hambre. ¿Y tú?   (No) _____

2. Yo no tengo dinero. ¿Y tú?   (No) _____

3. Yo ceno a las seis. ¿Y tú?   (Sí) _____

4. Voy a tomar café. ¿Y tú?   (Sí) _____

❖**E. ¡Diga la verdad!** Escriba cuatro oraciones sobre cosas que Ud. nunca hace los sábados. Use **nunca** o **jamás.** Use expresiones de la lista o cualquier otra (*any other*).

afeitarse	ir al cine	quedarse en casa
despertarse temprano	lavar (*to wash*) la ropa	salir a bailar
estudiar	mirar la televisión todo el día	ver vídeos en casa

_____

_____

_____

_____

20. Influencing Others • Commands (Part 1): Formal Commands

A. Durante las vacaciones. The following flyer, distributed by the Spanish government, gives advice about how to prepare your house before going away on vacation. Scan it; then do the activities that follow.

Paso 1. Copy the command forms for the following infinitives from the flyer.

Título: acostumbrar _____

1. comprobar _____

2. encargar _____

3. no hacerlo _____

   dejarlas _____

4. no comentar _____

   dejar _____

5. no dejarlos _____

Paso 2. Express the basic idea of the following recommendations from the flyer by completing these sentences in English.

1. Make sure that _____

   _____.

2. Ask a neighbor to pick up

   _____.

3. Leave an extra set of keys with

   _____.

4. Don't leave notes indicating

   _____.

5. Don't leave objects of value or money _____

   _____.

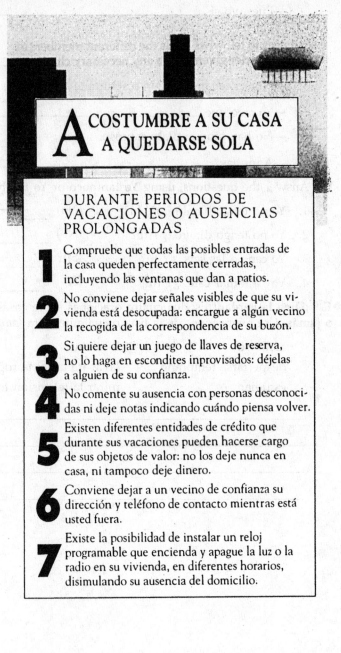

A COSTUMBRE A SU CASA A QUEDARSE SOLA

DURANTE PERIODOS DE VACACIONES O AUSENCIAS PROLONGADAS

1 Compruebe que todas las posibles entradas de la casa queden perfectamente cerradas, incluyendo las ventanas que dan a patios.

2 No conviene dejar señales visibles de que su vivienda está desocupada: encargue a algún vecino la recogida de la correspondencia de su buzón.

3 Si quiere dejar un juego de llaves de reserva, no lo haga en escondites inprovisados: déjelas a alguien de su confianza.

4 No comente su ausencia con personas desconocidas ni deje notas indicando cuándo piensa volver.

5 Existen diferentes entidades de crédito que durante sus vacaciones pueden hacerse cargo de sus objetos de valor: no los deje nunca en casa, ni tampoco deje dinero.

6 Conviene dejar a un vecino de confianza su dirección y teléfono de contacto mientras está usted fuera.

7 Existe la posibilidad de instalar un reloj programable que encienda y apague la luz o la radio en su vivienda, en diferentes horarios, disimulando su ausencia del domicilio.

B. Consejos. Sus amigos tienen los siguientes problemas. Déles (*Give them*) consejos apropiados con un mandato formal.

MODELO: Estamos cansados. → Entonces, descansen.

1. Tenemos hambre. _____

2. Tenemos sed. _____

3. Mañana hay un examen. _____

4. Las ventanas están abiertas y tenemos frío. _____

5. Siempre llegamos tarde. _____

6. Somos impacientes. _____

C. ¡Qué amigos tan buenos! Your friends Emilio and Mercedes are helping you at dinner time. Answer their questions with affirmative or negative commands, as indicated. Change object nouns to pronouns.

MODELO: ¿Lavamos (*Shall we wash*) los platos ahora? → Sí, lávenlos ahora.
No, no los laven todavía.

1. —¿Empezamos la comida ahora? —Sí, _____.

2. —¿Servimos la cena ahora? —No, _____.

3. —¿Llamamos a tu papá ahora? —Sí, _____.

4. —¿Hacemos el café ahora? —No, _____.

5. —¿Traemos las sillas ahora? —Sí, _____.

6. —¿Ponemos la tele ahora? —No, _____.

❖**D. Deseos.** ¿Qué (no) quieren sus padres (sus hijos) que haga Ud.?

	SÍ	NO
1. Quiero que (yo) los ayude en la casa.	☐	☐
2. Recomiendan que consiga (*I get*) trabajo.	☐	☐
3. No quieren que coma tantos dulces.	☐	☐
4. Insisten en que tenga cuidado (*I be careful*) cuando salgo por la noche.	☐	☐
5. Me piden que los llame si voy a volver tarde.	☐	☐
6. Sugieren (*They suggest*) que no use tanto azúcar.	☐	☐
7. Quieren que hable menos por teléfono con mis amigos.	☐	☐
8. Prefieren que no falte a (*I don't miss*) mis clases nunca.	☐	☐

UN POCO DE TODO

A. Por teléfono. Fill in the blanks with the correct word(s) in parentheses to complete the dialogue between Ana and Pablo.

ANA: Oye, Pablo, ¿no _____[1] (conoces / sabes) tú _____[2] (a / al / el) profesor Vargas?

PABLO: No, no _____[3] (él / lo) _____[4] (sé / conozco). ¿Por qué?

ANA: Es profesor de historia. El viernes va a dar una conferencia[a] sobre la mujer en la Revolución mexicana. ¿No quieres ir? Yo _____[5] (sé / conozco) que va a ser muy interesante.

PABLO: ¡Qué lástima![b] Casi _____[6] (siempre / nunca) tengo tiempo libre[c] los viernes, pero este viernes tengo varios compromisos.[d]

ANA: Pues, yo no tengo mucho tiempo libre _____[7] (también / tampoco), pero voy a asistir. _____[8] (Al / El) Sr. Vargas siempre usa diapositivas[e] fascinantes y tengo ganas de verlas.

[a]dar... *give a lecture*   [b]¡Qué... *What a shame!*   [c]*free*   [d]*engagements*   [e]*slides*

B. Preparativos para una barbacoa (*barbecue*). Imagine que Ud. vive en un nuevo apartamento, donde va a preparar una barbacoa. Conteste las siguientes preguntas sobre la barbacoa con pronombres de complemento directo.

MODELO: ¿A qué hora *me* llamas? → Te llamo a las ocho.

1. ¿Cuándo vas a preparar *la barbacoa*?

   _____

2. ¿Piensas invitar *a Juan y a su novia*?

   _____

3. ¿Puedo llamar *a dos amigas más*?

   _____

4. ¿*Te* puedo ayudar el sábado?

   _____

5. ¿Necesitas *las sillas de mi apartamento*?

   _____

C. Preparativos para la fiesta. Marta calls to give you last-minute reminders of what to do for a party you and some friends are planning. First, write her command in the **Uds.** form. Then respond by telling her that you and José are already doing it. Use object pronouns in your response to avoid unnecessary repetition.

MODELO: limpiar la casa → LUISA: ¡Limpien la casa!
UD.: Ya estamos limpiándola. (Ya la estamos limpiando.)

1. lavar (*to wash*) los platos   LUISA: _____

    UD.: _____

2. hacer la ensalada   LUISA: _____

    UD.: _____

3. preparar las verduras   LUISA: _____

    UD.: _____

4. empezar la paella   LUISA: _____

    UD.: _____

PERSPECTIVAS CULTURALES   Panamá

Conteste las oraciones con la información apropiada. Use palabras de la lista.

calipso	diecinueve	parques	San Blas
colonial	estadounidense	reservas	Trinidad
dieciséis	molas		

1. La idea de hacer un canal en Panamá viene del siglo (*century*) _____

    y finalmente fue construido (*it was built*) en el siglo _____.

2. El Casco Antiguo es la parte _____ de la Ciudad de Panamá.

3. En Panamá hay mucha influencia _____.

4. La música más popular de Panamá es el _____ que vino (*came*) de

    _____ con los constructores (*builders*) del Canal.

5. Panamá usa el 22 por ciento de su territorio para _____ y _____

    nacionales.

6. Los kunas, habitantes (*inhabitants*) de las islas de _____, son famosos por la

    artesanía textil de las _____.

PÓNGASE A PRUEBA

■■■A ver si sabe...

A. Direct Object Pronouns

1. Complete la tabla con la forma apropiada de los pronombres del complemento directo.

	COMPLEMENTO DIRECTO		COMPLEMENTO DIRECTO
me	*me*	us	
you (*fam. sing.*)		you (*fam. pl.*)	*os*
you, him, it (*m.*)		you, them (*m.*)	*los*
you, her, it (*f.*)		you, them (*f.*)	

2. Rewrite using a direct object pronoun for the underlined direct object noun.

a. Yo traigo <u>el postre</u>. _____

b. ¡Traiga <u>el postre</u>! _____

c. ¡No traiga <u>el postre</u>! _____

d. Estamos esperando <u>al camarero</u>. (*two ways*) _____

_____

e. Voy a llamar <u>al camarero</u>. (*two ways*) _____

_____

B. Negative Words. Write the negative form of the following words or phrases.

1. alguien _____
2. también _____
3. siempre _____

4. algo _____
5. algunos detalles (¡ojo!) _____

C. Formal Commands. Complete la tabla con la forma apropiada de los mandatos formales.

VERBO	MANDATO FORMAL	VERBO	MANDATO FORMAL
pensar	Ud.	ser	*sea* Ud.
volver	Ud.	buscar	Ud.
dar	Ud.	estar	Ud.
servir	*sirva* Ud.	saber	Ud.
ir	Ud.	decir	Ud.

■■■Prueba corta

A. Escriba la forma apropiada de **saber** o **conocer.**

—Yo no _____¹ a la novia de Juan. ¿La _____² tú?

—No muy bien, pero (yo) _____³ que ella se llama María Elena y que

_____⁴ tocar bien la guitarra.

B. Vuelva a escribir las oraciones en la forma afirmativa.

1. No quiero comer nada. _____

2. No busco a nadie. _____

3. No hay nada para beber. _____

4. —No conozco a ninguno de sus amigos.

   —Yo tampoco. _____

   _____

C. Conteste las preguntas usando pronombres de complemento directo.

1. ¿Vas a pedir la ensalada de fruta? _____

2. ¿Quieres zanahorias con la comida? _____

3. ¿Tomas café por la noche? _____

4. ¿Quién prepara la cena en tu casa? _____

D. Escriba la forma apropiada del mandato formal (**Uds.**) del verbo indicado.

1. _____ (*Uds.:* Comprar) tomates y lechuga.

2. No _____ (*Uds.:* hacer) ensalada hoy.

3. _____ (*Uds.:* Traer) dos sillas, por favor.

4. No _____ (*Uds.:* poner) tanto aceite en la comida.

5. Juan no está aquí todavía. _____ (*Uds.:* Llamarlo) ahora.

6. ¿El vino? No _____ (*Uds.:* servirlo) ahora.

❖ ¡Repasemos!

Una cena en El Toledano. En otro papel, conteste las preguntas según los dibujos e invente los detalles necesarios. Luego, organice y combine sus respuestas en dos párrafos. ¡RECUERDE! Use palabras conectivas: **por eso, Como…** (*Since . . .*), **porque, aunque** (*although*), **luego,** etcétera.

A. 1. ¿Por qué llaman José y Miguel a Tomás?   2. ¿Por qué cree Ud. que deciden llevarlo a El Toledano?   3. ¿Conoce este lugar Tomás? ¿Le gusta la idea de salir con sus amigos?   4. ¿A qué hora de la noche pasan por él[a]?

B. 1. Después de llegar al restaurante, ¿en qué sitio encuentran[b] una mesa desocupada[c]: cerca o lejos del escenario[d]?   2. ¿Por qué hay tanta gente en el restaurante?   3. ¿Qué platos pide cada joven?   4. ¿Qué escuchan durante la cena?   5. ¿Qué hacen después de comer?   6. ¿Salen del restaurante contentos y satisfechos[e] o disgustados?

[a]*pasan… do they pick him up*   [b]*do they find*   [c]*empty*   [d]*stage*   [e]*satisfied*

❖ Mi diario

Ahora escriba en su diario lo que a Ud. le gusta mucho comer y la(s) comida(s) que no le gusta(n) nada. Si puede, mencione los ingredientes.

> **Palabras útiles:**   el cocido (*stew*), los espaguetis, las remolachas (*beets*), el rosbif (*roast beef*); caliente (*hot*), picante (*hot, spicy*); me encanta(n) (*I love*),* me gusta(n),* odiar (*to hate*); al horno (*baked, roasted*); bastante cocido (*medium*), bien cocido (*well done*), crudo (*raw*)

---

*If something you like is a plural noun, use the plural form of **gustar** or **encantar: Me gustan las zanahorias. Me encantan las arvejas.**

CAPÍTULO **7**

VOCABULARIO Preparación

■■■De viaje

❖**A. Ud. y los viajes.** Lea las siguientes declaraciones y decida cuáles se refieren a Ud.

	C	F
1. Tengo mucho miedo de viajar en avión.	☐	☐
2. Siempre reservo los asientos con anticipación (*in advance*).	☐	☐
3. Cuando voy de viaje, hago las maletas a última hora (*at the last minute*).	☐	☐
4. Siempre llevo tantas maletas que tengo que pedirle ayuda a un maletero.	☐	☐
5. Pido un asiento en el pasillo de un avión o tren porque me gusta levantarme con frecuencia.	☐	☐
6. Si hay una demora en la salida del avión (o del tren) no me quejo. Me siento en la sala de espera y leo un libro o voy al bar.	☐	☐

B. Viajando en avión. Complete las oraciones con la forma apropiada de las palabras de la lista. Use cada expresión sólo una vez (*once*).

asistente	el control de	escala	salida
bajar	la seguridad	guardar	subir
boleto	demora	ida y vuelta	vuelo
cola	equipaje	pasajeros	

1. Cuando voy de viaje es más barato comprar mi _____ en el Internet.

2. Los boletos de _____ son más baratos que los de ida solamente (*only*).

3. Quiero _____ del avión si hace _____ en Londres (*London*).

4. Después de llegar al aeropuerto, un maletero me ayuda a facturar el _____.

5. Antes de llegar a la puerta (*gate*), hay que pasar por _____.

6. En la sala de espera hay muchos _____ que esperan su vuelo.

7. Un pasajero me _____ un asiento mientras (*while*) voy a comprar un libro.

8. Anuncian que el _____ #68 está atrasado; hay una _____ de media hora.

9. Cuando por fin anuncian la _____ de nuestro avión, los pasajeros hacemos

   _____ para _____.

10. Media hora después que el avión despega (*takes off*), los _____ de vuelo sirven el desayuno. ¡Y qué hambre tengo!

C. Escenas. Describa los dibujos con los verbos indicados. Use el presente del progresivo cuando sea (*whenever it is*) posible.

1.

dormir, fumar, leer

2.

facturar, hacer cola, hacer una parada

3.

correr, estar atrasado, llover, subir

4.

mirar, servir algo de beber

1. _____
   _____

2. _____
   _____

3. _____
   _____

4. _____
   _____

■■■De vacaciones

A. Las vacaciones

Paso 1. Identifique los objetos y lugares en el dibujo.

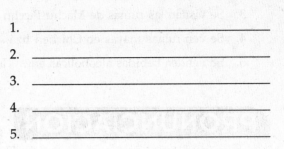

1. _____

2. _____

3. _____

4. _____

5. _____

Paso 2. Ahora explique qué hacen las siguientes personas.

1. El padre _____.

2. La madre _____.

3. Las hijas _____.

4. El hijo _____.

5. Toda la familia _____.

❖B. Mis vacaciones. Conteste las siguientes preguntas sobre las vacaciones que Ud. prefiere.

1. ¿Adónde prefiere Ud. ir de vacaciones? ¿a las montañas? ¿a la playa?

_____

2. ¿Con quién le gusta ir de vacaciones?

_____

3. ¿Cómo prefiere Ud. viajar?

_____

4. ¿Le gusta a Ud. hacer *camping*? ¿Qué se necesita para hacer *camping*?

_____

5. ¿Qué hace durante las vacaciones? ¿Le gusta sacar muchas fotos? ¿de qué? ¿Le gusta tomar el sol y nadar? ¿visitar museos o atracciones turísticas?

_____

■■■Nota comunicativa: Other Uses of *se* (For Recognition)

¿Cuánto sabe Ud. de estas cosas? Seleccione la respuesta más apropiada.

1. Se habla portugués en…   a. el Paraguay.   b. Bolivia.   c. el Brasil.

2. Se factura el equipaje en…   a. el avión.   b. el mostrador (*counter*).   c. la sala de espera.

3. Se visitan las ruinas de Machu Picchu en…   a. Bolivia.   b. México.   c. el Perú.

4. Se ven ruinas mayas en Chichen Itzá,…   a. Colombia.   b. México.   c. el Perú.

5. Se venden bebidas alcohólicas en…   a. Francia.   b. Irán.   c. la Arabia Saudita.

PRONUNCIACIÓN *g, gu,* and *j*

¿*G* o *j*? For the following Spanish words, indicate which are pronounced as [x] (similar to English *h*) or as [g] (similar to English *g* in *gate*). Some words have both sounds.

		[x]	[g]			[x]	[g]
1.	girafa	☐	☐	5.	guapo	☐	☐
2.	jugo	☐	☐	6.	gigante	☐	☐
3.	geranio	☐	☐	7.	gato	☐	☐
4.	general	☐	☐	8.	juguete	☐	☐

GRAMÁTICA

21. Expressing *to who(m)* or *for who(m)* • Indirect Object Pronouns; *Dar* and *decir*

A. Formas verbales. Complete las oraciones con la forma apropiada de los verbos entre paréntesis.

(dar):   Hoy es el cumpleaños de Ana y todos lo celebramos con una fiesta. ¿Qué regalos le

_____[1] nosotros? Carmela le _____[2] una blusa, los padres de

Ana le _____[3] un impermeable, tú le _____[4] un suéter y yo le

_____[5] un libro.

(decir):   ¡No estamos de acuerdo! Yo _____[6] que quiero salir, Jorge

_____[7] que tiene que estudiar, Anita y Memo _____[8] que no

tienen suficiente dinero, y tú _____[9] que estás cansado. ¿Qué les (nosotros)

_____[10] a los otros?

❖B. Ud. y sus amigos. Indique las cosas que Ud. hace y las cosas que hacen sus amigos. Después, Ud. va a decidir quién es más atento (*considerate*).

YO...

- ☐ siempre les regalo algo para su cumpleaños.
- ☐ les presto dinero.
- ☐ les ofrezco buenos consejos.
- ☐ les mando tarjetas postales cuando voy de vacaciones.
- ☐ les llevo flores en las ocasiones especiales.
- ☐ les hago favores.
- ☐ siempre les digo la verdad.

MIS AMIGOS...

- ☐ siempre me regalan algo para mi cumpleaños.
- ☐ me prestan dinero.
- ☐ me ofrecen buenos consejos.
- ☐ me mandan tarjetas postales cuando van de vacaciones.
- ☐ me traen flores en las ocasiones especiales.
- ☐ me hacen favores.
- ☐ siempre me dicen la verdad.

Y ahora, ¿qué opina Ud.?

- ☐ Yo soy más atento/a que mis amigos.
- ☐ Yo soy tan atento/a como ellos.
- ☐ Mis amigos son más atentos que yo.

C. ¿No recuerdas? Remind a friend of the things you do for him or her.

MODELO: (prestar dinero) → Te presto dinero.

1. (comprar regalos) _____

2. (mandar tarjetas postales) _____

3. (invitar a almorzar) _____

4. (explicar la tarea) _____

❖Now remind two other friends what you do for *them*. Use the following expressions or those above.

mandar flores   ofrecer consejos   prestar dinero

5. _____

6. _____

7. _____

D. Necesito consejos. Using the cues provided, ask a friend what you should do based on the following situations.

MODELO: Mañana mi novio/a y yo vamos a un baile. (¿comprar / flores?) → ¿Le compro flores?

1. Mi hermano necesita $25 para ir a un concierto. (¿prestar / dinero?)

   _____

2. Mi novio/a quiere saber dónde estaba (*I was*) el sábado. (¿decir / verdad [*truth*]?)

   _____

3. Esta semana es el cumpleaños de Julia y Teresa. (¿dar / fiesta?)

   _____

4. Tengo problemas en esta clase. (¿pedir ayuda / profesor?)

   _____

5. Julio y Tomás quieren otra cerveza. (¿dar / más?)

   _____

❖**E. Mi lista de regalos**

Paso 1. Make a list of at least six people (or pets) to whom you need to give or want to give presents this year.

Palabras útiles:	mi (pariente)	mi novio/a
	mi amigo/a	mi perro
	mi compañero/a de cuarto	mi profesor favorito / profesora favorita
	mi gato	

_____   _____

_____   _____

_____   _____

Paso 2. Now write what you are going to give to each of the preceding people or pets.

MODELO: A mi _____ le voy a regalar…

Palabras útiles:	un anillo (*ring*)	un hueso (*bone*)	un televisor nuevo
	dulces	¡nada!	un viaje a _____
	flores		

1. _____

2. _____

3. _____

4. _____

5. _____

6. _____

22. Expressing Likes and Dislikes • *Gustar* (Part 2)

A. ¿Qué nos gusta de los aviones? Complete las oraciones con la forma correcta de **gustar** y la forma apropiada del complemento indirecto.

MODELO: A mí **me gusta** llegar temprano al aeropuerto.

1. ¿A ti _____ _____ sentarte en el pasillo?

2. A muchas personas no _____ _____ hacer paradas.

3. A mí también _____ _____ los vuelos directos.

4. A nosotros no _____ _____ la comida que sirven en la clase turística, pero a

   Jorge _____ _____ todo.

5. ¿Y qué línea aérea _____ _____ a Uds.?

B. Los gustos de la familia de Ernesto

Paso 1. Form complete sentences to tell what type of vacation activities or places the different members of Ernesto's family like, using the words provided in the order given. Make any necessary changes, and add other words when necessary. ¡RECUERDE! Use **a** in front of the indirect object noun or pronoun.

MODELO: su / padre / gustar / playa → A su padre le gusta la playa.

1. su / padre / gustar / vacaciones / montañas

   _____

2. su / madre / encantar / cruceros

   _____

3. su / hermanos / gustar / deportes acuáticos

   _____

4. nadie / gustar / viajar en autobús

   _____

5. Ernesto / gustar / sacar fotos

   _____

❖**Paso 2.** Now write a statement to tell what kind of vacation the different members of *your* family like. After each statement, write your reaction to their preferences using one of the following: **a mí también; pero a mí, no.**

MODELO: A mi padre le gusta la playa. A mí también. (Pero a mí, no.)

_____

_____

_____

_____

23. Talking About the Past (Part 1) • Preterite of Regular Verbs and of *dar*, *hacer*, *ir*, and *ser*

❖**A. La semana pasada.** ¿Qué hicieron Ud. y sus amigos la semana pasada para divertirse? Indique las acciones apropiadas.

☐ Asistimos a un concierto.

☐ Salimos a comer.

☐ Fuimos al cine y vimos una película buena/mala.

☐ Dimos un paseo (*We took a stroll*) por el centro comercial.

☐ Nos encontramos con otros amigos en el centro.

☐ Empezamos un programa de ejercicios aeróbicos.

☐ Jugamos al basquetbol/tenis/béisbol.

☐ Hicimos planes para dar una fiesta.

❖**B. Preguntas.** Ahora haga cuatro preguntas sobre lo que hicieron dos de sus amigos la semana pasada. Puede usar los mismos verbos del Ejercicio A. Use **Uds.**

MODELO: ¿Asistieron Uds. a un concierto?

1. _____

2. _____

3. _____

4. _____

C. El pretérito. Escriba la forma apropiada del pretérito de los verbos.

INFINITIVO	YO	TÚ	UD.	NOSOTROS	UDS.
hablar	hablé				
volver		volviste			
vivir			vivió		
dar				dimos	
hacer					hicieron
ser / ir	fui				
jugar		jugaste			
sacar			sacó		
empezar				empezamos	

D. ¿Qué hicieron estas personas? Complete las oraciones con la forma apropiada de los infinitivos. **¡ojo!** Recuerde los cambios ortográficos como almorcé, empecé, hizo, etcétera.

(yo): Hoy _____[1] (volver) de la universidad a la una de la tarde.

_____[2] (Hacerme) un sándwich y lo _____[3] (comer) sentado[a] delante del televisor. _____[4] (Recoger[b]) la ropa sucia y la _____[5] (meter[c]) en la lavadora.[d] Antes de salir para el trabajo, le _____[6] (dar) de comer[e] al perro.

(tú): ¿Por qué no _____[1] (asistir) a tu clase de música esta mañana? ¿_____[2] (Acostarte) tarde? ¿Ya _____[3] (empezar) a estudiar para el examen? ¿Adónde _____[4] (ir) anoche? ¿_____[5] (Salir) con alguien interesante? ¿A qué hora _____[6] (volver) a casa?

(Eva): El año pasado Eva _____[1] (casarse[f]) y _____[2] (ir) a vivir a Escocia[g] con su esposo. Después de varios meses _____[3] (matricularse) en la Universidad de Edimburgo y _____[4] (empezar) a estudiar para enfermera.[h] Este verano _____[5] (regresar) para visitar a sus abuelos en Vermont por una semana y luego _____[6] (viajar) a California, donde _____[7] (ver) a muchos amigos y lo _____[8] (pasar) muy bien.[i]

(Mi amiga y yo): El verano pasado, mi amiga Sara y yo _____[1] (pasar) dos meses en Europa. _____[2] (Vivir) con una familia francesa en Aix-en-Provence donde _____[3] (asistir) a clases en la universidad. También _____[4] (hacer) viajes cortos. _____[5] (Visitar) la costa del sur de Francia, _____[6] (caminar[j]) por las playas de Niza, _____[7] (comer) muchos mariscos y _____[8] (ver) a muchas personas famosas allí.

(Dos científicos[k]): Mi papá y otro profesor de astronomía _____[1] (ir) a Chile en enero de 1986 para observar el cometa Halley. _____[2] (Salir) de Los Ángeles en avión y _____[3] (llegar) a Santiago doce horas después. De allí _____[4] (viajar) a un observatorio en los Andes donde _____[5] (ver) el cometa todas las noches y _____[6] (tomar) muchas fotos. La comida y el vino chilenos les _____[7] (gustar) mucho y _____[8] (volver) de su viaje muy contentos.

[a]*seated* [b]*To pick up* [c]*to put* [d]*washing machine* [e]*le... I fed* [f]*to get married* [g]*Scotland* [h]*para... to be a nurse* [i]*lo... she had a very good time* [j]*to walk* [k]*scientists*

❖E. **Un viaje que hice yo**

Paso 1. Piense en un viaje que hizo en el pasado. Ahora subraye (*underline*) las actividades que mejor describan sus experiencias en ese viaje.

1. Viajé en... avión / barco / tren / camioneta / motocicleta / ¿ ?

2. Fui a... la playa / las montañas /a hacer *camping* / otra ciudad / ¿ ?

3. Hice el viaje... con familia / con amigos / solo/a / ¿ ?

4. Fui para... visitar amigos / ver familia / pasar las vacaciones / ¿ ?

5. Llevé... una maleta / dos maletas / mi mochila / una tienda de campaña / ¿ ?

6. Saqué muchas fotos. / Hice vídeos. / No llevé ninguna cámara.

7. Comí... en restaurantes buenos / en casa de amigos o familia / comida rápida / ¿ ?

8. Conocí a varias personas. / No conocí a nadie. / ¿ ?

Paso 2. Ahora combine lógicamente las oraciones que subrayó para describir su viaje. Use otros detalles para hacer más interesante su descripción.

> **Expresión útil:**   hacer reservas (*reservations*)

> MODELO: El verano pasado fui a Miami con dos amigos para pasar las vacaciones, nadar y descansar.

_____

_____

_____

_____

_____

UN POCO DE TODO

A. Cosas que pasaron el semestre pasado. Use the following expressions to tell what you did for someone else, or what someone else did for you this past semester. Use the preterite and the appropriate indirect object pronouns. Use affirmative or negative sentences, following the model.

> MODELO: escribir una carta → Les escribí una carta a mis abuelos.
> (No le escribí a nadie.)
> (Nadie me escribió a mí.)

1. mandar tarjetas postales _____

2. regalar flores _____

3. recomendar un restaurante _____

4. ofrecer ayuda _____

5. prestar una maleta _____

6. hacer un pastel _____

B. Situaciones. Cambie los verbos al pretérito.

1. *Salgo* temprano para las clases y *me quedo* allí

   toda la mañana. *Almuerzo* al mediodía[a] y a las dos *voy*

   al trabajo. *Vuelvo* a casa a las ocho. *Ceno* y luego

   miro una película. A las once *subo* a mi alcoba,

   me quejo de la tarea, pero la *hago*. Por fin

   duermo unas cinco o seis horas.

2. Luisa y Jorge *son* novios. Se *hacen* muchas

   promesas[b] y él le *da* un anillo.[c] Un día

   Jorge *va* a Nueva York donde *se hace*[d] actor.

   Se *escriben* muchas cartas, pero nunca *vuelven*

   a verse[e] más.

3. La vida simple de Simón: *Busco* trabajo el lunes,

   me lo *dan* el martes, lo *pierdo* el miércoles, me

   pagan el jueves, *gasto*[f] el dinero el viernes, el

   sábado no *hago* nada y el domingo *descanso*.

4. *Pasamos* los días muy contentos. *Comemos* bien,

   vemos a nuestros amigos y *jugamos* al tenis.

[a]*noon* [b]*promises* [c]*ring* [d]*se… he becomes* [e]*see each other* [f]*gastar = to spend*

❖**C. Preguntas personales.** Conteste con oraciones completas.

1. ¿Le gustaría viajar en crucero? ¿Adónde?

   _____

2. ¿Viajó Ud. en tren o en autobús a otro estado o a otro país el año pasado?

   _____

3. ¿Qué medio de transporte prefiere Ud. usar cuando hace un viaje largo?

   _____

4. ¿Tiene miedo de ir en avión o de viajar en barco?

   _____

5. a. ¿Adónde fue Ud. durante sus últimas vacaciones? ¿Fue solo/a o con otra persona?

      _____

   b. ¿Llevó Ud. mucho equipaje? _____

   c. En el último viaje que Ud. hizo, ¿compró un boleto de ida y vuelta? ¿Por qué sí o por qué no?

      _____

      _____

PERSPECTIVAS CULTURALES — La República Dominicana

¿Cierto o falso?

		C	F
1.	La República Dominicana ocupa un tercio (*third*) de la isla La Española.	☐	☐
2.	El Teatro Nacional es un edificio colonial que data (*dates*) del siglo diecinueve.	☐	☐
3.	Anacaona, la jefa (*chief*) taína, nunca aprendió español.	☐	☐
4.	Los taínos asesinaron a (*murdered*) Anacaona.	☐	☐
5.	Se celebra el Festival Merengue en el verano.	☐	☐
6.	El lago más grande de las islas del Caribe es el Lago Enriquillo.	☐	☐

PÓNGASE A PRUEBA

■■■■A ver si sabe...

A. Indirect Object Pronouns, *dar* and *decir*.

1. Place the indirect object pronoun **le** in the correct position in the following sentences.

   a. Siempre _____ digo _____ la verdad a mi amiga.

   b. _____ estoy diciendo _____ la verdad a mi amiga,

      or _____ estoy diciendo _____ la verdad a mi amiga.

   c. _____ voy a decir _____ la verdad a mi amiga,

      or _____ voy a decir _____ la verdad a mi amiga.

   d. (*affirmative command, Ud.:* **decir**) ¡_____ la verdad a su amiga!

   e. (*negative command, Ud.:* **decir**) ¡_____ la verdad a su amiga!

2. Complete la siguiente tabla.

INFINITIVO	YO	TÚ	ÉL	NOSOTROS	VOSOTROS	ELLOS
dar		*das*				
decir				*decimos*		

B. Gustar. Escriba oraciones con las siguientes palabras.

1. ¿(ellos) gustar / viajar? _____

2. a mí / no / gustar / quejarse _____

3. Juan / gustar / aeropuertos _____

C. Preterite of Regular Verbs and of *dar, hacer, ir,* and *ser*.

INFINITIVO	YO	TÚ	ÉL	NOSOTROS	VOSOTROS	ELLOS
dar		*diste*				
hablar			*habló*			
hacer				*hicimos*		
ir / ser					*fuisteis*	
salir						*salieron*

∎∎∎Prueba corta

A. Complete las oraciones con el pronombre apropiado del complemento indirecto.

1. Yo _____ compré un regalo. (a mi madre)

2. Ellos _____ escribieron una carta la semana pasada. (a nosotros)

3. Nosotros _____ compramos boletos para un concierto. (a nuestros amigos)

4. Roberto siempre _____ pide favores. (a mí)

5. ¿Qué _____ dieron tus padres para tu cumpleaños? (a ti)

B. Use la forma apropiada de **gustar** y el complemento indirecto.

1. A mis padres no _____ _____ los asientos cerca de la puerta.

2. A mi mejor amigo _____ _____ viajar solo.

3. A mí no _____ _____ la comida que sirven en el avión.

4. A todos nosotros _____ _____ los vuelos sin escalas.

5. Y a ti, ¿adónde _____ _____ ir de vacaciones?

C. Complete las oraciones con la forma apropiada del pretérito del verbo entre paréntesis.

1. ¿A quién le _____ (*tú:* mandar) las flores?

2. Ayer _____ (*yo:* empezar) a hacer las maletas a las once.

3. Mi hermano _____ (hacer) un viaje al Mar Caribe.

4. ¿_____ (Ir) Uds. en clase turística?

5. ¿_____ (*Tú:* Oír) el anuncio (*announcement*) para subir al avión?

6. Ellos _____ (volver) de su viaje el domingo pasado.

7. Juan no me _____ (dar) el dinero para el boleto.

PUNTO FINAL

❖¡Repasemos!

Un viaje ideal. Imagine que Ud. acaba de recibir un regalo de $5.000 de su abuela (tía) rica. Le mandó el dinero para un viaje extraordinario. En otro papel, escríbale una carta de unas 100 palabras con la descripción de sus planes. Incluya la siguiente información.

1. ¿Adónde piensa ir y en qué mes va a salir?
2. ¿Cómo va a viajar?
3. ¿Qué ropa va a llevar?
4. ¿Qué piensa hacer en ese lugar?
5. ¿Cuánto tiempo piensa estar de viaje?
6. ¿Va a viajar solo/a o con otra persona (otras personas)?
7. ¿Dónde piensa quedarse?

MODELO:

Querida _____,

    ¡Mil gracias por el regalo tan fenomenal! Te escribo para darte detalles de mis planes para el viaje...

                      Un abrazo y muchos recuerdos cariñosos de tu (nieto/a, sobrino/a)...

❖Mi diario

Escriba sobre unas vacaciones que Ud. tomó *o* las de un amigo / una amiga. Incluya (*Include*) la siguiente información:

- adónde y con quién fue
- cuándo y cómo viajó
- el tiempo que hizo durante las vacaciones (llovió mucho, nevó, hizo mucho calor...)
- cuánto tiempo pasó allí
- qué cosas interesantes hizo
- lo que le gustó más (o menos)
- si le gustaría volver a ese lugar

Expresiones útiles: esquiar
                              hace un año (semana, mes) = *a year (week, month) ago*
                              tomar el sol

CAPÍTULO **8**

VOCABULARIO Preparación

■■■La fiesta de Javier

❖**A. Ud. y las fiestas.** Indique si las siguientes declaraciones son ciertas o falsas para Ud.

	C	F
1. Con frecuencia, en el Día de Acción de Gracias como demasiado y luego no me siento bien.	☐	☐
2. En la Noche Vieja bebemos, comemos, bailamos y nos divertimos mucho.	☐	☐
3. En mi universidad siempre hay una gran celebración el Cinco de Mayo.	☐	☐
4. Doy regalos el Día de los Reyes Magos.	☐	☐
5. Tengo guardadas (*I have saved*) algunas tarjetas del Día de San Valentín que me mandaron mis «viejos amores».	☐	☐
6. A veces tomo cerveza verde el Día de San Patricio.	☐	☐
7. Mi familia celebra el día de mi santo.	☐	☐
8. En la Pascua, voy a la iglesia.	☐	☐
9. Mi familia gastó mucho dinero cuando celebró la quinceañera de mi hermana (prima, sobrina).	☐	☐

B. ¿Cuánto sabe Ud. de los días festivos? Complete las oraciones con el día festivo apropiado.

el Cinco de Mayo   la Navidad   la Pascua
el Día de Año Nuevo   la Nochebuena

1. El primero de enero es _____.

2. El 25 de diciembre los cristianos celebran _____.

3. _____ conmemora la huida (*escape*) de los judíos (*Jews*) de Egipto.

4. Muchos católicos asisten a la Misa del gallo (*midnight Mass*) durante

   _____.

5. La victoria de los mexicanos sobre los franceses en la batalla de Puebla

   (1862) se celebra _____.

C. El Día de los Inocentes. Lea la siguiente lectura sobre una fiesta popular y conteste las preguntas.

El 28 de diciembre en el mundo hispánico se celebra la fiesta tradicional que se llama el Día de los Inocentes. En esta fecha se conmemora el día en que murieron[a] muchos niños en Judea por orden de Herodes, quien esperaba hacer morir[b] al niño Jesús entre ellos.

Ese día, a la gente le gusta hacerles bromas[c] a sus amigos. Una broma común es decirle a un amigo:

—Un Sr. León te llamó hace veinte minutos[d] y quiere que lo llames porque es urgente. Aquí tienes su número de teléfono.

Todos esperan mientras el amigo inocente marca[e] el número.

—Buenos días —dice con un tono de mucha importancia—. Habla Enrique González. ¿Puedo hablar con el Sr. León, por favor? Me llamó hace unos minutos.

La joven que contesta el teléfono se ríe[f] y le dice:

—Lo siento. El Sr. León acaba de salir. ¿Quiere Ud. dejar[g] un mensaje? Yo soy su secretaria, la Srta. Elefante.

El amigo se da cuenta,[h] avergonzado,[i] de que ha llamado[j] al Jardín Zoológico[k] mientras todos le gritan[l]: —¡Por inocente, por inocente!

[a]*died* [b]*esperaba... hoped to kill* [c]*hacerles... to play tricks* [d]*hace... twenty minutes ago* [e]*dials* [f]*se... laughs* [g]*to leave* [h]*se... realizes* [i]*embarrassed* [j]*ha... he has called* [k]*Jardín... Zoo* [l]*shout*

Comprensión

1. ¿Cuál es la fecha de un día festivo en los Estados Unidos que es similar al Día de los Inocentes?

   _____

2. En el mundo hispánico, ¿qué les hace la gente a sus amigos?

   _____

3. ¿Qué significa en inglés **león**? _____

■■■Las emociones y los estados afectivos

A. Profesores y estudiantes. ¿Cómo reaccionan? Use la forma apropiada de los verbos de la lista.

discutir   ponerse (avergonzado, irritado,   quejarse
enfermarse   nervioso, triste)   reírse
enojarse   portarse

1. Cuando Julián no contesta bien en clase, se ríe porque se pone nervioso. Cuando yo no

   recuerdo la respuesta correcta, yo _____.

2. Cuando nos olvidamos de entregar (*turn in*) la tarea (*homework*) a tiempo, los profesores

   _____.

3. Cuando llega la época de los exámenes, algunos estudiantes _____

   porque no duermen lo suficiente (*enough*). Y todos _____ porque
   dicen que tienen muchísimo trabajo.

4. Generalmente, los estudiantes universitarios son responsables y _____
   bien en clase.

5. A los profesores no les gusta _____ con los estudiantes sobre las
   notas (*grades*) que les dan.

B. ¿Qué piensa Ud.? ¡Sea enfático/a, por favor! Use formas con **-ísimo/a.**

1. ¿Le parece larga la novela *Guerra y paz*, del autor ruso Tolstoi?

_____

2. ¿Son ricos los Gates?

_____

3. ¿Se siente Ud. cansado/a después de correr diez kilómetros?

_____

4. ¿Es cara la vida en Tokio?

_____

5. ¿Fueron difíciles las preguntas del último examen?

_____

C. Reacciones. ¿Cómo reacciona o cómo se pone Ud. en estas circunstancias? Use por lo menos uno de los verbos útiles en cada respuesta. Puede usar la forma enfática (**-ísimo/a**) de los adjetivos.

Verbos útiles:	enojarse	quejarse
	llorar	reírse
	ponerse contento/a (avergonzado/a, enojado/a, feliz, triste)	sonreír

1. Alguien le hace una broma un poco pesada (*in bad taste*).

_____

2. Alguien le cuenta un chiste cómico.

_____

3. Ud. se olvida del cumpleaños de su madre (padre, novio/a...).

_____

4. Ud. acaba de saber que su perro (gato) murió (*died*) en un accidente.

_____

5. En un restaurante muy caro, le sirven una comida malísima.

_____

6. Ud. acaba de saber que recibió la nota (*grade*) más alta en el examen de historia.

_____

7. Ud. acaba de saber que su ex novio/a y su mejor amigo/a van a casarse (*get married*).

_____

GRAMÁTICA

24. Talking About the Past (Part 2) • Irregular Preterites

A. ¿Cuánto sabe Ud.?

Paso 1. ¿Son ciertos o falsos los siguientes hechos históricos?

		C	F
1.	Neil Armstrong fue el primer hombre que estuvo en la luna (*moon*).	☐	☐
2.	Los Estados Unidos pusieron un satélite en el espacio antes que la Unión Soviética.	☐	☐
3.	Magallanes quiso circunnavegar el mundo, pero murió en las Filipinas a manos de los indígenas (*natives*) en 1521.	☐	☐
4.	En 1592 Cristóbal Colón pudo llegar a América.	☐	☐
5.	Hitler no quiso dominar Europa.	☐	☐
6.	Cortés no supo de la grandeza (*grandeur*) del imperio azteca hasta que (*until*) llegó a Tenochtitlán en 1519.	☐	☐
7.	Los españoles trajeron el maíz (*corn*) y el tomate a América.	☐	☐
8.	En Berlín George Bush (padre) dijo: «Yo soy un berlinés.»	☐	☐
9.	Pocos inmigrantes irlandeses vinieron a los Estados Unidos en el siglo (*century*) XIX.	☐	☐

Paso 2. Ahora tache (*cross out*) la información incorrecta en cada respuesta falsa y corríjala (*correct it*).

B. Formas verbales. Escriba la forma indicada de los verbos.

INFINITIVO	YO	UD.	NOSOTROS	UDS.
estar				
	tuve			
		pudo		
			pusimos	
				quisieron
saber				
	vine			
		dijo		
			trajimos	

C. Situaciones. Complete las oraciones con el pretérito de los verbos entre paréntesis.

Durante la Navidad: La familia Román _____[1] (tener) una reunión familiar

muy bonita para la Navidad. Todos sus hijos _____[2] (estar) presentes.

_____[3] (Venir) de Denver y Dallas y _____[4] (traer) regalos

para todos. Su mamá pensaba[a] hacer una gran cena para la Nochebuena, pero todos le

_____[5] (decir) que no. Por la noche todos _____[6] (ir) a un

restaurante muy elegante donde _____[7] (comer) bien, _____[8]

(poder) escuchar música y _____[9] (pasarlo) bien.

Otro terremoto[b] en California: Esta mañana _____[1] (*nosotros:* saber) que

_____[2] (haber) un terremoto en California. Lo _____[3] (*yo:* oír)

primero en el radio y luego lo _____[4] (*yo:* leer) en el periódico. Algunas casas

_____[5] (romperse[c]), pero en general, este terremoto no _____[6]

(hacer) mucho daño.[d] Un experto _____[7] (decir): «No _____[8]

(ser) el primero ni va a ser el último».

[a]*was planning*   [b]*earthquake*   [c]*to be destroyed*   [d]*damage*

D. Después del examen. Jorge y Manuel hablan en la cafetería. Complete las oraciones con la forma apropiada de los verbos entre paréntesis.

JORGE: ¿Cómo _____[1] (estar) el examen?

MANUEL: ¡Terrible! No _____[2] (poder) contestar las últimas tres

preguntas porque no _____[3] (tener) tiempo. ¿Por qué no

_____[4] (venir) tú?

JORGE: _____[5] (Querer) venir, pero _____[6] (estar) enfermo todo

el día. ¿Qué preguntas _____[7]

(hacer) el profesor?

MANUEL: Muchas, pero ahora no recuerdo ninguna. ¿_____[8]

(*Tú:* Saber) que Claudia _____[9] (tener) un accidente y tampoco

_____[10] (venir) al examen?

JORGE: Sí, me lo _____[11] (decir) María Inés esta mañana… Bueno, tengo que

irme… ¡Caramba! ¿Dónde _____[12] (poner) mi cartera?

MANUEL: ¿No la _____[13] (traer) otra vez? Yo sólo _____[14] (traer)

dos dólares. Vamos a buscar a Ernesto. Él siempre tiene dinero.

❖E. **¿Qué pasó la última vez que... ?** Conteste estas preguntas con oraciones completas.

1. La última vez que Ud. se enfermó, ¿tuvo que guardar cama (*stay in bed*)? ¿Cuánto tiempo?

   _____

   _____

2. La última vez que Ud. y su familia celebraron algo especial, ¿vinieron de lejos (*from far away*) algunos parientes (tíos, abuelos, hermanos)? ¿Quién vino y de dónde? ¿O no vino ningún pariente de lejos?

   Para celebrar _____, _____

   　　　　　　　　(ocasión)

   _____.

3. ¿Cuántos años cumplió Ud. en su último (*last*) cumpleaños? ¿Qué hizo para celebrarlo? ¿Dio una fiesta? ¿Salió con sus amigos o con su familia?

   _____

   _____

4. ¿Pudo Ud. contestar todas las preguntas del último examen de español? ¿Estuvo fácil o difícil el examen?

   _____

   _____

5. ¿Conoció Ud. a alguien durante sus últimas vacaciones? ¿A quién?

   _____

25. Talking About the Past (Part 3) • Preterite of Stem-Changing Verbs

A. **Formas verbales.** Escriba la forma indicada de los verbos.

INFINITIVO	YO	TÚ	UD.	NOSOTROS	UDS.
divertirse					
sentir					
dormir					
conseguir					
reír					
vestir					

B. Situaciones. Complete las oraciones con la forma apropiada del pretérito de uno de los verbos de la lista, según el significado de la oración.

dormirse   sentarse

1. Yo _____ delante del televisor y _____ poco después.

2. —¿A qué hora _____ Uds. a comer?

   —A las nueve y media. Y después de trabajar tanto, ¡nosotros casi _____ en la mesa!

3. Mi esposo se despertó a las dos y no _____ otra vez hasta las cinco de la mañana.

reírse   sentir (*to regret*)   **sentirse**

4. Esa película fue tan divertida que (nosotros) _____ toda la noche. Sólo Jorge

   no _____ mucho porque no la comprendió.

5. Rita y Marcial _____ mucho haber faltado (*having missed*) a tu fiesta, pero

   Rita se enfermó y _____ tan mal que se quedó en cama todo el fin de semana.

C. Una mala noche. Cambie al pretérito los verbos indicados.

Juan *entra*[1] en el restaurante y *se sienta*[2] a comer con unos amigos. *Pide*[3] una cerveza y el camarero se la *sirve*[4] inmediatamente, pero después de tomar dos tragos[a] *se siente*[5] mal, *se levanta*[6] y *se despide*[7] de todos rápidamente. *Vuelve*[8] a casa y no *duerme*[9] en toda la noche.

[a]*sips*

1. _____   6. _____

2. _____   7. _____

3. _____   8. _____

4. _____   9. _____

5. _____

Ahora escriba los mismos verbos con **yo** como sujeto donde sea posible. ¡Ojo con los pronombres!

10. _____   15. _____

11. _____   16. _____

12. _____   17. _____

13. _____   18. _____

14. _____

D. Situaciones. Imagine que Ud. está hablando con dos amigas que acaban de regresar a casa después de sus vacaciones en México. Hágales preguntas en español sobre su viaje. Use las palabras y frases indicadas y haga los cambios necesarios. Recuerde usar **Uds.**

MODELO: cuándo / salir / vacaciones → ¿Cuándo salieron Uds. de vacaciones?

1. adónde / ir _____

2. conseguir / hotel / cerca / playa _____

   _____

3. divertirse / mucho _____

4. jugar / tenis / nadar _____

5. cuánto / tener / pagar / por / habitación _____

   _____

6. cómo / estar / comida _____

7. conocer / alguien / interesante _____

8. qué / hora / volver / hoy _____

9. no / dormir / mucho / anoche / ¿verdad? _____

   _____

¡RECUERDE!

Direct and Indirect Object Pronouns

Cambie los complementos directos indicados o las frases indicadas (*a Ud., a nosotros, a ellos,* etcétera) a complementos pronominales. Luego identifique los pronombres (O.D. = objeto directo; O.I. = objeto indirecto).

MODELOS: No dice la verdad. (*a Uds.*) → No les dice la verdad. (O.I.)

No dice *la verdad.* → No la dice. (O.D.)

1. Yo traigo el café. (*a Ud.*) _____

2. Yo traigo *el café* ahora. _____

3. Ellos compran los boletos. (*a nosotros*) _____

4. Ellos compran *los boletos* hoy. _____

5. No hablo mucho. (*a ellas*) _____

6. No conozco bien *a tus primas.* _____

7. Queremos dar una fiesta. (*a mis padres*) _____

8. Pensamos dar *la fiesta* en casa. _____

26. Expressing Direct and Indirect Objects Together • Double Object Pronouns

❖A. **¿Con qué frecuencia... ?** Indique la frecuencia con que Ud. y otras personas hacen estas cosas.

	SIEMPRE	A VECES	NUNCA
1. El coche: Mi padre me lo presta.	☐	☐	☐
2. El dinero: Mis amigos me lo piden.	☐	☐	☐
3. La cena: Me la prepara mi madre.	☐	☐	☐
4. La cena: Yo se la preparo a mi familia.	☐	☐	☐
5. Los viajes: Me los pago yo.	☐	☐	☐
6. La tarea: Nos la dan los profesores.	☐	☐	☐

B. **¡Promesas, promesas!** (*Promises, promises!*) Estas personas prometen hacer las siguientes cosas. Vuelva a escribir lo que prometen, pero omita la repetición innecesaria del complemento directo.

MODELO: ¿Los discos? José nos trae *los discos* mañana. → ¿Los discos? José nos los trae mañana.

1. ¿El dinero? Te devuelvo (*I'll return*) *el dinero* mañana.

   _____

2. ¿Las tapas? Te traigo *las tapas* esta noche.

   _____

3. ¿La sorpresa? Nos van a revelar *la sorpresa* después.

   _____

4. ¿Los pasteles? Me prometieron *los pasteles* para esta tarde.

   _____

¡RECUERDE!			
le **les**	lo la los las	→ **se**	lo la los las

5. ¿Las fotos? Les mando *las fotos* a Uds. con la carta.

   _____

6. ¿La bicicleta? Le devuelvo *la bicicleta* a Pablo mañana.

   _____

7. ¿El dinero? Le doy *el dinero* a Ud. el viernes.

   _____

8. ¿Los regalos? Le muestro *los regalos* a Isabel esta noche.

   _____

C. La herencia (*inheritance*). Imagine que un pariente muy rico murió y les dejó (*he left*) varias cosas a Ud. y a diferentes personas e instituciones. ¿Qué le dejó a quién?

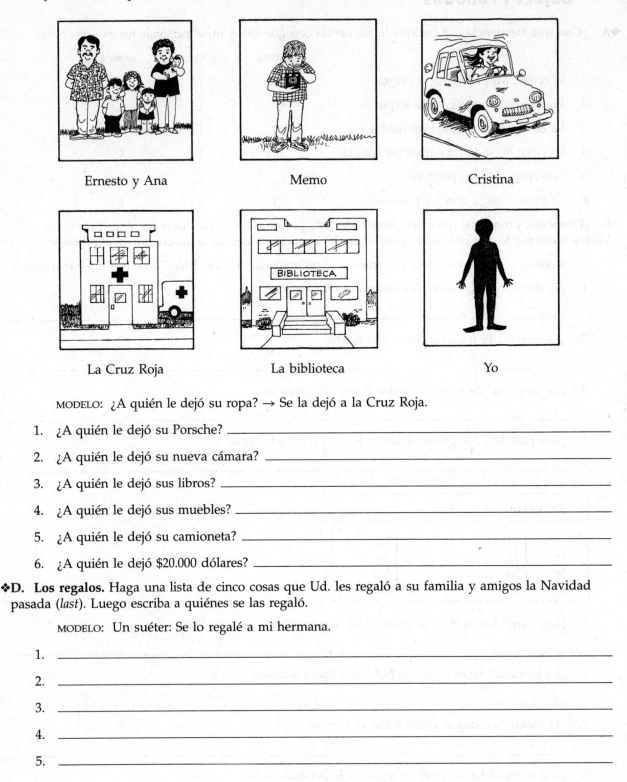

Ernesto y Ana   Memo   Cristina

La Cruz Roja   La biblioteca   Yo

MODELO: ¿A quién le dejó su ropa? → Se la dejó a la Cruz Roja.

1. ¿A quién le dejó su Porsche? _____

2. ¿A quién le dejó su nueva cámara? _____

3. ¿A quién le dejó sus libros? _____

4. ¿A quién le dejó sus muebles? _____

5. ¿A quién le dejó su camioneta? _____

6. ¿A quién le dejó $20.000 dólares? _____

❖**D. Los regalos.** Haga una lista de cinco cosas que Ud. les regaló a su familia y amigos la Navidad pasada (*last*). Luego escriba a quiénes se las regaló.

MODELO: Un suéter: Se lo regalé a mi hermana.

1. _____

2. _____

3. _____

4. _____

5. _____

UN POCO DE TODO

A. Una carta a un amigo

Paso 1. Complete la carta que Gerardo le escribe a un amigo que vive en Acapulco. Use el pretérito de los verbos entre paréntesis.

Querido Pepe:

La semana pasada _____[1] (*yo:* hacer) un corto viaje a Acapulco porque

_____[2] (tener) una reunión con mi agente de viajes. Aunque[a] _____[3]

(estar) ocupadísimo, _____[4] (querer) visitarte, pero _____[5] (saber)

por nuestro amigo Luis Dávila que estabas[b] fuera[c] de la ciudad. Yo le _____[6] (dar)

a Luis unas fotos de la última vez que nosotros _____[7] (estar) juntos,[d] y le

_____[8] (*yo:* pedir) que te las diera[e] a tu vuelta[f] a Acapulco.

Espero verte durante mi próximo viaje. Recibe un abrazo[g] de tu amigo,

Gerardo

[a]*Although* [b]*you were* [c]*outside, away* [d]*together* [e]*he give* [f]*a... upon your return* [e]*hug*

Paso 2. Conteste las preguntas con oraciones completas.

1. ¿Por qué fue Gerardo a Acapulco? _____

2. ¿Tuvo mucho tiempo libre o estuvo ocupado? _____

3. ¿Cómo supo Gerardo que Pepe estaba fuera de Acapulco? _____

4. ¿A quién le dio las fotos? _____

B. Preguntas personales.
Conteste las preguntas con oraciones completas. Use los pronombres del complemento directo e indirecto.

MODELO: ¿A quién le prestó Ud. su bicicleta? → Se la presté a mi hermano.
(No se la presté a nadie.)

1. ¿A quién le mandó Ud. una tarjeta de San Valentín? _____

2. ¿A quién le dio Ud. regalos de Navidad? _____

3. ¿Quién le trajo flores a Ud. este año? _____

4. ¿Quién le pidió dinero a Ud. este mes? _____

5. ¿Quién le hizo una fiesta para su cumpleaños? _____

PERSPECTIVAS CULTURALES   Cuba

Conteste Ud. brevemente (*briefly*). Use palabras y fechas de la lista.

1898	la africana	El Morro
1959	el béisbol	plantaciones de tabaco y azúcar

1. ¿En qué año subió al poder (*rose to power*) Fidel Castro? _____

2. ¿En qué año obtuvo (*obtained*) Cuba su independencia de España? _____

3. ¿Adónde transportaban (*did they used to transport*) los barcos las riquezas (*riches*) del

   Nuevo Mundo? _____

4. ¿Cuál es la pasión deportiva de los cubanos? _____

5. ¿Qué se puede visitar en el Valle de Viñales? _____

6. ¿Qué influencia predomina en el «son» cubano? _____

PÓNGASE A PRUEBA

■■■■A ver si sabe...

A. **Irregular Preterites.** Escriba las formas apropiadas de los verbos en el pretérito.

1. (estar) yo _____
2. (poder) tú _____
3. (poner) Ud. _____
4. (querer) nosotros _____
5. (saber) ellos _____

6. (tener) yo _____
7. (venir) tú _____
8. (traer) Ud. _____
9. (decir) ellos _____
10. (ir) nosotros _____

B. **Preterite of Stem-Changing Verbs.** Complete la siguiente tabla.

	dormir	pedir	preferir	recordar	sentirse
él/ella/Ud.					
ellos/Uds.					

C. Double Object Pronouns. Sustituya (*Substitute*) los complementos directos e (*and*) indirectos por sus respectivos pronombres.

MODELO: Alberto le sirvió *café* a *Jimena*. → Alberto __se__ __lo__ sirvió.

1. Ricardo le pidió *dinero* a *su padre*.   Ricardo _____ _____ pidió.

2. Clara le sugirió *una idea* a *Enrique*.   Clara _____ _____ sugirió.

3. Carmen les puso *los suéteres* a *sus hijos*.   Carmen _____ _____ puso.

■■■Prueba corta

A. Complete las oraciones con la forma correcta del pretérito de un verbo de la lista.

conseguir   dormir   reírse
despedirse   hacer   traer
divertirse   ponerse   vestirse

1. Cuando vimos esa película cómica, todos (*nosotros*) _____ mucho.

2. Después de comer ese pescado, Marcial _____ enfermo y se acostó, pero no _____ en toda la noche.

3. Yo _____ un boleto extra para el concierto de mañana. ¿Quieres ir?

4. Marcos _____ de sus amigos y volvió a su casa.

5. Para celebrar el Año Nuevo, Mirasol _____ con ropa elegante: pantalones negros y blusa de seda. Ella _____ muchísimo bailando con sus amigos.

6. Para celebrar el Año Nuevo, nosotros _____ una fiesta y unos amigos nos _____ champán.

B. Conteste las preguntas con la respuesta más apropiada.

1. ¿Cuándo nos traes el café?
   a. Se lo traigo en seguida (*right away*).
   b. Te los traigo en seguida.
   c. Te lo traigo en seguida.

2. ¿Cuándo me van a lavar (*wash*) el coche?
   a. Se lo vamos a lavar esta tarde.
   b. Me lo voy a lavar esta tarde.
   c. Te lo voy a lavar esta tarde.

3. ¿Quién te sacó estas fotos?
   a. Julio me los sacó.
   b. Julio te las sacó.
   c. Julio me las sacó.

4. ¿Quién les mandó estas flores a Uds.?
   a. Ceci nos los mandó.
   b. Ceci nos las mandó.
   c. Ceci se las mandó.

5. ¿A quién le vas a regalar esa camisa?
   a. Te la voy a regalar a ti.
   b. Se lo voy a regalar a Uds.
   c. Me las vas a regalar a mí.

6. ¿A quién le sirves ese vino?
   a. Se los sirvo a Uds.
   b. Se lo sirvo a Uds.
   c. Mario nos lo sirve.

❖ ¡Repasemos!

¡Saludos de España!

Paso 1. Lea la siguiente tarjeta postal.

> 29 de junio
>
> 101 SAN SEBASTIAN
> Vista nocturna
> Vue nocturne
> View in the night
>
> Querido David:
>
> Llegamos a Málaga anoche. Nos encantó San Sebastián donde conocimos a Gil, un amigo de los Burke. Nos llevó a un restaurante buenísimo. De allí fuimos a Santiago de Compostela, una maravillosa ciudad medieval que data del siglo 8.ª Llegamos para celebrar la noche de San Juanᵇ y la victoria del equipeᶜ de fútbol de Santiago sobre el equipe de Badajoz. Hubo fuegos artificiales y toda la noche la gente bailó y bebió en las calles... Salimos para Mallorca el lunes.
>
> Abrazos cariñosos,
> Mamá y Papá

ESPAÑA
Santiago de Compostela · San Sebastián · Badajoz · Málaga · Mallorca

ᵃdata... *dates from the eighth century*   ᵇNoche... *fiesta tradicional que se celebra el 24 de junio*   ᶜ*team*

Paso 2. Ahora, en otro papel, escriba Ud. una tarjeta postal a un amigo o pariente, contándole de sus vacaciones. Mencione por lo menos un lugar que visitó y lo que vio o lo que pasó allí. Mencione también adónde piensa ir luego. Siga el modelo de la tarjeta. Puede inventar el viaje, si quiere.

❖ Mi diario

¿Cuál es el día festivo más importante para su familia (sus amigos)? ¿Cuándo se celebra? ¿Hay una cena especial o una fiesta? ¿Dónde es? ¿Quiénes asisten? ¿Cuáles son las costumbres (*customs*) y tradiciones más importantes para Uds.? ¿Qué comidas y bebidas se sirven? La preparación de la comida, ¿es una actividad cooperativa? ¿Lo prepara todo una sola persona?

Palabras útiles:	dar las doce (*to strike 12*)	el globo (*balloon*)
	decorar el árbol (*tree*)	normalmente (*normally*)
	los fuegos artificiales (*fireworks*)	

CAPÍTULO **9**

VOCABULARIO Preparación

■■■Los pasatiempos, diversiones y aficiones

❖**A.** **¿Qué hace Ud.?** ¿Con qué frecuencia hace Ud. estas actividades durante un fin de semana típico?

	CASI NUNCA	A VECES	CON FRECUENCIA
1. Doy paseos (por un centro comercial, por la playa).	☐	☐	☐
2. Hago una fiesta con algunos amigos.	☐	☐	☐
3. Voy al cine.	☐	☐	☐
4. Visito un museo.	☐	☐	☐
5. Juego a las cartas.	☐	☐	☐
6. Paseo en bicicleta.	☐	☐	☐
7. Hago *camping* con amigos.	☐	☐	☐
8. Entreno con un equipo deportivo (*sports*).	☐	☐	☐

B. **Deportistas.** ¿Qué deportes practican estas personas?

1. Tiger Woods _____

2. Kobe Bryant _____

3. Rivaldo _____

4. Lance Armstrong _____

5. Serena Williams _____

6. Albert Pujols _____

❖**¿Y Ud.?** ¿A cuáles de estos deportes es Ud. aficionado/a?

_____

¿Cuáles practica? _____

❖**C. Gustos y preferencias.** ¿A cuál de sus amigos le gustan estos pasatiempos?

MODELO: (hacer *picnics*) → A Maritere le gusta hacer *picnics*.
(A ninguno de mis amigos le gusta hacer *picnics*.)

1. (montar a caballo) _____

2. (patinar) _____

3. (hacer *camping*) _____

4. (esquiar) _____

5. (nadar) _____

6. (pasear en bicicleta) _____

D. Diversiones. Complete las oraciones según los dibujos.

1. a. A las personas en esta escena (*scene*) les gusta _____.

   b. Los dos hombres _____.

   c. Los tres amigos _____.

   d. La chica _____.

2. a. Los hombres en el parque _____.

   b. Tres personas hacen cola delante del _____ Colón.

   c. Dos personas van a visitar el _____ de Arte Moderno.

3. **Palabras útiles:**   el cine   pasarlo bien
                          divertido   la película

ELSA: Estoy cansada de estudiar. Quiero hacer algo _____.

LISA: ¿Qué te parece si vamos al _____ Bretón? Ponen _____
El señor de los anillos (Lord of the Rings).

ELSA: Buena idea. Necesito salir de la casa. ¡Quiero _____!

■■■Los quehaceres domésticos (Part 2)

A. Los quehaceres domésticos. Describa lo que hacen las personas en cada dibujo. Use el presente del progresivo cuando sea (*whenever it is*) posible.

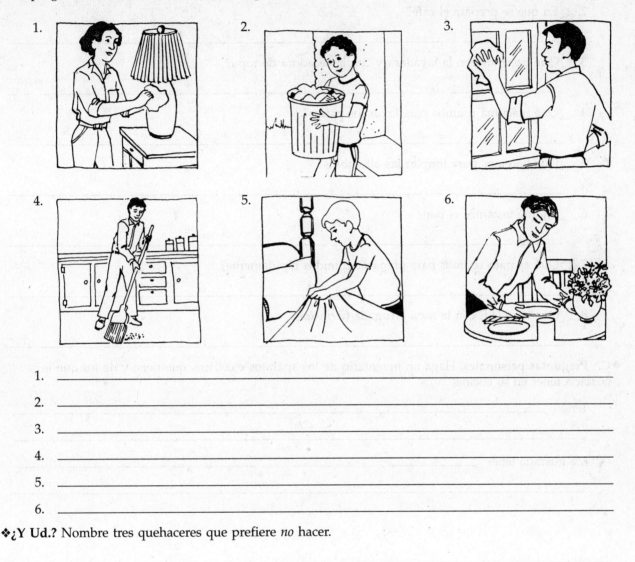

1. _____

2. _____

3. _____

4. _____

5. _____

6. _____

❖**¿Y Ud.?** Nombre tres quehaceres que prefiere *no* hacer.

_____

_____

_____

B. Los aparatos domésticos. Conteste con oraciones completas.

1. ¿Para qué se usa la estufa?

   _____

2. ¿En qué se prepara el café?

   _____

3. ¿Qué hacemos con la lavadora y con la secadora de ropa?

   _____

4. ¿Qué máquina usamos para lavar los platos?

   _____

5. ¿Qué hacemos para limpiar las alfombras?

   _____

6. ¿En qué tostamos el pan?

   _____

7. ¿Qué aparato usamos para preparar comidas rápidamente?

   _____

8. ¿Qué hace Ud. con la ropa arrugada (*wrinkled*)?

   _____

❖**C. Preguntas personales.** Haga un inventario de los aparatos eléctricos que tiene y de los que le gustaría tener en su cocina.

Tengo _____

_____.

Me gustaría tener _____

_____.

GRAMÁTICA

27. Talking About the Past (Part 4) • Descriptions and Habitual Actions in the Past: Imperfect of Regular and Irregular Verbs

A. El cumpleaños de Clara. Lea la siguiente descripción de cómo pasaba los cumpleaños Clara López Rubio cuando era niña. Escriba abajo las formas del imperfecto que encuentra en su descripción.

Los cumpleaños que más recuerdo son los que celebraba de pequeña. La casa siempre se llenaba de gente[a]: parientes, amiguitos míos[b] con sus padres... Mis amigos y yo debíamos hacer muchísimo ruido. Corríamos por la casa, comíamos papas fritas y luego, al final, cortábamos la torta.[c] Yo siempre era la última en recibir un pedazo[d] y eso me molestaba mucho, sobre todo[e] porque en los cumpleaños de mi amigo Pablo, él siempre era el primero porque era «el anfitrión».[f]

[a]se... *would fill up with people* [b]*of mine* [c]*pastel* [d]*piece* [e]*sobre... especialmente* [f]*host*

1. _____   6. _____

2. _____   7. _____

3. _____   8. _____

4. _____   9. _____

5. _____   10. _____

B. Recuerdos juveniles (*Youthful memories*). Complete la narración con la forma apropiada del imperfecto de los verbos entre paréntesis.

Cuando _____[1] (*yo:* tener) catorce años, _____[2] (*nosotros:* vivir)

en el campo.[a] _____[3] (*Yo:* Ir) al colegio[b] en una ciudad cerca de casa y a veces

_____[4] (*yo:* volver) tarde porque _____[5] (preferir) quedarme a

jugar con mis amigos. Ellos a veces _____[6] (venir) a visitarnos, especialmente

cuando _____[7] (ser) el cumpleaños de mi madre. Siempre lo

_____[8] (*nosotros:* celebrar) con una gran fiesta y ese día mi padre

_____[9] (hacer) todos los preparativos y _____[10] (cocinar) él

mismo.[c] Nos _____[11] (visitar) parientes de todas partes y siempre

_____[12] (quedarse) algunos con nosotros por dos o tres días.

Durante esos días _____[13] (*nosotros:* dormir) poco porque mis primos y yo

_____[14] (acostarse) en la sala de recreo y allí siempre _____[15]

(haber) gente hasta muy tarde. Todos nosotros lo _____[16] (pasar) muy bien. Pero

esos _____[17] (ser) otros tiempos, claro.

[a]*country(side)* [b]*high school* [c]*él... himself*

C. La mujer de ayer y hoy

Paso 1. Compare la vida de la mujer de la década de los años 50 con la vida que lleva hoy día. Use los infinitivos indicados. Siga el modelo.

MODELO: tener muchos hijos / / tener familias pequeñas →
Antes tenía muchos hijos. Ahora tiene familias pequeñas.

1. tener menos independencia / / sentirse más libre

_____

_____

2. depender de su esposo / / tener más independencia económica

_____

_____

3. quedarse en casa / / preferir salir a trabajar

_____

_____

4. sólo pensar en casarse (*getting married*) / / pensar en seguir su propia carrera (*own career*)

_____

_____

5. pasar horas cocinando / / servir comidas más fáciles de preparar

_____

_____

6. su esposo sentarse a leer el periódico / / ayudarla con los quehaceres domésticos

_____

_____

❖**Paso 2.** Ahora escriba dos contrastes que Ud. ha observado (*have observed*) en la vida de su propia familia o de sus amigos.

_____

_____

_____

D. Situaciones. Cambie los verbos indicados al imperfecto.

1. Nosotros *somos* muy buenos amigos de los González; _____

    nos *vemos* todos los domingos. Si ellos no *vienen* a visi- _____ _____

    tarnos a nuestra casa, nosotros *vamos* a la casa de ellos. _____

2. Cuando *estamos* en el Perú, nuestros sobrinos siempre _____

    nos *dan* un beso (*kiss*) cuando nos *saludan* y otro beso _____ _____

    cuando se *despiden*. _____

3. Siempre *almuerzo* en aquel restaurante. *Sirven* la mejor _____ _____

    comida de toda la ciudad. Cuando me *ven* entrar, me *llevan* _____ _____

    a la mejor mesa y me *traen* la carta (*menu*). ¡Se _____ _____

    come muy bien allí! _____

❖**E. Su pasado.** Conteste las preguntas sobre su vida cuando tenía 15 años.

1. ¿Dónde y con quién vivía Ud.? _____

    _____

2. ¿Cómo era su casa? _____

    _____

3. ¿A qué escuela asistía? _____

4. ¿Cómo se llamaba su maestro preferido/maestra preferida en la escuela secundaria (*high school*)?

    ¿Cómo era él/ella? _____

    _____

5. ¿Qué materia le gustaba más? _____

6. ¿Qué tipo de estudiante era? ¿Siempre recibía buenas notas (*grades*)? _____

    _____

7. ¿Qué deportes practicaba? _____

    _____

8. Generalmente, ¿qué hacía después de volver a casa? _____

    _____

9. Y los fines de semana, ¿qué hacía? _____

    _____

28. Expressing Extremes (Part 2) • Superlatives

A. Opiniones sobre los deportes. Expand the information in these sentences according to the model. Then if you don't agree with the statement, give your opinion on the line below.

> MODELO: El golf es más aburrido que el fútbol. (todos) →
> El golf es el deporte más aburrido de todos.
> No estoy de acuerdo. El fútbol es el más aburrido.

1. El béisbol es más emocionante que el basquetbol. (todos)

   _____

   _____

2. Kobe Bryant es mejor jugador que LeBron James. (mundo)

   _____

   _____

3. El equipo de los Dallas Cowboys es peor que el de (*that of*) los 49ers. (todos)

   _____

   _____

4. El estadio (*stadium*) de Río de Janeiro, Brasil, es más grande que el de Pasadena. (mundo)

   _____

   _____

B. Más opiniones. Escriba las siguientes oraciones en español y complételas con un nombre apropiado.

1. The most interesting city in the United States is _____.

   _____

2. The best (worst) movie last year was _____.

   _____

3. The most violent of all sports is _____.

   _____

4. The most amusing (**divertido**) television program is _____.

   _____

29. Getting Information (Part 2) • Summary of Interrogative Words

A. Situaciones. Imagine that you have just met Rafael Pérez, an up-and-coming baseball player. Rafael's answers are given below. Write your questions, using the appropriate interrogative from each group. Use the **Ud.** form of verbs.

¿Qué? ¿Dónde? ¿Adónde? ¿De dónde? ¿Cómo? ¿Cuál(es)?

1. —¿_____? —Me llamo Rafael Pérez.

2. —¿_____? —(Soy) de Bayamón, Puerto Rico.

3. —¿_____? —(Vivo) En el sur de California.

4. —¿_____? —Ahora voy al estadio.

5. —¿_____? —Voy a entrenarme con el equipo.

6. —¿_____? —(Mis pasatiempos favoritos) Son jugar al tenis y nadar.

¿Cuándo? ¿Quién(es)? ¿Por qué? ¿Cuánto/a? ¿Cuántos/as?

Palabras útiles: ganar (*to earn*) lo suficiente (*enough*)

7. —¿_____? —Empecé a jugar en 1985.

8. —¿_____? —(Mis jugadores preferidos) Son Manny Ramírez y Alex Rodríguez.

9. —¿_____? —Porque son los mejores jugadores del béisbol de todos los tiempos.

10. —¿_____? —Gano lo suficiente para vivir bien.

❖**B. Una tarjeta postal de Buenos Aires.** Here is a postcard that Sara has sent to Alfonso in the United States. Read the postcard. Then, using interrogative words, form as many questions as you can about its content to ask your classmates. You can ask questions about what it actually says as well as about what it implies. Write on a separate sheet of paper.

Alfonso:
Hola, ¿qué tal? Hace dos días[a] que Katia y yo estamos en la Argentina. Hace mucho frío porque es agosto—en el hemisferio sur los meses de invierno son junio, julio y agosto. Los argentinos piensan que somos turistas porque llevamos camisetas y sandalias. Tienen razón...¡y nosotras tenemos frío! ¡Qué mal escogimos[b] la ropa para este viaje! Ahora tomamos café en el hotel. Mañana pensamos comprar ropa abrigada.[c] Bueno, eso es todo por ahora.
Un abrazo[d] de
Sara

Alfonso Solís

145 Elm Street

Hudson, Ohio 44236

USA

[a]Hace... *It's been two days* [b]¡Qué... *How badly we chose* [c]*warm* [d]*hug*

C. Una amiga entrometida (*nosy*). Una amiga llama a Cristina por teléfono. Complete el diálogo con las palabras interrogativas apropiadas.

AMIGA: Hola, Cristina, ¿_____[1] estás?

CRISTINA: Muy bien, gracias, ¿y tú?

AMIGA: ¡Bien, gracias! ¿_____[2] estás haciendo?

CRISTINA: Estaba estudiando con Gilberto Montero pero ya se fue.

AMIGA: ¿_____[3] es Gilberto Montero?

CRISTINA: Es un amigo de la universidad.

AMIGA: ¿Ah, sí? ¿_____[4] es?

CRISTINA: De Bogotá.

AMIGA: ¡Ah! ¡Colombiano! Y, ¿_____[5] años tiene?

CRISTINA: Veintitrés.

AMIGA: ¿_____[6] es él?

CRISTINA: Es moreno, bajo, guapo y muy simpático.

AMIGA: ¡Ajá! ¿_____[7] regresa tu amigo a su país?

CRISTINA: En julio, pero antes vamos juntos[a] a San Francisco.

AMIGA: ¡A San Francisco! ¿_____[8] van a San Francisco?

CRISTINA: Porque él quiere visitar la ciudad y yo tengo parientes allí...

AMIGA: ¿Y _____[9] van a ir? ¿En avión?

CRISTINA: No, vamos en coche.

AMIGA: ¿_____[10] coche van a usar?

CRISTINA: El coche de Gilberto. ¿Qué te parece?[b]

AMIGA: ¡Fantástico! Adiós, Cristina. Ahora tengo que llamar a Luisa.

[a]*together* [b]¿Qué... *What do you think?*

UN POCO DE TODO

A. **¿Un día desastroso** (*disastrous*) **o un día de suerte** (*lucky*)? Complete la siguiente narración haciendo estos cambios.

1. Complete la narración en el pretérito (P) o el imperfecto (I), según las indicaciones.
2. Cambie los verbos marcados con * por la forma del gerundio solamente: esquiar* → esquiando.

Hace cinco o seis semanas,[a] Fernando Sack-Soria, un joven anglohispano del sur de España,

_____[1] (pasar: I) unas vacaciones _____[2] (esquiar*) en Aspen,

Colorado. Allí _____[3] (conocer: P) por casualidad[b] a María Soledad Villardel,

también española, pero de Barcelona. Ella _____[4] (visitar: I) a unos amigos que

_____[5] (vivir: I) en Aspen.

El primer encuentro[c] entre Fernando y Marisol (así llaman a María Soledad) fue casi

desastroso. Fernando _____[6] (esquiar: I) montaña abajo[d] a la vez[e] que Marisol

_____[7] (estar: I) cruzando distraída la pista de esquí.[f] Cuando Fernando la

_____[8] (ver: P), trató de evitar un choque.[g] _____[9] (Doblar[h]: P) brusca-

mente[i] a la izquierda y perdió el equilibrio.[j] El joven se cayó[k] y _____[10] (perder: P)

uno de sus esquís. Marisol paró,[l] _____[11] (ponerse: P) muy avergonzada y, casi sin

pensarlo, le habló... en español.

—¡Hombre, cuánto lo siento[m]! ¡No sé dónde llevaba la cabeza[n]! ¿(Tú) _____[12]

(Hacerse: P) daño[o]?

—¡No, de ninguna manera! La culpa fue mía.[p] Venía muy rápido —le dijo Fernando.

—¡Por Dios! ¡Hablas español! —contestó ella muy sorprendida.

—¡Claro! Soy español, de Jerez de la Frontera.

—Y yo, de Barcelona. ¿Qué haces por aquí?

—Ya ves, _____[13] (esperar*) a una chica guapa con quien chocar[q] en Colorado

—dijo Fernando, _____[14] (sacudirse*[r]) la nieve y _____[15] (sonreír*)—.

¿Y tú?

—¿Yo? Estaba en las nubes,[s] como siempre, y casi te causé un accidente serio.

Para hacer corta la historia, desde ese día _____[16] (hacerse[t]: P) muy amigos y

ahora se escriben y se visitan cuando pueden.

[a]Hace... *Five or six weeks ago* [b]por... *by chance* [c]*meeting* [d]montaña... *down the mountain* [e]a... *at the same time* [f]cruzando... *crossing the ski slope absentmindedly* [g]trató... *he tried to avoid a collision* [h]*To turn* [i]*sharply* [j]*balance* [k]se... *fell down* [l]*stopped* [m]cuánto... *I'm so sorry* [n]*head* [o]Hacerse... *To hurt oneself* [p]La... *It was my fault.* [q]*to bump into* [r]*to shake off* [s]*clouds* [t]*to become*

B. ¡Nunca cambian! Mire los dibujos y describa las acciones de las personas. Use el presente del progresivo (ahora), el pretérito (ayer) y el imperfecto (de niño/a).

Vocabulario útil

bailar
hacer ejercicio
jugar
nadar
pasear en bicicleta

| Amada | Joaquín | Rosalía | Rogelio | David |
| AHORA | | AYER | | DE NIÑO/A |

1. Amada: _____ _____ _____

2. Joaquín: _____ _____ _____

3. Rosalía: _____ _____ _____

4. Rogelio: _____ _____ _____

5. David: _____ _____ _____

PERSPECTIVAS CULTURALES   Colombia

Complete las oraciones con la información apropiada. Use palabras de la lista.

altiplanos   esculturas   petróleo
café   fantásticas   piratas
Caribe   oro   platino
cumbia   Pacífico

1. La República de Colombia tiene costas en el Mar _____ y en el Océano

   _____.

2. La capital de Colombia no está en la costa. Está en los _____ del país.

3. Tres recursos (*resources*) naturales de Colombia son _____, _____

   y _____, pero una de sus exportaciones principales es el _____.

4. Los españoles construyeron el Castillo en Cartagena para proteger la ciudad de los

   _____.

5. En el Parque Arqueológico de San Agustín hay muchas _____ que representan

   imágenes _____ y realistas.

6. Los tambores (*drums*) son instrumentos importantes en la _____ y el vallenato.

■■■A ver si sabe...

A. Imperfect of Regular and Irregular Verbs

1. Complete la siguiente tabla.

	cantar	ir	leer	ser	ver
yo	*cantaba*				
nosotros					

2. Match the following uses of the imperfect with the examples.

1. _____ To express *time* in the past.

2. _____ To describe a repeated or habitual action in the past.

3. _____ To describe an action in progress.

4. _____ To express *age* in the past.

5. _____ To describe ongoing physical, mental, or emotional states in the past.

6. _____ To form the past progressive.

   a. ¿Estabas estudiando?
   b. Tenía ocho años.
   c. Cenaba con mis padres cuando llamaste.
   d. Eran las doce.
   e. Siempre comíamos a las seis.
   f. No me gustaba practicar.

B. Superlatives. Complete las oraciones.

1. (*happiest*): Soy _____ persona _____ feliz _____ mundo.

2. (*best*): Son los _____ jugadores _____ equipo.

3. (*worst*): Es el _____ estudiante _____ _____ clase.

C. Summary of Interrogative Words. ¿*Qué* o *cuál(es)*? Complete la pregunta con la palabra interrogativa apropiada.

1. ¿_____ significa (*means*) ciclismo?

2. ¿_____ es tu teléfono?

3. ¿_____ son tus libros?

4. ¿_____ restaurante me recomiendas?

5. ¿_____ es el mejor restaurante de la ciudad?

■■■Prueba corta

A. Complete el párrafo con el imperfecto de los verbos entre paréntesis.

Cuando Mafalda _____¹ (ser) una niña más pequeña, ella no _____²
(asistir) a la escuela. Siempre _____³ (estar) en casa con su madre, y a veces la
_____⁴ (ayudar) con los quehaceres. Muchas veces, durante el día, otras niñas que
_____⁵ (vivir) cerca _____⁶ (ir) a visitarla y todas _____⁷
(jugar) en el patio de su casa. Su mamá les _____⁸ (servir) galletas y leche y cuando
todas sus amiguitas _____⁹ (cansarseª) de jugar, ellas _____¹⁰ (volver)
a casa.

ªto become tired

B. Complete las preguntas con la palabra o frase interrogativa apropiada.

1. ¿_____ van Uds. ahora? ¿A casa o al centro?

2. ¿_____ es la chica de pelo rubio?

3. ¿_____ se llama la profesora de francés?

4. ¿_____ están los otros estudiantes? No los veo.

5. ¿_____ es tu clase favorita este semestre?

6. ¿_____ pagaste por tu nuevo coche?

PUNTO FINAL

❖¡Repasemos!

On a separate sheet of paper, use the following verbs or phrases in the order given to write a composition in the imperfect tense, describing a typical day when you were a high school student. Use phrases such as **casi siempre, nunca, muchas veces, generalmente.**

1. despertarse
2. bañarse/ducharse
3. cepillarse los dientes
4. vestirse
5. desayunar
6. despedirse
7. ir a la escuela
8. asistir a clases
9. almorzar
10. conversar y reírse con los amigos
11. volver a casa
12. estudiar
13. sentarse a cenar a las seis
14. si no tener que estudiar
15. mirar la televisión
16. leer
17. decirle «buenas noches» a _____
18. quitarse la ropa
19. acostarse

❖Mi diario

¿Qué quehaceres domésticos le tocaba hacer a Ud. cuando estaba en la escuela secundaria? ¿Con qué frecuencia debía hacerlos? Escriba algo en su diario sobre estos quehaceres.

MODELO: Yo debía hacer mi cama todos los días, ¡y lo hacía! También tenía que...

CAPÍTULO **10**

VOCABULARIO Preparación

■■■La salud y el bienestar

A. Las partes del cuerpo. Complete las oraciones con las partes del cuerpo. ¡OJO! ¡Cuidado con el artículo definido!

> boca cerebro corazón dientes estómago garganta nariz oídos ojos pulmones

1. Hablamos con _____ y pensamos con _____.

2. Vemos con _____ y oímos con _____.

3. Respiramos con _____ y _____.

4. La sangre (*blood*) pasa por _____.

5. Tragamos (*We swallow*) la comida por _____.

6. La comida se digiere (*is digested*) en _____.

7. Masticamos (*We chew*) con _____.

B. ¿Saludable (*Healthy*) o no? Conteste las preguntas según los dibujos.

1.

   a. ¿Qué hace Angélica?

     _____

   b. ¿Qué tipo de vida lleva?

     _____

   c. ¿Hace Ud. tanto ejercicio como ella?

     _____

2.

   a. ¿Se cuida mucho este señor?

     _____

   b. ¿Qué recomienda el médico que deje de hacer?

     _____

   c. ¿Es mejor que coma carne o verduras?

     _____

   d. ¿Debe usar más su coche o debe caminar más?

     _____

❖C. **Preguntas personales.** Vamos a hablar de su salud. Conteste con oraciones completas.

1. ¿Lleva Ud. gafas o lentes de contacto? ¿Ve Ud. bien sin ellos? _____

   _____

2. ¿Duerme Ud. lo suficiente? ¿Cuántas horas duerme por lo general? _____

   _____

3. ¿Qué deportes practica Ud.? ¿Levanta pesas (*weights*) o hace ejercicios aeróbicos?

   _____

4. ¿Come Ud. comidas sanas? ¿Qué cosas come Ud. generalmente? _____

   _____

5. ¿Qué le pasa a Ud. cuando no se cuida? _____

   _____

En el consultorio del médico

A. Los enfermos. Conteste las preguntas según los dibujos. Use la forma apropiada de las palabras de la lista.

consultorio	ponerle una inyección	tomarse la temperatura
dolerle la cabeza	pulmones	toser
guardar cama	resfriado o gripe	

1. a. ¿Qué hace la paciente? _____

   b. ¿Qué le ausculta (*listen to*) el médico? _____

2. a. ¿Dónde está el niño? _____

   b. ¿Qué acaba de hacer el doctor? _____

   c. ¿Qué debe hacer el niño? _____

3. a. ¿Qué tiene la mujer? _____

   b. ¿Por qué necesita aspirinas? _____

   c. ¿Qué acaba de hacer? _____

B. Cuestiones de salud. Conteste las preguntas con la forma apropiada de las palabras de la lista.

abrir la boca	fiebre	pastillas
antibióticos	hacer ejercicio	respirar
comer comidas sanas	jarabe	sacar la lengua
cuidarse	llevar lentes	tos
dormir lo suficiente		

1. ¿Qué tiene Ud. si su temperatura pasa de 37,0 grados (centígrados)?

   _____

2. ¿Qué tenemos que hacer cuando el médico nos examina la garganta? (Mencione dos cosas.)

   _____

   _____

3. ¿Cuáles son cuatro cosas que debemos hacer para llevar una vida sana?

   _____

   _____

   _____

4. ¿Qué síntomas tenemos cuando tenemos un resfriado?

   _____

   _____

5. Generalmente, ¿qué receta (*prescribes*) el doctor para la tos?

   _____

6. ¿Qué es necesario hacer si no vemos bien?

   _____

7. ¿Qué receta nos da el médico si tenemos una infección?

   _____

8. Y Ud., ¿qué prefiere tomar para la tos, jarabe o pastillas?

   _____

C. ¿Qué piensa Ud.? Conteste las preguntas según su opinión.

1. ¿Qué es lo bueno (o lo malo) de vivir cerca de una playa? _____

   _____

2. ¿Qué es lo mejor de dejar de fumar? _____

   _____

3. ¿Qué es lo peor de resfriarse? _____

   _____

4. ¿Qué es lo malo de ir al dentista? _____

   _____

¡RECUERDE!

A. Escriba la forma indicada del verbo en el imperfecto (I) y en el pretérito (P).

		I	P
1.	cuidarse (nosotros)	_____	_____
2.	comer (nosotros)	_____	_____
3.	hacer (yo)	_____	_____
4.	ser (tú)	_____	_____
5.	decir (ellos)	_____	_____
6.	saber (yo)	_____	_____
7.	jugar (yo)	_____	_____
8.	ir (él)	_____	_____
9.	poner (Ud.)	_____	_____
10.	venir (tú)	_____	_____

B. ¿Imperfecto (I) o pretérito (P)?

1. _____ To talk about age (with **tener**) or to tell time in the past. (Gramática 27)

2. _____ To tell about a repeated habitual action in the past. (27)

3. _____ To narrate an action in progress in the past. (27)

4. _____ To describe an action that was completed or begun in the past. (23, 24, 25)

---

30. Narrating in the Past (Part 5) • Using the Preterite and the Imperfect

A. Un episodio de la niñez

Paso 1. Lea cada oración y subraye *preterite* ó *imperfect*.

1. Scan the first paragraph of the episode (in **Paso 2**) to decide if the verbs should be in the preterite or imperfect tense throughout. Because this is a description (it sets the scene) of the narrator's life when he or she was 12 years old, you will use the *preterite/imperfect*.

2. The second paragraph, for the most part, tells what happened: The parents *traveled*, the children *stayed* with their grandmother, one sister *broke* her nose. You will use the *preterite/imperfect*.

3. The verb **ir** is used in the second paragraph as a description, not an action: Everything *was going well*. You will use the *preterite/imperfect* of **ir.**

4. In this paragraph, does **saber** mean *knew* or *found out*? Because the meaning is probably *found out*, you will use the *preterite/imperfect*.

5. Does **querer** mean *wanted to* or *tried*? Because the meaning is probably *wanted to*, you will use the *preterite/imperfect*.

6. **Asegurar** tells what the grandmother *did*, so you will use the *preterite/imperfect*. **Estar bien** describes how the narrator's sister was feeling, so you will use the *preterite/imperfect*.

Paso 2. Ahora complete las oraciones con la forma apropiada del pretérito o imperfecto de los verbos entre paréntesis.

Cuando yo _____[1] (tener) doce años, _____[2] (vivir) con mis dos

hermanas y mis padres en Fresno, donde yo _____[3] (asistir) a una escuela

privada. Mi papá _____[4] (trabajar) en el Banco de América y mi mamá

_____[5] (quedarse) en casa.

　　Una vez, mis padres _____[6] (viajar) a Europa. Mis hermanas y yo

_____[7] (quedarse) con nuestra abuela. Todo _____[8] (ir) bien

hasta que un sábado por la tarde mi hermana menor _____[9] (romperse[a]) la nariz.

Cuando mis padres _____[10] (saber) del accidente, _____[11]

(*ellos:* querer) volver, pero mi abuela les _____[12] (asegurar[b]) que no era necesario

porque mi hermana _____[13] (estar) bien.

[a]*to break*　[b]*to assure*

¡RECUERDE!

Más sobre el pretérito y el imperfecto. Estudie los pares de oraciones.

No **pudo** abrir la puerta.	He couldn't open the door. (He tried and failed.)
No **podía** abrir la puerta porque no tenía las llaves.	He couldn't (was unable to) open the door because he didn't have the keys.
No **quiso** ir.	He refused to go (and didn't go).
No **quería** ir.	He didn't want to go (but may have gone).
Supe del accidente ayer.	I learned (found out) about the accident yesterday.
Sabía del accidente.	I knew about the accident.
Estuve allí a las dos.	I was (got) there at two.
Estaba allí a las dos.	I was (already) there at two.
Conocí a tu hermana ayer.	I met (became acquainted with) your sister yesterday.
No la **conocía** antes.	I didn't know her before.
Anoche **tuvimos** que salir.	Last night we had to go out (and did).
Anoche **teníamos** que salir.	Last night we had to go out. (We were supposed to go out, but there is no indication of whether we did.)
Antonio **fue** a comprar aspirinas.	Antonio went to buy aspirin.
Iba a comprar leche también.	He was going to buy milk too.

B. ¿Pretérito o imperfecto? Lea cada oración y subraye la forma que mejor completa cada oración.

1. Nosotros *supimos / sabíamos* que Francisco *tuvo / tenía* un accidente cuando nos lo contó Mario.
2. Carmela nos llamó para decirnos que no se *sintió / sentía* bien y que *fue / iba* a quedarse en casa.
3. Raúl no *pudo / podía* estudiar anoche porque se le apagaron las luces. Por eso, *fue / iba* a estudiar en la biblioteca donde afortunadamente (*fortunately*) había luz.
4. Yo no *pude / podía* salir anoche porque *tuve / tenía* fiebre.
5. Yo *estuve / estaba* en el consultorio del médico a las nueve en punto, pero él todavía no *estuvo / estaba* allí.
6. Le prometí al doctor que *fui / iba* a dejar de fumar… ¡y pronto!

C. ¿Qué tenía el Sr. Correa? Complete la narración con la forma apropiada del pretérito o imperfecto de los verbos entre paréntesis.

El lunes pasado, cuando _____[1] (despertarse) Jorge Correa,

_____[2] (decir) que no _____[3] (sentirse) bien. No

_____[4] (poder) dormir toda la noche y le _____[5] (doler) el

pecho.[a] Inmediatamente _____[6] (*él:* hacer) una cita con el médico.

_____[7] (*Él:* Estar) muy nervioso porque _____[8] (temer[b]) algo

serio, como un ataque al corazón. El doctor lo _____[9] (examinar) y le

_____[10] (decir) que no _____[11] (ser) nada grave, que solamente

_____[12] (*él:* estar) muy cansado, que _____[13] (deber) dormir más

y comer mejor. El doctor le _____[14] (dar) unas vitaminas y pastillas para dormir.

Y cuando el Sr. Correa _____[15] (llegar) a casa, ya _____[16]

(sentirse) mucho mejor.

[a]*chest*   [b]*to fear*

31. Recognizing *que, quien(es), lo que* • Relative Pronouns

A. Lo que me pasó en el hospital. Complete las oraciones lógicamente, usando **que, quien(es)** o **lo que.**

1. Esa es la medicina _____ me recetó (*prescribed*) el doctor.

2. ¿Te acuerdas de las pastillas tan caras de _____ te hablé el otro día? Pues ese

   es el doctor _____ me las recetó.

3. El doctor con _____ conversabas antes es especialista en pulmones.

4. Esos son los pacientes de _____ te hablaba.

5. Las enfermeras a _____ les mandé flores me cuidaron en el hospital.

6. El joven _____ visitó a doña Mercedes en el hospital es el sobrino a

   _____ llamaron por teléfono cuando ella se enfermó.

7. A veces los pacientes no comprendían _____ decían los médicos.

B. Más sobre el hospital. Combine las oraciones evitando (*avoiding*) la repetición innecesaria. Use el pronombre relativo correcto, **que** o **quien**.

MODELO: Esa es la doctora. Mi amigo me habló de la doctora. →
Esa es la doctora de quien me habló mi amigo.

1. Esa es la doctora. La doctora me cuidó cuando me resfrié gravemente.

_____

_____

2. Aquella es la paciente. Yo te hablaba de ella ayer.

_____

_____

3. Esa es Susana Preciado. Compartí (*I shared*) mi cuarto con Susana Preciado.

_____

_____

4. Estas son las flores. Me mandaron estas flores al hospital.

_____

_____

5. ¡Esta es la cuenta! ¡Recibí la cuenta hoy!

_____

_____

32. Expressing *each other* (Part 2) • Reciprocal Actions with Reflexive Pronouns

❖**A. Entre profesor y estudiantes.** ¿Entre quiénes ocurre lo siguiente, entre el profesor y los estudiantes, o entre los estudiantes solamente?

	ENTRE EL PROFESOR Y LOS ESTUDIANTES	ENTRE LOS ESTUDIANTES
1. Se respetan mucho.	☐	☐
2. Se escuchan con atención.	☐	☐
3. Se ayudan con la tarea.	☐	☐
4. Se ven en la cafetería.	☐	☐
5. Se hablan por teléfono.	☐	☐
6. Se escriben tarjetas postales.	☐	☐
7. Se hablan en español.	☐	☐

B. **¿Qué hacen estas personas?** Exprese las acciones recíprocas que se ven en los dibujos con los verbos indicados.

MODELO: 1.

Manuel   Kiki

querer mucho → Kiki y Manuel se quieren mucho.

1. mirar _____

_____

2.

Manuel

Kiki

novios: besar
abrazar

3.

Ana

Pili

conocer bien, escribir
mucho, hablar con
frecuencia

4.

nosotros: dar la mano,
saludar

2. _____

3. _____

_____

4. _____

❖**C.** **La reciprocidad.** Describa las acciones y sentimientos recíprocos entre Ud. y su mejor amigo/a. Use por lo menos cinco de los verbos de la siguiente lista.

admirar	hablar	querer
ayudar	llamar	respetar
escribir	prestar (ropa, dinero)	saludar

MODELO: Nos vemos por lo menos (*at least*) tres veces por semana.

_____

_____

_____

_____

UN POCO DE TODO

A. Un caso de apendicitis. Complete el diálogo entre Alicia y Lorenzo con verbos en el pretérito o el imperfecto o con otras palabras necesarias.

LORENZO: ¿Y qué _____[1] (ser) lo más divertido de tu año en el Ecuador?

ALICIA: No lo vas a creer, pero fue un ataque de apendicitis que _____[2] (tener)

en la primavera, la primera semana que _____[3] (estar) allí.

LORENZO: ¿Qué te pasó?

ALICIA: Pues, cuando _____[4] (levantarme) el lunes, me _____[5]

(sentir) un poco mal, pero no _____[6] (querer) perder el tiempo en el

consultorio de un médico. Por la tarde, la temperatura _____[7]

(ponerse) muy alta y me _____[8] (doler) el estómago. Esa noche

_____[9] (dormir) muy mal y a la mañana siguiente

_____[10] (empezar) a vomitar.

LORENZO: ¿Por qué no _____[11] (llamar) a tus amigos, _____[12]

Sres. Durango?

ALICIA: No los _____[13] (conocer) todavía. Pero sí _____[14]

(llamar) _____[15] la dependienta del hotel. Cuando me vio,

_____[16] (llamar) a una ambulancia y me _____[17]

(*ellos:* llevar) al hospital.

LORENZO: Pues, no veo _____[18] cómico de todo eso.

ALICIA: Espera. Por fin me operaron, y cuando me _____[19] (despertar) de la

operación, repetía constantemente en español, «No puedo hablar español»... Por lo

visto,[a] _____[20] único que me preocupaba era _____[21]

español, pues no lo _____[22] (hablar) bien en aquel entonces. Las

enfermeras y _____[23] doctor Castillo se rieron mucho...

[a]Por... *Apparently*

B. Cuando me levanté... Cambie la narración del presente al pasado. Use el pretérito o el imperfecto.

Yo casi nunca me *enfermo*: me *cuido*
_____ _____

bastante, *como* bien, *hago* ejercicio,
_____ _____

duermo lo suficiente; en fin, *llevo* una vida sana.
_____ _____

　　Pero ese día al despertarme[a] me *siento*
_____

mareado. Me *duelen* la cabeza y la
_____

garganta; me *duele* todo el cuerpo. No *quiero* faltar
_____ _____

a clases pero *decido* quedarme en la cama. *Miro*
_____

el reloj y *veo* que *son* casi las ocho.
_____ _____

　　Llamo a mi amigo Enrique (que siempre *viene* a
_____ _____

buscarme en su coche) y le *digo* que no *voy* a
_____ _____

ir a la universidad. *Tomo* dos aspirinas y
_____

me *acuesto* otra vez.
_____

[a]al... *upon waking up*

C. ¿Qué estaban haciendo estas personas cuando... ? Conteste la pregunta con los verbos indicados, usando el pasado del progresivo del primer verbo y el pretérito del segundo.

MODELO: llorar / encontrarlos → Los niños *estaban llorando* cuando su madre los encontró.

1. 　　　　　pegarse / verlos _____

_____

_____

2. Graciela 　　dormir / sonar (*to ring*) _____

_____

_____

3.
tú　yo　Raúl　　　　despedirme / entrar _____

_____

_____

PERSPECTIVAS CULTURALES

Venezuela

Complete con la información apropiada. Use palabras de la lista.

arpa llanera   Curaçao
Aruba   Maracaibo
Cametro   el Salto Ángel
la Ciudad Universitaria de Caracas

1. Refinan el petróleo que produce Venezuela en las islas de _____ y

    _____.

2. El gran Lago de _____ comunica con el mar.

3. ¿Cuál es una atracción importante del Parque Nacional? _____.

4. ¿Qué diseñó el arquitecto Carlos Raúl Villanueva?

    _____

5. _____ es uno de los mejores ejemplos de transporte público de Latinoamérica.

6. El instrumento musical preferido para tocar el joropo venezolano es el _____.

PÓNGASE A PRUEBA

■■■A ver si sabe...

A. **Using the Preterite and the Imperfect.** ¿Pretérito (P) o imperfecto (I)?

    a. _____ para hablar de una acción habitual o repetida (*repeated*) en el pasado

    b. _____ para hablar de una acción que empieza o termina en el pasado

    c. _____ para dar una descripción

    d. _____ para dar la hora en el pasado o hablar de la edad con **tener** en el pasado

    e. _____ para hablar de una acción en progreso en el pasado

B. **Relative Pronouns**

    1. **¿Que, quien(es)** o **lo que?**

        a. _____ Se usa para hablar de personas sólo después de una preposición (a, de, con, por, para).

        b. _____ Se refiere a personas o cosas.

        c. _____ Se refiere a una idea o situación.

2. Justifique el uso de cada pronombre relativo. Use las explicaciones del ejercicio anterior.

1. _____ No entiendo lo que quieres decir (*you mean*).

2. _____ ¿Dónde están las aspirinas que compraste?

3. _____ Esas son las personas con quienes viajamos.

4. _____ ¿De quiénes están hablando?

5. _____ ¿Es ella la mujer que te prestó el dinero?

C. **Reciprocal Actions with Reflexive Pronouns.** Combine las dos oraciones, usando el pronombre reflexivo para indicar que es una acción recíproca.

1. Mi novio/a me quiere. Yo quiero a mi novio/a.

   _____

2. Mi mejor amigo me conoce bien. Yo conozco bien a mi mejor amigo.

   _____

3. Marta llama a sus padres todos los domingos. Sus padres llaman a Marta todos los domingos.

   _____

■■■Prueba corta

A. Complete las oraciones con la forma correcta del pretérito o del imperfecto del verbo entre paréntesis, según el contexto.

Cuando yo _____¹ (ser) niño, no _____² (*yo:* tener) que trabajar

porque mis padres _____³ (pagar) todos mis gastos.ª Una vez, el dueño de un

restaurante me _____⁴ (preguntar) si yo _____⁵ (querer) ayudarlo

los fines de semana, pero yo no _____⁶ (poder) hacerlo porque mis padres no

_____⁷ (darme) permiso.ᵇ Ellos _____⁸ (creer) que yo

_____⁹ (ser) muy joven para trabajar. Más tarde, cuando _____¹⁰

(*yo:* tener) 15 años, _____¹¹ (conseguir) un empleo y finalmente

_____¹² (*yo:* empezar) a ganar mi propioᶜ dinero.

ªexpenses ᵇpermission ᶜown

B. Complete las oraciones lógicamente, usando **que, quien(es),** o **lo que.**

1. ¿Son estos los antibióticos _____ tienes que tomar?

2. Ayer conocí a la enfermera de _____ me hablaste.

3. Los pacientes hicieron _____ les dijo el doctor.

4. Ese es el especialista a _____ consultó mi padre.

5. ¿Ya vino la muchacha _____ conocimos ayer?

C. Complete cada oración con la forma apropiada del presente del verbo entre paréntesis, indicando que la acción es recíproca.

1. En España, cuando los amigos _____ (despedir), generalmente

   _____ (dar) la mano.

2. Muchos padres e hijos _____ (hablar) por teléfono cuando viven lejos.

3. Las relaciones siempre son mejores entre los jefes y los empleados cuando

   _____ (respetar).

4. Tradicionalmente, los novios no _____ (ver) antes de la ceremonia de la boda (*wedding*).

5. Los buenos amigos _____ (ayudar) frecuentemente.

PUNTO FINAL

❖¡Repasemos!

Lea Ud. esta adaptación de un artículo de una revista y conteste las preguntas. Trate de adivinar (*Try to guess*) el significado de las palabras indicadas con letras cursivas (*italics*).

La salud física y el ejercicio en familia

La reputación sobre la buena salud física de los californianos sufrió un duro golpe[a] cuando los estudiantes de las escuelas de San Francisco no pasaron la primera *prueba* nacional estandarizada de salud física. El examen medía[b] sus *habilidades* en ejercicios tan simples como hacer *flexiones*, sentadillas[c] y correr. La mitad[d] de los estudiantes examinados en este estado fallaron[e] en la carrera[f] de una milla.

Según el Departamento de Salud, más del 40 por ciento de los niños entre cinco y ocho años muestran factores de *riesgo* de ataques cardíacos. Una *encuesta* de la Universidad de California encontró que por lo menos una tercera parte de los niños sufren de sobrepeso.[g]

Una forma de sacar a los niños del sofá y hacerlos *competir* es hacer de los deportes un esfuerzo[h] familiar... Los padres aprenden a trabajar con sus hijos, les ofrecen *camaradería* y al mismo tiempo queman[i] calorías...

También empiezan a *desaparecer* las *barreras* tradicionales que complican los logros[j] atléticos. «Los jóvenes se hacen un poco menos machos y a las chicas no les preocupa tanto que los deportes interfieran en su feminidad», dice Fernández (el director de un club de deportes en California). «Mis estudiantes son verdaderas *jugadoras de pelota*. Juegan a ganar y fácilmente pueden jugar contra[k] los equipos[l] de muchachos... »

La participación de la juventud en los deportes *crea autoestima*, un beneficio necesario para todos los niños. El ex boxeador profesional Stanley García ha gastado[m] $10.000 de su propio[n] dinero para montar un ring en uno de los barrios[o] más pobres de Oakland, California. Los muchachos del barrio, en su mayoría[p] negros e hispanos, deben obedecer[q] dos reglas[r] sencillas para practicar: ser serios y no consumir drogas. Aparte de usar los guantes,[s] los jóvenes aprenden a creer en sí mismos,[t] a ganar sin usar drogas y a saber que hay gente en el mundo que se preocupa por ellos. «No me preocupa mucho si boxean o no», dice García. «Lo importante es que aprendan a soñar.[u]»

[a]*blow* [b]*measured* [c]*sit-ups* [d]*50%* [e]*no pudieron terminar* [f]*race* [g]*being overweight* [h]*effort* [i]*they burn*
[j]*achievements* [k]*against* [l]*teams* [m]*ha... has spent* [n]*own* [o]*neighborhoods* [p]*majority* [q]*obey* [r]*rules* [s]*gloves*
[t]*sí... themselves* [u]*dream*

Comprensión

1. ¿Qué descubrieron cuando los estudiantes de San Francisco tomaron un examen de salud física?

2. ¿Qué riesgo corre el 40 por ciento de los niños de cinco a ocho años?

3. ¿De qué sufre una tercera parte de los niños examinados?

4. ¿Qué beneficios reciben los padres cuando practican deportes con sus hijos?

5. ¿Qué empieza a desaparecer como (*as a*) resultado de una mayor participación en los deportes?

6. ¿Cuáles son las dos reglas que hay que seguir en el ring de Stanley García?

7. Para García, ¿qué es lo más importante que deben aprender los chicos?

❖Mi diario

Escriba sobre la última vez que Ud. se resfrió. Mencione lo siguiente:

- cuándo ocurrió
- lo que hizo para mejorarse
- los síntomas que tenía
- cuánto tiempo duró (*lasted*) el resfriado

Si Ud. no se ha resfriado nunca (*If you've never had a cold*), explique este fenómeno en su diario y además diga lo que Ud. hace para mantenerse tan sano/a.

CAPÍTULO 11

VOCABULARIO Preparación

■■■Las presiones de la vida estudiantil

❖**A. Reacciones.** ¿Cómo reacciona Ud. en estas circunstancias?

1. Son las seis de la mañana y suena el despertador.

   a. ☐ Me levanto en seguida (*right away*).

   b. ☐ Lo apago (*I turn it off*) y vuelvo a dormirme.

   c. ☐ Lo apago y me quedo unos minutos en la cama.

2. Cuando tiene plazo para entregar un trabajo, ¿qué hace Ud.?

   a. ☐ Casi siempre lo entrego a tiempo.

   b. ☐ Muchas veces le doy excusas al profesor / a la profesora y se lo entrego tarde.

   c. ☐ Muchas veces no le hago caso (*pay attention*) al asunto (*matter*).

3. Hoy el profesor nos da una prueba. Ud. tiene prisa pero no encuentra estacionamiento.

   a. ☐ Me estaciono en un lugar prohibido.

   b. ☐ Vuelvo a casa y al día siguiente le digo al profesor que estaba enfermo/a.

   c. ☐ Espero hasta que alguien se vaya y entro tarde a clase, pidiéndole disculpas al profesor.

4. Ud. sacó una mala nota en el primer examen de la clase de antropología.

   a. ☐ Dejo la clase.

   b. ☐ Me pongo a estudiar más.

   c. ☐ Le hablo al profesor, diciéndole que estoy sufriendo muchas presiones este semestre.

5. Sus amigos acaban de decirle que su profesor(a) es el/la más difícil del departamento.

   a. ☐ Me quejo como todos mis amigos, pero me quedo en la clase.

   b. ☐ Cambio de clase.

   c. ☐ Voy a su oficina y le pido que sea más flexible.

❖**B. En la escuela secundaria y ahora.** Conteste las preguntas comparando su vida de antes con su vida universitaria.

1. En la escuela secundaria, ¿en qué clases sacaba Ud. buenas notas?

_____

2. ¿Siempre tomaba Ud. muchos apuntes en clase y cuando estudiaba?

_____

3. ¿Con frecuencia excedía (*did you exceed*) el plazo para entregar un trabajo o siempre lo entregaba a tiempo?

_____

4. ¿Sufría más o menos presiones que ahora? ¿Por qué?

_____

5. ¿Trabajaba Ud. de tiempo completo o parcial? ¿Y ahora?

_____

6. Al graduarse (*Upon graduating*), ¿recibió Ud. una beca (*scholarship*) por sus buenas notas o por su excelencia en deportes? ¿Sigue recibiéndola?

_____

■■■¡La profesora Martínez se levantó con el pie izquierdo!

❖**A. Reacciones.** ¿Cómo reacciona Ud. en las siguientes situaciones?

1. Le duele muchísimo la cabeza.

   a. ☐ Tomo dos aspirinas en seguida.

   b. ☐ No tomo nada y espero que el dolor pase pronto.

   c. ☐ No hago nada porque nunca me duele la cabeza.

2. Un amigo rompe su florero (*vase*) favorito. Ud. le dice:

   a. ☐ —¡Qué torpe eres!

   b. ☐ —No te preocupes (*Don't worry*). Yo sé que fue sin querer.

   c. ☐ No le digo nada, pero la próxima vez que este amigo viene a mi casa, guardo en un armario todos mis objetos de valor.

3. Un amigo lo/la llama para preguntarle por qué no fue Ud. a la cita que tenía con él. Ud. le dice:

   a. ☐ —Lo siento. De veras (*Really*) no me acordé.

   b. ☐ —¡Hombre! No es para tanto (*such a big deal*).

   c. ☐ —¡Qué distraído/a soy! ¿No era para hoy?

4. Ud. se olvida del nombre de una persona en una fiesta.

   a. ☐ Le sonrío, pero no le digo nada.

   b. ☐ Le doy la mano y le confieso que no recuerdo su nombre.

   c. ☐ Le pido a un amigo que me diga el nombre de esa persona.

B. ¡Pobre Pedro! Exprese en español las palabras o expresiones en inglés. Pedro Peralta, un joven algo distraído, va a ver al doctor después de un accidente.

PEDRO: Doctor, ¡qué _____[1] (*clumsy*) soy! Esta mañana _____[2]

(*I fell*) en la calle y creo que _____[3] (*I injured*) el pie. Me

_____[4] (*hurts*) mucho.

DOCTOR: Vamos a ver... Parece que no es nada serio.

PEDRO: ¿Seguro que _____[5] (*you're not wrong*) Ud.? Creo que me

_____[6] (*I broke*) algo. Me duele la pierna.

DOCTOR: Nada de eso... Tome dos _____[7] (*aspirin*) cada cuatro horas; vuelva a verme

en dos días si no _____[8] (*feel*) mejor. Ah, y quédese en casa mañana.

PEDRO: ¡_____![9] (*What bad luck!*) Ahora _____[10]

(*I remember*) que mañana es la fiesta anual de la oficina.

C. Mónica, una estudiante excepcional. Lea el horario de Mónica y conteste las preguntas.

Mónica tiene tres clases de fotografía en la universidad. Tiene dos clases muy temprano por la mañana y otra clase por la noche. Esto causa muchas presiones en su vida porque, como vive lejos de la universidad, tiene que levantarse muy temprano y luchar contra el terrible tráfico que va hacia la ciudad. Cuando no encuentra dónde estacionarse, llega tarde a clase y se disculpa con el profesor. Por las noches, cuando vuelve a casa, está cansada y sólo tiene ganas de dormir. Y, lo que es peor, a veces tiene que entregar un trabajo por la noche y otro a la mañana siguiente. El problema es que no sólo tiene que sacar las fotos, sino (*but*) revelarlas, copiarlas y presentarlas. Por eso, a veces no duerme en toda la noche, tratando de (*trying to*) terminar su tarea a tiempo. Como es una estudiante muy seria, le preocupa exceder (*exceeding*) el plazo para entregar sus trabajos, porque no quiere sacar malas notas. Sin duda, no le queda mucho tiempo para reunirse con su familia, sus amigos y su pobre novio.

Comprensión

1. ¿Qué estudia Mónica en la universidad?

   _____

2. ¿Cuándo tiene clases?

   _____

3. ¿Por qué llega tarde a clase algunas veces?

   _____

4. Después de sacar las fotos, ¿qué tiene que hacer con ellas?

   _____

5. ¿Por qué no quiere exceder el plazo para entregar sus trabajos?

   _____

6. a. En la opinión de Ud., ¿el horario de Mónica este semestre es fácil o difícil?

   _____

   b. ¿Y qué puede hacer el próximo semestre para no sufrir tanto estrés?

   _____

D. Más partes del cuerpo. Identifique las partes del cuerpo indicadas.

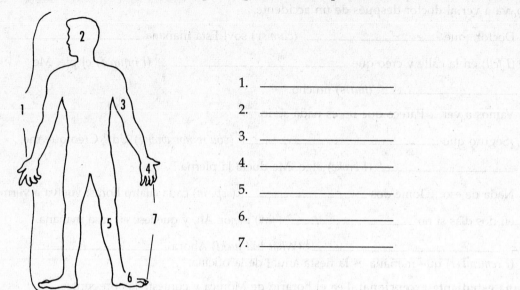

1. _____
2. _____
3. _____
4. _____
5. _____
6. _____
7. _____

■■■Nota comunicativa: More on Adverbs

A. Adjetivos → adverbios. Convierta los adjetivos en adverbios.

1. fácil _____
2. inmediato _____
3. impaciente _____
4. lógico _____
5. total _____
6. directo _____
7. aproximado _____
8. furioso _____

B. Más adverbios. Complete las oraciones con adverbios derivados de los siguientes adjetivos.

aproximado final posible sincero solo tranquilo

1. Después de jugar todo el día, los niños están durmiendo _____.

2. Después de esperar casi una hora, _____ vamos a subir al avión.

3. No sé cuándo llegan mis amigos. _____ mañana.

4. Creo que son _____ las dos y media.

5. Te digo _____ que no me gusta esa clase.

6. Juan tiene cien pesos, pero yo tengo _____ cincuenta.

GRAMÁTICA

33. Telling How Long Something Has Been Happening or How Long Ago Something Happened • *Hace... que:* Another Use of *hacer*

❖**A. ¿Cierto o falso?**

		C	F
1.	Hace un año que no voy al médico/dentista.	☐	☐
2.	Hace una semana que me siento mal.	☐	☐
3.	Hace menos de un año que asisto a esta universidad.	☐	☐
4.	Hace más de dos años que llevo lentes (de contacto).	☐	☐
5.	Hace más de cinco años que conocí a mi mejor amigo/a.	☐	☐
6.	Hace diez años que aprendí a manejar (*drive*).	☐	☐
7.	Hace menos de un año que visité Puerto Rico.	☐	☐

B. Un estudiante en Puebla. Imagine that after one semester of studying Spanish, you have gone to Mexico where you have been traveling for two weeks. For one week you have been in the Hotel Aristos in Puebla, taking part in an intensive language program. Answer the questions that another student asks you, using **hace... que.** Use your imagination to answer the last two questions.

1. ¿Cuánto tiempo hace que visitas México?

   _____

2. ¿Cuánto tiempo hace que estudias español?

   _____

3. ¿Cuánto tiempo hace que estás en Puebla?

   _____

❖4. ¿Cuánto tiempo hace que saliste de casa?

   _____

❖5. ¿Cuánto tiempo hace que recibiste noticias (*news*) de tu familia?

   _____

C. ¡A Ud. le toca! (*It's your turn!*) Create questions to find out the following information from a classmate.

How long he or she has been . . .

1. studying Spanish

_____

2. attending this university

_____

3. living in the same place

_____

How long he or she has *not* . . .

MODELO: had a car → ¿Cuánto tiempo hace que no tienes coche?

4. gone to the movies

_____

5. received money from his/her (**tu**) family

_____

D. Conversación. Imagine que hace mucho tiempo que Ud. no ve a un amigo. Por eso, él le hace muchas preguntas sobre la vida de Ud. Use las palabras indicadas para formar las preguntas de él y luego contéstelas. Siga el modelo.

Palabras útiles: anoche

el año pasado

hace dos días (una semana, un mes, un año)

MODELO: salir a bailar →
—¿Cuándo fue la última vez que saliste a bailar?
—Fue hace un mes.

1. enfermarse   —¿_____?

—_____

2. dar / fiesta   —¿_____?

—_____

3. estar / restaurante / elegante   —¿_____?

—_____

4. hacer / viaje   —¿_____?

—_____

34. Expressing Unplanned or Unexpected Events • Another Use of *se*

A. ¡Problemas, problemas! Empareje las situaciones con las explicaciones.

1. _____ Necesito comprarme otras gafas porque...

2. _____ Tengo que volver a casa porque...

3. _____ Necesito hablar con un policía porque...

4. _____ Tengo que ir a la tienda porque...

5. _____ Rompí la ventana del coche porque...

a. se me perdió la bolsa con doscientos dólares adentro.
b. se me rompieron las (*those*) que tenía.
c. se me acabó el papel.
d. se me olvidó la cartera.
e. se me quedaron las llaves adentro.

B. Accidentes. Describa lo que les pasó a estas personas, seleccionando los verbos apropiados.

1. Al pasajero se le *olvidó / olvidaron* las maletas.

2. A la camarera se le *cayó / cayeron* un vaso de vino.

3. A la mujer se le *acabó / acabaron* la leche.

4. Al hombre se le *rompió / rompieron* las gafas.

❖**C. Cosas inesperadas** (*unexpected*). Describa lo que le pasó una vez. Después indique las consecuencias.

MODELO: Una vez se me *olvidó* / *olvidaron* guardar un trabajo en la computadora y lo perdí todo.

1. Una vez se me *cayó / cayeron* _____

    _____.

2. Una vez se me *olvidó / olvidaron* _____

    _____.

3. Una vez se me *rompió / rompieron* _____

    _____.

4. Una vez se me *quedó / quedaron* en casa _____

    _____.

D. Conversación. Ud. y su amigo tienen problemas en entenderse. Tiene que repetir la información. Conteste las preguntas según la información dada.

MODELO: A Marta se le olvidaron los boletos en casa.
- a. ¿Qué se le olvidó a Marta? → Se le olvidaron los boletos.
- b. ¿Se le olvidó la cartera? → No, se le olvidaron los boletos.
- c. ¿A quién se le olvidaron los boletos? → Se le olvidaron a Marta.

1. A Pablo se le quedó el libro en casa.

    a. ¿Dónde se le quedó el libro? _____

    b. ¿Se le quedaron los papeles en casa? _____

    c. ¿Se te quedó el libro a ti en casa? _____

2. Se me olvidaron los papeles en la biblioteca.

    a. ¿Qué se te olvidó? _____

    b. ¿Dónde se te olvidaron? _____

    c. ¿Se te olvidó la tarjeta en la biblioteca? _____

3. A Carla se le perdió el paraguas (*umbrella*) ayer en el cine.

    a. ¿Qué se le perdió? _____

    b. ¿Cuándo se le perdió? _____

    c. ¿Dónde se le perdió? _____

    d. ¿A quién se le perdió el paraguas? _____

35. ¿*Por* o *para*? • A Summary of Their Uses

A. Expresiones con *por*. Complete las oraciones con **por** o con una expresión o frase con **por**.

1. ¡_____ _____! ¡No debes manejar (*drive*) tan rápidamente _____ esta calle!

2. ¿Dónde está Inés? No está en la clase _____ _____ vez este semestre.

3. Elena no se cuida mucho; _____ _____ se enferma frecuentemente. Debe comer más frutas y verduras ricas en vitamina C como, _____ _____, naranjas y pimientos (*peppers*).

4. Creo que tenemos bastante leche en casa, pero voy a comprar otra botella, _____

    _____ _____.

5. _____ _____ _____ las madres recogen a sus niños en la escuela.

6. Tu hija no debe caminar sola _____ ese parque; es peligroso.

7. Necesito _____ _____ _____ treinta dólares para pagar esta receta para antibióticos.

8. Carmen está muy contenta _____ los resultados del examen. ¡_____

    _____ recibió una «A»!

B. Un viaje a España. Exprese en español las siguientes oraciones. Use **por** o expresiones con **por.**

1. My brother and I went to Europe for the first time in the summer of 1992. _____

   _____

2. We visited Spain for (*because of*) the Olympics (**las Olimpíadas**). _____

   _____

3. We traveled from Los Angeles to Barcelona by plane. _____

   _____

4. We went through New York. _____

5. We spent (**pasar**) at least thirteen hours in the plane. _____

   _____

C. La maravillosa María Rosa. Dos hermanos hablan de la visita de una amiga de la familia. Complete el diálogo usando **para,** según las indicaciones.

   MODELO: ¿Cuándo necesita papá el coche? (jueves) → Lo necesita para el jueves.

1. ¿Para qué lo necesita él? (ir a recoger a María Rosa) _____

   _____

2. ¿Para qué viene a Reno ahora? (esquiar) _____

3. ¿Para quién son esos esquís? ¿para mí? (no, ella) _____

4. ¿Es verdad que ella sólo tiene 17 años y ya está en la universidad? (sí, lista, edad [*age*])

   _____

5. ¿Qué carrera estudia ella en la universidad? (sicóloga) _____

   _____

6. ¿Trabaja también? (sí, compañía de teléfonos) _____

   _____

D. Viajando por Europa. Complete las oraciones con **por** o **para.**

Los esposos García fueron a Madrid _____[1] avión y se quedaron allí _____[2] un mes. Antes de llegar a Madrid pasaron _____[3] Portugal y después fueron a Italia _____[4] ver a su hija Cecilia. La chica estudia _____[5] actriz y _____[6] las noches trabaja _____[7] el Cine Paradiso. Dicen que la muchacha va a pasar sus vacaciones en Francia. Viaja mucho _____[8] ser tan joven.

En Italia los García manejaron (*drove*) un pequeño coche Fiat _____[9] varias ciudades de la costa _____[10] no gastar mucho dinero en trenes o aviones. El papá de Cecilia le mandó dinero a ella _____[11] pagar el alquiler, pero ella lo gastó en regalos _____[12] su familia. Sus padres no estuvieron muy contentos _____[13] lo que hizo con el dinero.

UN POCO DE TODO

A. Un perrito perdido (*lost puppy*). Complete el diálogo entre Ricardo y su amiga Patricia con las palabras necesarias. Use la forma apropiada de los verbos indicados: presente o pretérito, según el significado.

RICARDO: Acabo de ver _____¹ tu hermano Tito y _____² muy triste.
                                                        (estar)

         ¿Qué _____³ pasa?

PATRICIA: Se _____⁴ el perrito que (nosotros) le _____⁵ para
            (perder)   (dar)

         _____⁶ cumpleaños.

RICARDO: ¡Pobrecito! ¿Cuándo lo _____⁷ (él)?
                                         (saber)

PATRICIA: Anteayer.[a] Parece que el perro _____⁸ del patio y cuando Tito
                                         (escaparse)

         _____⁹ el perrito ya no estaba allí. Tito _____¹⁰ y
       (despertarse)   (vestirse)

         _____¹¹ a buscarlo, pero no lo _____.¹²
        (salir)   (encontrar)

RICARDO: Hace tres semanas el perro _____¹³ lo mismo, ¿no? ¿Cómo
                                      (hacer)

         _____¹⁴ escaparse esta vez?
       (poder)

PATRICIA: Parece que Tito _____¹⁵ de cerrar bien la puerta del corral[b] y el perro se
                               (olvidarse)

         escapó _____¹⁶ allí. Tito _____¹⁷ tan preocupado toda
            (por / para)   (sentirse)

         la noche que no _____¹⁸ nada.
                     (dormir)

RICARDO: Si no lo encuentran, cómprenle otro _____¹⁹ la Navidad.
                                      (por / para)

PATRICIA: ¡Ay, Ricardo! ¡Qué buena idea!

[a]*The day before yesterday.*   [b]*yard*

B. Accidentes. Complete la descripción de las siguientes situaciones. Use el imperfecto y el pretérito de los verbos.

1. ayer / mientras /(yo) pelar (*to peel*) / papas, / cortarme / y / hacerme daño / dedo

   _____

   _____

2. cuando / (yo) sacar / mi / coche / garaje, / chocar / con / coche / papá

   _____

   _____

3. cuando / mesero / traer / vino, / caérsele / vasos

   _____

   _____

4. mientras / Julia / esquiar, / caerse / y / romperse / brazo

   _____

   _____

5. mientras / Carlos / caminar, / darse / contra / señora / y / pedirle / disculpas

   _____

   _____

C. Hablando con un amigo. Using an expression of time with **hacer,** ask a friend *for how long* he or she has or has not done the following things.

   MODELO: conocer / María → ¿Cuánto tiempo hace que conoces a María?

1. vivir / apartamento _____
2. no / comprar / ropa _____
3. no / visitar / médico _____
4. no / ir / cine _____

Now ask *how long ago* he or she did the following things.

5. aprender / tocar / guitarra _____
6. hacer / viaje / México _____
7. conocer / mejor / amigo _____
8. saber / accidente / Mario _____

D. En la universidad. En español, por favor.

1. You (**Ud.**) speak very well for a beginner (**principiante**).

   _____

2. We need to finish this lesson by Friday.

   _____

3. We should review (**repasar**) the commands, just in case.

   _____

4. We're going to go by (**pasar por**) the library.

   _____

5. I need to take out some books for (to give to) my brother.

   _____

PERSPECTIVAS CULTURALES Puerto Rico

Complete las oraciones con la información apropiada. Use palabras de la lista.

la bomba	mil personas	la plena	El Yunque
Estado Libre Asociado	El Morro	el Viejo San Juan	

1. La densidad de población de Puerto Rico es de unas _____ por milla cuadrada.

2. La zona histórica de la capital puertorriqueña se llama _____.

3. El más pequeño de los bosques del sistema Nacional de Bosques de los Estados Unidos es

   _____.

4. En 1952 el territorio de Puerto Rico se convirtió en _____

   de los Estados Unidos.

5. _____ fue construido para proteger San Juan.

6. Dos estilos de música puertorriqueña con influencia africana son _____ y

   _____.

PÓNGASE A PRUEBA

■■■A ver si sabe...

A. *Hace... que:* **Another Use of *hacer*.** Complete las oraciones.

1. How long has the following been happening?

   a. (*nosotros:* vivir) _____ diez años _____ _____ en esta casa.

   b. (*tú:* estudiar) ¿Cuánto tiempo _____ _____ _____ español?

2. How long ago did the following happen?

   a. (*yo:* entregar) _____ dos días _____ _____ mi trabajo.

   b. (*ellos:* recoger) _____ una hora _____ _____ los documentos.

B. Another Use of *se*. Exprese las siguientes oraciones usando construcciones con el reflexivo **se**.

1. Perdí mi paraguas. _____ _____ _____ el paraguas.

2. Perdimos la llave. _____ _____ _____ la llave.

3. Juan rompió los lentes. (A Juan) _____ _____ _____ los lentes.

4. Olvidaron poner el despertador. _____ _____ _____ el despertador.

C. *¿Por o para?* Escriba el número del ejemplo apropiado para cada uso de la lista de la izquierda.

1. Usos de **para**

   a. _____ destination (in time or in space)

   b. _____ "in order to" + infinitive

   c. _____ compared with others

   d. _____ in the employ of

   1. Ella lee muy bien para una niña de siete años.
   2. Todos trabajamos para Microsoft.
   3. Salimos para París el 14 de junio.
   4. Hay que estudiar para sacar buenas notas.

2. Usos de **por**

   a. _____ by means of

   b. _____ through, along

   c. _____ in exchange for

   d. _____ during

   1. Lo vi caminando por la playa.
   2. Gracias por ayudarme.
   3. Preferimos viajar por tren.
   4. Siempre estudia por la noche.

■■■Prueba corta

A. En español, por favor. Use una expresión de tiempo con **hacer.**

1. I went to see the doctor a week ago.

   _____

2. I took my pills (**píldoras**) an hour ago.

   _____

3. I've been sick for three weeks.

   _____

4. I've been feeling better for two days.

   _____

B. Select the form that best expresses the meaning of the verb in italics.

1. *Olvidé* la tarea en casa.

   a. Se le olvidó   b. Se me olvidó

2. Josefina *perdió* veinte dólares.

   a. (A Josefina) se le perdió   b. (A Josefina) se le perdieron

3. Mis libros *cayeron* de la mochila.

   a. se me cayeron   b. se me cayó

4. ¿Cómo *rompiste* tu bicicleta?

   a. se te rompió   b. se me rompió

5. Julio *acabó* toda la leche.

   a. (A Julio) se le acabó   b. (A Julio) se me acabó

C. Llene los espacios en blanco con **por** o **para.**

1. Marta fue a Dallas _____ la enfermedad de su madre.

2. Picasso pintaba _____ ganarse la vida (*earn his living*).

3. En la universidad estudio _____ ser arquitecto.

4. Fueron a París en avión _____ la ruta del Polo Norte.

5. Habla muy bien el francés _____ ser americano.

6. Mi hermano trabaja _____ Teléfonos de México.

PUNTO FINAL

❖¡Repasemos!

Recuerdos de Málaga. Complete la narración con el *pretérito* y el *imperfecto*. Use la forma apropiada de los verbos y adjetivos indicados. Cuando haya dos posibilidades, use la correcta. Llene los otros espacios con las palabras necesarias.

El verano pasado, Emilia y yo _____[1] (hacer) un viaje a

España. Pasamos una semana en Málaga porque allí _____[2]

(*yo:* tener) una amiga _____[3] (alemán) que

_____[4] (estudiar) español en Malaca Instituto Internacional.

_____[5] (*Nosotros:* Quedarse) en el Hotel Las Vegas, un hotel bueno y no

muy caro, cerca de la playa. _____[6] (Llegar) el lunes _____[7]

(de / por) la noche, y _____[8] (a la / al) día siguiente _____[9] (ir) a

ver _____[10] mi amiga Heidi. Ella _____[11] (servirnos) de

guía[a] y _____[12] (llevarnos) a ver _____[13] (vario) lugares

donde se _____[14] (tocar) música española popular y donde todo el mundo[b]

_____[15] (beber) vino y _____[16] (bailar).

El viernes por la noche Heidi _____[17] (invitarnos) a una fiesta en

el Instituto donde _____[18] (*nosotros:* conocer) a Ida y Joaquín Chacón, los dueños,

con _____[19] (quien / quienes) _____[20] (viajar) el sábado a Granada,

la _____[21] (antiguo) y hermosísima[c] ciudad con influencia mora.[d]

_____[22] (Nuestro) semana en Málaga fue _____[23] (magnífico), pero

el domingo _____[24] (tener) que _____[25] (despedirse) de

nuestra amiga y salir para Madrid en el Talgo, uno de los trenes más _____[26]

(rápido) y _____[27] (moderno) de Europa.

[a]de... *as a guide* [b]todo... *everybody* [c]*very beautiful* [d]*Moorish*

❖Mi diario

Lea la historia que escribió Diana Lucero Hernández sobre un cumpleaños en que nada le salió bien. Después, escriba sobre un día igualmente «desastroso» en su propia vida. Si Ud. es una de esas personas a quien todo siempre le sale bien, ¡invente algo!

Use el *imperfecto* para describir:

- el día que era (¿Era alguna fiesta especial?)
- el tiempo que hacía
- dónde estaba Ud.
- si había otras personas con Ud. o si estaba solo/a

Use el *pretérito* para hablar de:

- las cosas inesperadas (*unexpected*) que ocurrieron
- cómo reaccionó Ud. y/o las otras personas que estaban allí
- lo que le pasó al final

Un cumpleaños inolvidable: ¡Todo salió mal!

Diana Lucero Hernández, Colombia, 18 años

El día en que cumplí los 15 años no lo puedo olvidar porque la mayoría de las cosas me salieron mal ese día. Mi fiesta de quinceañera era para las 8:30 P.M. Yo salí de la peluquería[a] a las 8:24... y estaba cayendo un aguacero[b] terrible. Con la lluvia se me dañó el peinado[c] y tuve que correr a casa para ponerme mi nuevo vestido de fiesta. Cuando llegué, no podía ponérmelo porque las mangas me quedaban apretadas[d] y tuve que cortarlas un poco...

En eso empezaron a llegar los invitados (la fiesta fue en casa de una vecina). Llegó el fotógrafo y empezó a tomarme fotos, pero a la media hora se dio cuenta[e] que no tenía película en la cámara. Me tomó más fotos y finalmente pude llegar a la fiesta a eso de las 11:30. ¡Estaba furiosa! Después bailé el vals con mi papá y, como es costumbre, debía cambiar de pareja,[f] pero mis amigos no quisieron bailar. Luego se cortó la energía eléctrica por casi una hora, y con eso empecé a llorar... ¡y lloré toda la noche!

[a]*hairdresser's* [b]lluvia [c]*se... my hairdo got ruined* [d]*las... the sleeves were tight* [e]*se... he realized* [f]*partner*

CAPÍTULO **12**

VOCABULARIO Preparación

■■■Tengo... Necesito... Quiero... (Part 3)

❖**A. Lo que tengo y lo que quiero.** Exprese su situación o deseo, según el modelo.

> MODELO: un disco compacto →
> Ya tengo uno. (Me encantaría [*I would love*] tener uno. [No] Me interesa tener uno.)

1. un coche descapotable _____

2. el lector de DVD _____

3. una cámara de vídeo _____

4. un contestador automático _____

5. una motocicleta _____

6. una computadora portátil _____

7. una impresora _____

8. un televisor de pantalla plana _____

9. un teléfono celular _____

B. Él y ella. A él le gustan los bistecs y las motos. Ella es vegetariana y le encantan las bicicletas. Piense Ud. en la personalidad de estas dos personas y diga qué cosas les gustan a los dos, y qué cosas le interesan sólo a él o a ella.

> MODELO: almorzar en un parque →
> Les gusta a los dos.

1. sacar fotos de pájaros y flores _____

2. manejar a toda velocidad _____

3. grabar vídeos de sus amigos _____

4. usar el correo electrónico _____

5. comer sanamente (*healthily*) _____

6. cambiar de canal frecuentemente _____

7. navegar la Red _____

8. usar su monopatín en la calle _____

C. Maravillas y problemas de la tecnología. Complete las oraciones con la forma apropiada de las palabras de la lista.

cámara	fallar	impresora	lector
correo electrónico	guardar	imprimir	videocasetera

1. Una vez me _____ la computadora y, como se me olvidó _____ mi trabajo, lo perdí todo.

2. Prefiero usar el _____ de DVD para ver películas porque es más fácil usar que la

   _____ y los DVDs tienen más información extra que los vídeos.

3. Necesito comprar un cartucho (*cartridge*) nuevo para mi _____ porque se le acabó la tinta (*ink*).

4. Me encanta mandar y recibir _____ porque es más barato y rápido que mandar cartas.

5. Con mi _____ digital y esta buena impresora puedo _____ mis propias (*own*) fotos.

D. Cosas del trabajo. Imagine que Ud. habla con un amigo sobre algunos problemas de su trabajo. Complete las oraciones con la forma apropiada de las palabras de la lista.

aumento	manejar
cambiar de trabajo	obtener
fallar	parcial
jefe/a	sueldo

1. Si la _____ no me da un _____ de sueldo, voy a

   _____. Pero no debo dejar mi trabajo antes de _____ otro.

2. Del _____ que yo gano (*earn*) cada mes, el gobierno me quita (*takes away*) el

   15%. Creo que necesito buscar otro trabajo de tiempo _____.

3. ¡Qué lata! (*What a pain!*) La computadora de la oficina _____ (*pret.*) hoy y fue imposible terminar el trabajo.

4. Esta mañana tuve que _____ mi motocicleta a la oficina porque mi coche no funcionaba.

■■■La vivienda (Part 4)

Nuestra vida en el edificio de apartamentos. Complete el párrafo con la forma apropiada de las palabras de la lista.

afueras	dueño	portero
alquilar	luz	vecindad
alquiler	piso	vecino
centro	planta baja	vista
dirección		

Mi compañero/a y yo acabamos de _____[1] un apartamento en Nueva York.

Nuestra nueva _____[2] es 154 E. 16th St. Nos gusta esta _____[3]

porque es relativamente tranquila y limpia. El _____[4] del apartamento no es muy

caro porque está en el tercer _____[5] y no tiene muy buena _____.[6]

Pero como el edificio está en el _____[7] de la ciudad, podemos ir caminando a

todas partes. En verdad, nos gusta más vivir en el centro que en las _____[8]

porque todo es más conveniente. Los inquilinos pagamos el gas y la _____[9] y los

_____[10] pagan el agua. Una ventaja de vivir en este edificio es que hay un

_____[11] que vive en la _____[12] y cuida de todo. Todavía no

conocemos bien a nuestros _____,[13] pero el portero dice que todos son muy

simpáticos.

GRAMÁTICA

¡RECUERDE!

Los mandatos: Ud., Uds.

A. Escriba la forma indicada del mandato formal, poniendo atención a la posición de los pronombres del complemento directo, indirecto y reflexivo.

1. dejarlo   _Déjelo_____ Ud.   No _lo deje_____ Ud.

2. escribirlo   _____ Uds.   No _____ Uds.

3. jugarlo   _____ Ud.   No _____ Ud.

4. decírmelo   _____ Ud.   No _____ Ud.

5. dárselo   _____ Uds.   No _____ Uds.

B. ¿Cómo se dice en español?

1. equivocarse, Ud.: *Don't make a mistake.* _____

2. hacerse daño, Uds.: *Don't hurt yourselves.* _____

3. reírse, Ud.: *Don't laugh so much.* _____

4. conseguir, Ud.: *Get another job.* _____

---

36. Influencing Others (Part 2): *Tú* (Informal) Commands

❖**A.** **¿Los ha oído Ud.** (*Have you heard*)**?** ¿Con qué frecuencia ha oído Ud. estos mandatos en inglés o en español?

    a = con mucha frecuencia
    b = a veces
    c = casi nunca

1. _____ Pásame la sal, por favor.

2. _____ No tomes tanta cerveza.

3. _____ Ponte una camisa limpia.

4. _____ No te pongas esos pantalones rotos (*torn*).

5. _____ Recoge (*Pick up*) tu ropa del suelo.

6. _____ No comas con los dedos; usa el tenedor.

7. _____ Ten cuidado cuando manejes en la autopista (*highway*).

8. _____ Vuelve antes de la medianoche. No vuelvas tarde.

9. _____ Dame las llaves del coche.

10. _____ Pídeselo a tu mamá. Yo no tengo dinero.

B. **¡Escúchame, Anita!** Déle mandatos afirmativos o negativos a su compañera Anita. **¡ojo!** ¡Cuidado con los acentos y la posición de los pronombres!

1. (Subir): _____ la calefacción.

2. (cambiar): No _____ el canal.

3. (Poner): _____ otro disco compacto; no _____ ese.

4. (usar): No _____ ese teléfono ahora; _____ tu celular.

5. (Apagar: *turn off*): _____ la videocasetera.

6. (Arreglar): _____ la impresora.

7. (Prestarme): _____ tu Walkman.

8. (mandarle) No: _____ un correo electrónico; _____ un fax.

9. (Decirle): _____ a la jefa que recibimos su fax, pero no _____ que estoy aquí.

C. **Más mandatos.** Déles mandatos apropiados, afirmativos o negativos, a sus amigos y a varios miembros de su familia.

    MODELO: Rosa nunca me escucha. → Rosa, escúchame.

1. Susana juega en la sala.   Susana, _____.

2. José no deja de hablar por teléfono.   José, _____.

3. Juan nunca llega a tiempo.   Juan, _____.

4. Carmela se viste muy mal.   Carmela, _____.

5. Tito no se lava las manos antes de comer. Tito, _____.

6. Jorge es pesado (*a pain*).   Jorge, _____.

7. Miguel pone los pies sobre mi cama.   Miguel, _____.

8. David toca el piano todo el tiempo.   David, _____.

D. A la hora de cenar. Leonor le hace unas preguntas a su mamá, quien le contesta con un mandato informal. Use pronombres del complemento directo e indirecto para evitar la repetición innecesaria.

MODELO: ¿Quieres que prepare la cena? → Sí, prepárala. (No, no la prepares.)

1. ¿Quieres que ponga la mesa?

Sí, _____. No, _____.

2. ¿Le sirvo leche a Claudia?

Sí, _____. No, _____.

3. ¿Te traigo la otra silla?

Sí, _____. No, _____.

4. ¿Te lavo los platos?

Sí, _____. No, _____.

❖**E. ¡Ahora le toca a Ud.!** (*Now it's your turn!*) Escriba dos mandatos afirmativos y dos negativos dirigidos (*directed*) a sus compañeros de clase o a miembros de su familia. Indique el nombre de la persona a quien se los dirige.

MODELO: Mamá, no seas tan impaciente.

Afirmativo: 1. _____

2. _____

Negativo: 3. _____

4. _____

37. Expressing Subjective States or Actions • Present Subjunctive (Part 1): An Introduction

A. ¡Recuerde! The subjunctive, like the command form, is based on the **yo** form of the present indicative. The **nosotros** and **vosotros** forms of stem-changing verbs revert to the original stem of the infinitive, except for some -**ir** verbs: **o → u** and **e → i** (**dormir → durmamos, sentir → sintamos**). Complete the following chart with the missing forms.

YO (INDICATIVO)	YO/UD. (SUBJUNTIVO)	NOSOTROS (SUBJUNTIVO)
llego	que llegue	que _____
empiezo	que _____	que empecemos
conozco	que conozca	que _____
juego	que _____	que juguemos
consigo	que consiga	que _____
divierto	que divierta	que _____
duermo	que _____	que durmamos

B. ¡Termínelo Ud.! Indique cuáles de las opciones son correctas en cada caso. ¡ojo! Hay dos opciones posibles en cada caso.

1. Prefiero...
   a. quedarme en casa.
   b. que te quedas en casa.
   c. que te quedes en casa.

2. No me gusta...
   a. que sales sin mí.
   b. que salgas sin mí.
   c. salir solo.

3. Es importante...
   a. mandar este fax hoy.
   b. que lo mandemos hoy.
   c. que lo mandamos hoy.

4. Me alegro de...
   a. que estés aquí.
   b. estar aquí.
   c. que estás aquí.

5. Queremos...
   a. encontrarnos allí.
   b. que nos encuentras allí.
   c. que nos encuentres allí.

6. Dudo...
   a. que él sabe resolver este problema.
   b. que él sepa resolver este problema.
   c. poder resolver este problema.

C. Formando oraciones. Haga oraciones, cambiando el infinitivo por la forma apropiada del subjuntivo.

1. Espero que Ud. ...
   _____ (poder) acabar hoy.

   no se _____ (olvidar) de almacenar la información.

   _____ (saber) usar esta computadora.

2. Dudo que ellos...
   _____ (empezar) hoy.

   nos _____ (mandar) el fax hoy.

   nos _____ (decir) todos los problemas que tienen.

3. Insisten en que tú...
   _____ (llegar) a tiempo.

   _____ (ser) más responsable.

   _____ (buscar) otro modelo más económico.

4. No quieren que (nosotros)...
   _____ (ir) solos.

   _____ (alquilar) un apartamento en esta vecindad.

   _____ (perder) mucho tiempo.

38. Expressing Desires and Requests • Use of the Subjunctive (Part 2): Influence

❖**A. De vacaciones.** Cuando Ud. va de vacaciones, ¿qué le recomiendan sus amigos?

	SÍ	NO
1. Recomiendan que (yo) no viaje solo/a.	☐	☐
2. Sugieren que haga una copia de mi pasaporte.	☐	☐
3. Recomiendan que no lleve mucho dinero en efectivo.	☐	☐
4. Recomiendan que haga reservaciones si viajo en verano.	☐	☐

5. Insisten en que no vaya a lugares de mucho terrorismo. ☐ ☐

6. Recomiendan que viaje en tren, en clase turística. ☐ ☐

7. Piden que les mande un e-mail. ☐ ☐

8. Quieren que les traiga regalos. ☐ ☐

❖Ahora escriba tres cosas que Ud. quiere que hagan sus amigos cuando ellos viajan.

1. _____

2. _____

3. _____

B. Jefes y empleados. What qualities are the boss and the employee looking for in each other?
Complete each sentence by giving the appropriate present subjunctive form of the infinitive.

1. La jefa: Insisto en que mis empleados…

(decir la verdad) _____.

(llegar a tiempo) _____.

(aceptar responsabilidades) _____.

(saber usar una computadora) _____.

(no usar el correo electrónico para cosas personales) _____

_____

2. El empleado: Es importante que mi trabajo…

(resultar interesante) _____.

(gustarme) _____.

(no estar lejos de casa) _____

(darme oportunidades para avanzar [*to advance*]) _____

_____.

C. En Compulandia. ¿Qué quiere el vendedor (*salesman*) de computadoras que hagamos? ¡ojo! Use la forma **nosotros** de los verbos indicados.

Quiere que _____[1] (ver) el último modelo de la iMac y nos recomienda que

también _____[2] (comprar) memoria extra. Prefiere que _____[3]

(pagar) al contado.[a] Nos pide que _____[4] (volver) mañana para recogerla. Nos

dice que lo _____[5] (llamar) si tenemos algún problema.

[a]al... *cash*

D. ¿Qué quieres que haga (yo)? Imagine que Ud. quiere ayudar a un amigo que va a dar una fiesta. Hágale las siguientes preguntas en español. Siga el modelo del título.

1. What do you want me to buy? _____

2. What do you want me to bring? _____

3. What do you want me to prepare? _____

4. What do you want me to look for? _____

5. What do you want me to cook? _____

E. Cosas del trabajo. Imagine que Ud. comenta algunas cosas relacionadas con su trabajo. Use la forma apropiada del verbo entre paréntesis: el infinitivo, el presente de indicativo o el presente de subjuntivo.

1. (trabajar): Mi jefe es exigente (*demanding*) y antipático; quiere que (nosotros)

    _____ este sábado, pero ya tengo otros planes y no quiero

    _____ .

2. (almorzar): Nuestro director prefiere que (nosotros) _____ en la oficina, pero

    yo prefiero _____ en el parque.

3. (traer): No puedes _____ tu gato a la oficina. La jefa prohíbe que (nosotros)

    _____ mascotas al trabajo.

4. (pedir): En la oficina no permiten que (nosotros) _____ vacaciones en verano.

    Por eso, voy a _____ mis dos semanas en enero.

5. (obtener): Si yo no _____ un trabajo de tiempo completo, es urgente que (yo)

    _____ uno de tiempo parcial, por lo menos.

❖**F. ¿Y Ud.?** Escriba tres cosas que su jefe (o sus profesores) desea(n) que haga Ud. Use cualquiera (*any*) de las siguientes expresiones: Quiere(n) que... , Insiste(n) en que... , Me pide(n) que... , Me recomienda(n) que...

_____

_____

_____

UN POCO DE TODO

A. Un anuncio comercial. Imagine que Ud. trabaja en una compañía de propaganda comercial. Su jefe le da el siguiente anuncio de una compañía nacional de ferrocarriles (*railroad*) para que Ud. lo cambie de la forma formal (**Ud.**) a la informal (**tú**). Lea el anuncio y haga todos los cambios necesarios.

Oiga, mire.

Abra los ojos y vea todos los detalles del paisaje.[a] Viaje a su destino sin preocuparse por el tráfico. Haga su viaje sentado cómodamente y llegue descansado. Goce de[b] la comida exquisita en el elegante coche-comedor.

Juegue a las cartas o converse con otros viajeros como Ud. Y recuerde: ¡Esto pasa solamente viajando en tren!

[a]*landscape*   [b]Goce (Gozar)… *Enjoy*

B. Consejos y opiniones. Complete las oraciones con la forma apropiada del verbo indicado. Use complementos pronominales cuando sea posible. ¡OJO! No se usa el subjuntivo en todas las oraciones.

MODELOS: Isabel piensa *escribirles otra carta* a sus primos mañana, pero es importante _____ hoy. → …es importante escribírsela hoy.

Isabel piensa *escribirles otra carta* a sus primos mañana, pero es importante que _____ hoy. → …es importante que se la escriba hoy.

1. Tienes que *mandarles el cheque* a los muchachos. Es urgente que _____ hoy.

2. No olvides *pedirle el aumento* al jefe. Es necesario que _____ pronto.

3. Alicia debe *ir* a la oficina. Necesita _____ antes de las seis.

4. Ellos *buscan un taxi* delante del cine, pero es mejor _____ en la esquina (*corner*).

5. Manuel no quiere *empezar su trabajo* hasta el lunes. Su jefe prefiere que _____ mañana.

6. José dice que va a *traerme el dinero* esta noche, pero no es necesario que _____ hasta mañana.

C. La familia Rosales. The Rosales family just moved to a new house. What does the mother say to her family? Form complete sentences, using the words provided in the order given. Make any necessary changes, and add other words when necessary. *Note:* / / indicates a new sentence.

1. chicos, / venir / aquí / / (yo) necesitar / enseñarles / manejar / lavadora / nuevo

_____

_____

2. María, / ayudar / tu hermano / barrer / patio

_____

_____

3. Pepe, / (yo) recomendar / que / hacer / tarea / antes de / salir / jugar

_____

_____

4. María, / no / olvidarse / llamar / Gabriela / para / darle / nuestro / nuevo / dirección

_____

_____

5. Pepe, / ir / tu cuarto / y / ponerse / uno / camisa / limpio

_____

_____

PERSPECTIVAS CULTURALES El Perú

Conteste las preguntas con la información apropiada. Use palabras de la lista.

Bolivia	edificios de estilo barroco
Chile	Machu Picchu
Cuzco	el Palacio Nacional
el Ecuador	el Valle Sagrado

1. Además del Perú, la antigua civilización incaica se extendía por _____,

   _____ y _____.

2. ¿Dónde se encuentran unas ruinas incaicas importantes? _____.

3. _____ está en la Plaza de Armas de Lima.

4. ¿Qué ciudad fue la capital del lmperio Inca? _____.

5. ¿Qué construyeron los españoles sobre las ruinas incaicas en Cuzco?

   _____

6. Hiram Bingham «descubrió» _____ en 1911.

■■■A ver si sabe...

A. *Tú* Commands. Complete la siguiente tabla.

INFINITIVO	AFIRMATIVO	NEGATIVO	INFINITIVO	AFIRMATIVO	NEGATIVO
decir		*no digas*	salir		
escribir	*escribe*		ser		
hacer			tener	*ten*	
ir			trabajar		*no trabajes*

B. Present Subjunctive: An Introduction

1. Escriba el modo subjuntivo para la tercera persona singular (**él/ella**) de los siguientes verbos.

   a. buscar: que _____
   b. dar: que _____
   c. escribir: que _____
   d. estar: que _____
   e. estudiar: que _____
   f. ir: que _____

   g. oír: que _____
   h. poder: que _____
   i. saber: que _____
   j. ser: que _____
   k. traer: que _____
   l. vivir: que _____

2. Complete la siguiente tabla.

comenzar	que yo	que nosotros
dormir	*que yo duerma*	que nosotros
perder	que yo	*que nosotros perdamos*
sentirse	que yo me	que nosotros nos

C. Use of the Subjunctive: Influence. Subraye la forma apropiada del verbo.

1. Juan (prefiere / prefiera) que ellos (vienen / vengan) a casa.
2. (Es / Sea) urgente que Ricardo (comience / comienza) a trabajar.
3. El profesor (prohíba / prohíbe) que (entramos / entremos) tarde.
4. Mis padres (insisten / insistan) en que sus amigos (se quedan / se queden) a comer.
5. (Sea / Es) mejor que tú (traes / traigas) el vino.

■■■Prueba corta

A. Pídale a su compañero/a de cuarto que haga las cosas indicadas usando el verbo entre paréntesis. Use mandatos informales.

1. _____ (Venir) a mirar este programa.

2. No _____ (apagar) la computadora; necesito trabajar más tarde.

3. _____ (Llamar) al portero y _____ (decirle) que la luz se nos apagó.

4. No _____ (poner) el televisor ahora; _____ (ponerlo) después.

5. No _____ (preocuparse: *to worry*) por el trabajo; _____ (descansar) un poco.

B. Complete las siguientes oraciones con el infinitivo o con la forma apropiada del subjuntivo del verbo entre paréntesis.

1. Sugiero que _____ (*tú:* buscar) otro modelo con más memoria.

2. Todos queremos _____ (comprar) una computadora nueva.

3. Un amigo recomienda que _____ (*nosotros:* ir) a Compulandia.

4. Insistimos en _____ (hablar) con el director. Es necesario que

   _____ (hablar) primero con él.

5. ¿Es tan importante que tú _____ (saber) navegar la Red? Francamente, prefiero

   que no _____ (perder) tu tiempo en eso.

PUNTO FINAL

❖¡Repasemos!

Una amistad internacional

Paso 1. Complete la narración con la forma apropiada del pretérito o imperfecto de los verbos entre paréntesis.

El mes pasado, durante una excursión para esquiar en las sierras centrales de California, los Burke

_____[1] (conocer) al Sr. Dupont, un turista del sur de Francia que

_____[2] (visitar) los Estados Unidos por esas fechas.[a] Los Burke le

_____[3] (decir) que _____[4] (*ellos:* ir) a hacer un viaje a Francia en

mayo. El Sr. Dupont _____[5] (ponerse) muy contento al oír[b] eso y los

[a]por... *at that time*   [b]al... *upon hearing*

_____[6] (invitar) a visitarlo en su casa. Los Burke _____[7] (aceptar) con mucho gusto y _____[8] (quedar) en[c] llamarlo desde París. El Sr. Dupont les _____[9] (prometer) que los _____[10] (ir) a llevar a los mejores restaurantes de la región.

Después de esquiar una semana, todos _____[11] (volver) juntos[d] a Los Ángeles y los Burke _____[12] (llevar) a su nuevo amigo al aeropuerto. _____[13] (*Ellos:* Despedirse) y _____[14] (prometer) verse pronto en Europa.

[c]quedar... *to agree to*   [d]*together*

Paso 2. Conteste las preguntas según la narración anterior.

1. ¿Adónde fueron los Burke para esquiar? _____
   _____

2. ¿Quién era el Sr. Dupont? _____

3. ¿Qué le dijeron los Burke al Sr. Dupont? _____
   _____

4. ¿Cómo reaccionó el Sr. Dupont cuando supo del viaje de los Burke a Francia? _____
   _____

5. ¿Cuánto tiempo pasaron juntos? _____
   _____

6. ¿Adónde llevaron los Burke al Sr. Dupont? _____
   _____

7. ¿Qué se prometieron los nuevos amigos? _____
   _____

❖Mi diario

Antes de escribir en su diario, lea la siguiente nota curiosa sobre un invento muy popular.

La invención del teléfono por Alexander Graham Bell en 1876 ciertamente ha cambiado[a] la rapidez de las comunicaciones en todo el mundo, pero se dice que el inventor mismo,[b] hasta el día de su muerte en 1922, no permitió tener un teléfono dentro de su oficina porque lo consideraba una distracción. «Cuando estoy pensando, no quiero que me molesten por ninguna razón. Los mensajes pueden esperar; las ideas no.»

[a]ha... *has changed*   [b]*himself*

¿Qué cree Ud.? ¿El teléfono interrumpe o facilita (*interrupts or facilitates*) el proceso creativo? ¿Y los demás aparatos «modernos»? Piense en todos los aparatos que usa Ud. y haga una lista de ellos.

Palabras útiles: la computadora (portátil)   la secadora

el iPod   el secador de pelo (*hair dryer*)

la lavadora   el teléfono celular

el lavaplatos

Ahora escriba en su diario cuáles son los aparatos más importantes para Ud. y diga por qué. Explique cómo le afectan la vida.

CAPÍTULO 13

VOCABULARIO   Preparación

■■■Las artes

❖A. **¿A quién conoce Ud.?** ¿Reconoce Ud. a estos escritores y artistas hispánicos?

		SÍ	NO
1.	Miguel de Cervantes, novelista español	☐	☐
2.	Pablo Neruda, poeta chileno	☐	☐
3.	Carmen Lomas Garza, pintora estadounidense	☐	☐
4.	Antonio Banderas, actor español	☐	☐
5.	Alicia Alonso, bailarina de ballet cubana	☐	☐
6.	Jorge Luis Borges, escritor argentino	☐	☐
7.	José Carreras, tenor español	☐	☐
8.	Fernando Botero, pintor colombiano	☐	☐
9.	Pablo Picasso, pintor español	☐	☐
10.	Carlos Fuentes, novelista y ensayista (*essayist*) mexicano	☐	☐
11.	Sandra Cisneros, escritora estadounidense	☐	☐
12.	Mario Vargas Llosa, novelista peruano	☐	☐
13.	Celia Cruz, cantante cubana	☐	☐
14.	Pedro Almodóvar, director de cine español	☐	☐

❖B. **Opiniones.** ¿Qué opina Ud. de los siguientes ejemplos de expresión artística?

		ME ENCANTA(N).	NO ME AGRADA(N).	NO LO(S)/LA(S) CONOZCO.
1.	la música de los cantos gregorianos	☐	☐	☐
2.	la pintura impresionista francesa	☐	☐	☐
3.	la cerámica de los indígenas de Nuevo México	☐	☐	☐
4.	los tejidos de los indios Navajo	☐	☐	☐
5.	las películas italianas	☐	☐	☐
6.	la arquitectura de Antonio Gaudí	☐	☐	☐
7.	las canciones de Gloria Estefan	☐	☐	☐
8.	la artesanía peruana	☐	☐	☐
9.	las novelas de Toni Morrison	☐	☐	☐

C. ¿Qué hicieron? Empareje el nombre del / de la artista con lo que hizo. Use el pretérito del verbo apropiado.

1.	Gabriel García Márquez	esculpir	de Dorothy, en *El Mago de Oz*
2.	Diego Rivera	escribir	óperas italianas
3.	Plácido Domingo	hacer el papel (*to play the role*)	*El pensador*
4.	Robert Rodríguez	tocar	*Cien años de soledad*
5.	Andrés Segovia	pintar	*Desperado*
6.	Judy Garland	cantar	la guitarra clásica
7.	Augusto Rodin	dirigir	murales

1. _____

_____

2. _____

_____

3. _____

_____

4. _____

_____

5. _____

_____

6. _____

_____

7. _____

❖**D. Preguntas personales.** Conteste con oraciones completas.

1. ¿Cuál de las artes mencionadas en este capítulo le interesa más? ¿O le aburren todas las artes?

_____

2. ¿Le gustan los dramas o prefiere las comedias? Dé ejemplos.

_____

3. Cuando visita un museo, ¿qué tipo de pintura o escultura le atrae más? ¿La pintura

impresionista? ¿clásica? ¿contemporánea? ¿surrealista? _____

_____

4. ¿Qué actividad artística le aburre más a Ud.? _____

_____

5. ¿Tiene Ud. un(a) novelista o poeta preferido/a? ¿Cuándo leyó una de sus obras por primera vez?

_____

■■■Ranking Things: Ordinals

A. ¿Sabía Ud. eso? Use el número ordinal indicado para completar las siguientes oraciones.

1. Miguel de Cervantes escribió *Don Quijote de la Mancha*, considerada como la

   _____ (1ª) novela moderna.

2. El estudio de Pablo Picasso estaba en el _____ (4°) piso del edificio.

3. La catedral «La Sagrada Familia» de Antonio Gaudí, en Barcelona, está en su

   _____ (2°) siglo (*century*) de construcción.

4. El rey Carlos _____ (1°) de España fue al mismo tiempo Carlos

   _____ (5°) de Alemania.

5. Francisco de Goya pintó retratos (*portraits*) muy realistas de los reyes Carlos

   _____ (3°) y Carlos _____ (4°) de España.

6. Enrique _____ (8°) de Inglaterra hizo decapitar a sus esposas

   _____ (2ª) y _____ (5ª), Ana Bolena y Catalina Howard,

   respectivamente.

7. El papa (*Pope*) León _____ (10°), Juan de Médicis, fue un gran protector de

   las artes, las letras y las ciencias en el siglo XV.

8. El _____ (1er) escritor centroamericano que ganó el Premio Nóbel de Literatura

   fue Miguel Ángel Asturias, de Guatemala.

9. El _____ (9°) presidente de los Estados Unidos fue William Henry Harrison,

   pero gobernó solamente por 31 días. Se resfrió durante la inauguración y nunca se recuperó.

B. De esto y aquello. Complete las oraciones con el adjetivo ordinal apropiado.

1. Este es mi _____ semestre/trimestre de español.

2. Mi _____ (1ª) clase es a las _____ (hora).

3. El domingo es el _____ día de la semana en el calendario hispánico; el

   viernes es el _____ día.

4. Franklin Delano Roosevelt murió durante su _____ (4°) término presidencial.

39. Expressing Feelings • Use of the Subjunctive (Part 3): Emotion

A. Comentarios de Miguel Ángel. Escriba oraciones completas según el modelo. (Todas tienen que ver con [*have to do with*] la famosa Capilla Sixtina.)

MODELO: es una lástima / no me pagan más → Es una lástima que no me paguen más.

1. me alegro mucho / el papa (*Pope*) me manda más dinero

   _____

2. a los artesanos no les gusta / yo siempre estoy aquí

   _____

3. temo mucho / no podemos terminar esta semana

   _____

4. es mejor / nadie nos visita durante las horas de trabajo

   _____

5. espero / esta es mi obra suprema

   _____

B. Reacciones personales. Express your personal reaction to the following statements. Begin your reactions with an appropriate form of one of the following verbs or phrases.

es increíble   lamentar
es una lástima   me sorprende
esperar

MODELO: Vamos a México este verano. → Espero que vayamos a México este verano.

1. Mis amigos no pueden salir conmigo esta noche.

   _____

2. Los boletos para el «show» se han agotado (*have sold out*).

   _____

3. No vas nunca al teatro.

   _____

4. Sabes dónde está el cine.

   _____

5. ¡Las entradas son tan caras!

   _____

C. Sentimientos. React to the following circumstances by completing the sentences according to the cues. Make any necessary changes. Remember that an infinitive phrase is generally used when there is no change of subject.

MODELOS: Siento: Uds. / no / poder / venir → Siento que Uds. no puedan venir. (*two clauses*)

Siento: (yo) no / poder / ir → Siento no poder ir. (*infinitive phrase*)

1. Es una lástima: Juanes / no / cantar / esta noche

   _____

2. Es absurdo: las entradas (*tickets*) / espectáculo / costar / tanto dinero

   _____

3. Es increíble: (tú) no / conocer /novelas / Gabriel García Márquez

   _____

4. Sentimos: (nosotros) no / poder / ayudarlos a Uds.

   _____

5. Me molesta: haber / tanto /personas / que / hablar / durante / función (*performance*)

   _____

6. No me sorprende: Penélope Cruz / ser / tan / popular

   _____

D. Una excursión a México. Imagine que sus padres van a regalarle un viaje a México por su graduación en la universidad. ¿Qué desea ver y hacer en México? Use **ojalá** y haga todos los cambios necesarios.

MODELO: (nosotros) poder / ver / ruinas / maya → Ojalá que podamos ver las ruinas mayas.

1. (yo) ver / mi / amigos / en / Guadalajara

   _____

2. (nosotros) ir / juntos / Mérida

   _____

3. (nosotros) llegar / Chichén Itzá / para / celebración / de / solsticio de verano

   _____

4. (yo) encontrar / uno / objeto / bonito / artesanía / para / mi / padres

   _____

5. (nosotros) tener / suficiente / tiempo / para ver / Museo de Antropología en el D.F.

   _____

40. Expressing Uncertainty • Use of the Subjunctive (Part 4): Doubt and Denial

A. ¿Lo cree o lo duda Ud.? Vuelva a escribir las oraciones de la derecha, combinándolas con las frases de la izquierda. ¡OJO! No todas las oraciones requieren el subjuntivo.

1. Dudo que...   A mis amigos les encanta el jazz.

_____

2. Creo que...   El museo está abierto los domingos.

_____

3. No estoy seguro/a de que...   Todos los niños tienen talento artístico.

_____

4. No es cierto que...   Mi profesora va a los museos todas las semanas.

_____

5. No creo que...   Mi profesor siempre expresa su opinión personal.

_____

B. En una librería. Imagine que Ud. y un amigo están buscando libros en una librería en México. Escriba sus comentarios según el modelo. Empiece sus comentarios con una de las siguientes expresiones.

(No) Es verdad que...   Es imposible que...   Es probable que...

(No) Creo que...   Dudo que...   (No) Estoy seguro/a de que...

MODELO: Esta librería tiene las obras completas de Shakespeare. →
        Dudo que esta librería *tenga* las obras completas de Shakespeare.

1. A mi profesor le gusta este autor.

_____

2. Este libro tiene magníficas fotos de las ruinas incaicas.

_____

3. Las novelas de García Márquez se venden aquí.

_____

4. Esta es la primera edición de esta novela.

_____

5. No aceptan tarjetas de crédito en esta librería.

_____

6. Hay mejores precios en otra librería.

_____

C. En el Museo del Prado. Haga oraciones completas según las indicaciones. Añada (*Add*) palabras cuando sea necesario.

1. creo que / hoy / (nosotros) ir / visitar / Museo del Prado

    _____

2. es probable que / (nosotros) llegar / temprano

    _____

3. estoy seguro/a de que / hay / precios especiales para estudiantes

    _____

4. es probable que / (nosotros) tener / dejar / nuestro / mochilas / en / entrada del museo

    _____

5. dudo que / (nosotros) poder / ver / todo / obras / de Velázquez

    _____

6. creo que / los guardias / ir / prohibir / que / (nosotros) sacar / fotos

    _____

7. ¿es posible que / (nosotros) volver / visitar / museo / mañana?

    _____

41. Expressing Influence, Emotion, Doubt, and Denial • The Subjunctive (Part 5): A Summary

A. En la galería de arte. Complete las oraciones con el presente de subjuntivo de los verbos entre paréntesis.

1. Es preciso que _____ (*nosotros:* ir) a una galería de arte que ofrezca buenos precios.

2. Temo que aquí los precios _____ (ser) muy altos.

3. Me alegro de que _____ (*tú:* saber) tanto de pintura.

4. El vendedor (*salesperson*) duda que _____ (haber) una copia mejor que esta.

5. ¡Qué bueno que _____ (*ellos:* permitir) que _____ (*nosotros:* pagar) con tarjeta de crédito!

6. Quiero que ellos la _____ (empaquetar: *to pack*) bien para llevarla en el avión.

B. Situaciones. Complete las oraciones con el subjuntivo, el indicativo o el infinitivo del verbo entre paréntesis.

1. Es mejor que _____ (*tú:* apagar) las luces al salir (*upon leaving*) del cuarto.

   Nuestra última cuenta fue altísima y no me gusta _____ (pagar) tanto.

2. Es verdad que David _____ (ser) inteligente, pero dudo que

   _____ (saber) resolver este problema con la computadora. Insiste en que el

   problema no _____ (ser) tan complicado.

3. Siento que _____ (*tú:* estar) enfermo. Ojalá que _____

   (sentirte) mejor mañana.

4. Nuestro profesor nos prohíbe que _____ (hablar) en inglés en esta clase.

   Insiste en que _____ (tratar) de expresarnos en español, pero a veces es difícil

   _____ (hacerlo).

5. Pablo, es imposible que _____ (*tú:* estudiar) con tanto ruido. ¿Cómo es

   posible que te _____ (gustar) escuchar esa música tan fuerte? Además, temo

   que te _____ (hacer) daño a los oídos.

6. Prefiero que te _____ (estacionar: *to park*) cerca del cine. Prefiero no

   _____ (caminar) mucho porque me duelen los pies.

7. Creo que la película _____ (empezar) a las 6:30, pero es posible que yo no

   _____ (recordar) la hora exacta.

C. ¿Qué va a pasar en clase? Express your reaction to the following scenarios. Use expressions of emotion, doubt, certainty, or influence. ¡OJO! Examine the model carefully and notice that *if* the sentence requires the subjunctive, you must change the infinitive, not the form of **ir**.

MODELO: Va a haber examen mañana. → Dudo que haya examen mañana. (Espero que no haya examen mañana. Dicen que va a haber…, etcétera.)

1. Todos vamos a sacar (*get*) una «A» en el próximo examen.

   _____

2. El profesor / La profesora va a olvidarse de venir a clase mañana.

   _____

3. No vamos a tener tarea para mañana.

   _____

4. Vamos a aprender todo sin estudiar.

   _____

5. Vamos a divertirnos mucho.

   _____

6. El profesor / La profesora va a darnos una fiesta.

   _____

UN POCO DE TODO

A. ¡Problemas y más problemas! Los Sres. Castillo son muy conservadores y a veces no están de acuerdo con lo que hacen sus hijos Carlitos, Jaime y Luisa. Exprese esto según el modelo.

MODELO: Jaime fuma delante de ellos. → No les gusta que *fume* delante de ellos.

1. Luisa desea estudiar para ser doctora.

   Les sorprende que _____.

2. Jaime y Luisa vuelven tarde de las fiestas.

   No les gusta que _____.

3. Carlitos juega en la calle con sus amigos.

   Le prohíben a Carlitos que _____.

4. Jaime va de viaje con su novia y otros amigos.

   No les agrada que _____.

5. Luisa busca un apartamento con otra amiga.

   Les molesta que _____.

6. Carlitos quiere ser músico.

   Temen que _____.

7. Los amigos de sus hijos son una influencia positiva.

   Dudan que _____.

B. Consejos de una madre preocupada. Complete los consejos de la madre a su hijo con los verbos de la lista. Use una preposición (**a, de, en**) o **que** cuando sea necesario. Use cada verbo sólo una vez.

estar	ganarte	tocar
estudiar	pensar	tomar

MODELO: No trates de *limitarte* sólo a la música.

1. No insistas _____ tantos cursos de música.

2. Hay _____ algo más práctico para ganarse la vida (*earn a living*).

3. Te aconsejo que empieces _____ en la tecnología.

4. No te digo que dejes _____ tu guitarra completamente. Sólo quiero que

   no te olvides de que tienes _____ la vida.

5. Tu papá y yo no vamos _____ aquí contigo siempre.

C. El arte se hace (*becomes*) realidad. Observe lo que hace Cándido y conteste las preguntas.

Palabras útiles

asombrado (*astonished*)
de verdad (*real*)
esculpir
la escultura
el mármol (*marble*)
rajarse (*to crack*)
la yema (*yolk*)

1. ¿Qué está haciendo Cándido?

   _____

2. ¿Qué empieza a pasar en el tercer cuadro?

   _____

3. ¿Qué pasa al final y qué descubre (*discovers*) Cándido?

   _____

4. ¿Cómo se siente Cándido en el tercer cuadro? ¿Y al final?

   _____

PERSPECTIVAS CULTURALES   Bolivia y el Ecuador

Conteste brevemente las preguntas con la información apropiada. Use palabras de la lista. ¡ojo! No se usan todas las palabras.

Albert Einstein	el Ecuador	Sucre
Bolivia	La Paz	las tierras altas
cerca de la costa	Otavalo	Titicaca
Charles Darwin		

1. ¿Qué país tiene dos capitales y cuáles son? _____: _____ y

        (país)   (capital)

_____

    (capital)

2. ¿En qué región vive la mayoría de los bolivianos? _____

3. ¿A qué país pertenecen (*belong*) las Islas Galápagos? _____

4. ¿Qué lago se considera la cuna (*cradle*) de la civilización andina? _____

5. ¿Qué científico famoso hizo investigaciones de las Islas Galápagos? _____

6. ¿Dónde está el mercado al aire libre más grande del mundo? _____

PÓNGASE A PRUEBA

■■■A ver si sabe...

A. Use of the Subjunctive: Emotion. Cambie los infinitivos a la forma apropiada del subjuntivo.

1. Es preferible que _____ (*tú*: llegar) temprano.

2. Me alegro de que Uds. _____ (estar) aquí.

3. Es extraño que nosotros no _____ (ver) a nadie.

4. Esperamos que Uds. _____ (poder) descansar luego.

5. Ojalá que nosotros _____ (salir) a tiempo.

6. Ojalá que los chicos no _____ (aburrirse) en el concierto.

B. Use of the Subjunctive: Doubt and Denial. Escriba la forma apropiada del verbo: presente de indicativo o de subjuntivo.

1. Dudo que la obra _____ (ser) de Rivera.

2. Creo que _____ (ser) de Siqueiros.

3. No creo que _____ (*tú*: saber) apreciar el arte moderno.

4. ¿Cómo es posible que a la gente le _____ (gustar) este tipo de arte?

5. Es verdad que muchos _____ (decir) que el arte moderno es incomprensible, pero a mí me gusta.

■■■Prueba corta

A. Escriba oraciones completas según las indicaciones. Haga todos los cambios necesarios.

1. Me alegro: Uds. / ir / con nosotros / al concierto

   _____

   _____

2. Es una lástima: Juan /no poder / acompañarnos

   _____

   _____

3. Es probable: Julia / no / llegar / a tiempo / / acabar / llamar / para decir / que / tener / trabajar

   _____

   _____

4. Ojalá: (tú) conseguir / butacas (*seats*) / cerca / orquesta

   _____

   _____

5. Es cierto: Ceci y Joaquín / no / ir / sentarse / con nosotros

   _____

   _____

6. Me sorprende: otro / músicos / no estar / aquí / todavía

   _____

   _____

7. Es extraño: nadie / saber / quién / ser / nuevo / director (*conductor*)

   _____

   _____

B. Escriba la forma apropiada del número ordinal indicado.

1. el _____ (*third*) hombre

2. la _____ (*first*) vez

3. su _____ (*second*) novela

4. el _____ (*seventh*) día

5. el _____ (*fifth*) grado

PUNTO FINAL

❖¡Repasemos!

A. Hablando de aprender francés. Form complete sentences, using the words provided in the order given. Make any necessary changes, and add other words when necessary.

1. si / (tú) querer / aprender / hablar / francés, / (tú) deber / practicar más

   _____

   _____

2. profesor / dudar / que / (nosotros) poder / hablar bien / antes / terminar / tercero / año

   _____

   _____

3. (nosotros) acabar / tomar / nuestro / segundo / examen / / ahora / ir / celebrar

   _____

   _____

4. ¿(tú) acordarse / lo fácil / que / ser (*pret.*) / el / primero / examen? / / ¡este / ser (*pret.*) / dificilísimo!

   _____

   _____

5. profesor Larousse / insistir (*pres.*) / que / (nosotros) empezar / estudiar más / / (yo) tener / ir / laboratorio / todo / días

   _____

   _____

6. ¿por qué / (tú) no pedirle (*pres.*) / Marcel Dupont / que / ayudarte?

   _____

7. ¿es cierto / que / (tú) pensar / tomar / quinto / semestre / francés?

   _____

8. ¡ahora / (yo) querer / olvidarse / de / estudios / y / de / universidad!

   _____

B. La antropología y la cultura

Paso 1. Lea la inscripción que se encuentra en la entrada del Museo de Antropología de la Ciudad de México. Luego complete las oraciones que siguen.

El hombre creador^a de la cultura ha dejado^b sus huellas^c en todos los lugares por donde ha pasado.^d La antropología, ciencia del hombre que investiga e interpreta esas huellas... nos enseña la evolución biológica del hombre, sus características y su lucha por el dominio de la naturaleza.^e Las cuatro ramas^f de esa ciencia única —antropología física, lingüística, arqueología y etnología— nos dicen que... todos los hombres tienen la misma capacidad para enfrentarse a^g la naturaleza, que todas las razas son iguales, que todas las culturas son respetables y que todos los pueblos^h pueden vivir en paz.

^a*creator*   ^bha... *has left*   ^c*traces*   ^dha... *he has passed*   ^e*nature*   ^f*branches*   ^genfrentarse... *confront*   ^h*peoples*

Según esta inscripción...

1. las cuatro ramas de la antropología son _____, _____, _____ y la etnología.

2. el antropólogo investiga e _____ la cultura del hombre.

3. todos los hombres tienen _____ para enfrentarse a la naturaleza.

4. todas las razas son _____.

5. todas las culturas son _____.

6. todos los pueblos pueden _____.

Paso 2. Ahora comente sobre tres puntos de esta inscripción usando algunas de las siguientes frases.

    Dudo que...

    Es cierto que...

    (No) Es posible que...

    Espero que...

    Ojalá que...

1. _____

2. _____

3. _____

❖Mi diario

Describa una experiencia cultural que tuvo Ud. Por ejemplo, una visita a un museo, una galería de arte, un teatro o incluso (*even*) un recital de poesía o un concierto de música. Mencione dónde y cuándo fue, qué vio u oyó y cómo lo/la afectó a Ud. Al final, mencione si le gustaría (o no) repetir esa experiencia, y por qué.

CAPÍTULO **14**

VOCABULARIO   Preparación

■■■La naturaleza y el medio ambiente

❖**A. Ud. y el medio ambiente.** ¿Qué hace Ud. para proteger los recursos naturales y el medio ambiente?

	SÍ	NO
1. Reciclo papel.	☐	☐
2. Reciclo botellas y latas (*cans*) de aluminio.	☐	☐
3. Cierro el grifo (*tap*) cuando me cepillo los dientes.	☐	☐
4. Trato de limitar mis duchas a tres minutos.	☐	☐
5. Camino o voy en bicicleta a la universidad.	☐	☐
6. Uso un transporte colectivo (*carpool*) cuando es posible.	☐	☐
7. Llevo mi propia bolsa al mercado para no usar bolsas de plástico o papel.	☐	☐
8. Dono (*I donate*) dinero a la protección de las ballenas y otras especies en peligro de extinción.	☐	☐

B. El reciclaje. Lea el siguiente anuncio público y conteste las preguntas.

Palabras útiles

aparecer (*to appear*)   impresas (*printed*)

el aporte (la contribución)   perdurar (*to last a long time*)

1. ¿Cuánto papel de periódicos fue reciclado en los Estados Unidos el año pasado?

   _____

   _____

2. Según este anuncio, ¿cómo podemos contribuir a la preservación del medio ambiente?

ESTAMOS INTERESADOS EN LAS NOTICIAS DE AYER.

Las noticias aparecen un día y desaparecen al siguiente. Pero el papel en que están impresas puede y debe perdurar.

El año pasado más de la tercera parte del papel de periódicos de los E.U. fue reciclado. Y esa proporción aumenta cada día.

Reciclar es la única forma de hacer nuestro aporte a la conservación del medio ambiente.

Lea y recicle.

_____

_____

❖¿Y Ud.? ¿Recicla sus periódicos?

_____

C. Una sequía (*drought*) **en California.** Lea la siguiente narración e indique si las declaraciones al final son ciertas o falsas.

Hace más de diez años que el sur de California sufre de una falta de agua. Muchos científicos creen que la sequía y el alza[a] de temperaturas en todo el mundo se deben en gran parte a la destrucción de los bosques tropicales del Amazonas.

Se sabe que estos bosques tropicales contienen muchas plantas medicinales, además del[b] 50 por ciento de las especies de plantas que existen en la tierra,[c] y que producen el 40 por ciento del oxígeno que respiramos. Si se permite la desforestación al paso[d] que vamos, las consecuencias serán desastrosas,[e] no sólo para el Brasil sino[f] para todo el mundo.

[a]*rising*　[b]además... *in addition to*　[c]*Earth*　[d]al... *at the rate*　[e]serán... *will be disastrous*　[f]*but*

	C	F
1. Hay insuficiencia de agua en California desde hace más de diez años.	☐	☐
2. La destrucción de los bosques en la región del Amazonas no afecta al resto del mundo.	☐	☐
3. Cuando se destruyen los bosques, se pierden plantas medicinales que pueden ayudar a la humanidad.	☐	☐
4. Necesitamos proteger los densos bosques amazónicos porque producen gran parte del oxígeno del mundo.	☐	☐

❖**D. En mi ciudad.** ¿Cómo es su vida en la ciudad donde reside? Lea las siguientes declaraciones e indique si son ciertas o falsas para Ud.

	C	F
1. En mi ciudad tengo miedo de salir a la calle por la noche porque hay muchos crímenes y violencia.	☐	☐
2. La falta de viviendas adecuadas para la gente de pocos recursos económicos es un problema.	☐	☐
3. El transporte público (los trenes y/o autobuses) es bueno.	☐	☐
4. Hay muchos árboles y zonas verdes en mi ciudad.	☐	☐
5. Constantemente se construyen nuevos centros comerciales.	☐	☐

E. ¿La ciudad o el campo? A Guillermo le parece que la vida en la ciudad causa muchos problemas. Por eso se ha mudado (*he has moved*) al campo. Para él es un lugar casi ideal. Complete las opiniones de Guillermo con la forma apropiada de las palabras de la lista.

bello	falta	puro
desarrollar	medio ambiente	ritmo
destruir	población	transporte
fábrica	proteger	

1. A mí me gusta el campo. Aquí en mi finca el aire es más _____ y la naturaleza

    más _____.

2. El gran número de personas, de coches y de _____ en los centros urbanos

    contamina el _____.

3. Prefiero el _____ de vida tranquilo del campo a la vida agitada de la ciudad.

4. La _____ de viviendas adecuadas para los pobres es un problema serio en las

    ciudades. Casi siempre hay más violencia en los barrios de _____ densa.

5. Los _____ públicos en la ciudad no son muy buenos; los trenes llegan
    atrasados y se necesitan más autobuses.

6. Cada año, en la ciudad se _____ edificios históricos para construir más rascacielos.

7. Es importante que cada generación _____ los recursos naturales para que no

    se acaben. Al mismo tiempo es necesario buscar y _____ nuevos métodos de

    energía.

■■■Los coches

❖A. Los coches y Ud. ¿Qué tipo de conductor(a) es Ud.? Si Ud. no maneja, evalúe (*evaluate*) los hábitos de otra persona.

☐ Me evalúo a mí mismo/a.   ☐ Evalúo a _____.

		C	F
1.	Siempre llevo mi licencia de manejar cuando conduzco.	☐	☐
2.	Sé cambiar una llanta desinflada (*flat*).	☐	☐
3.	Sé cambiarle el aceite a un coche.	☐	☐
4.	Cuando llego a un semáforo en amarillo, paro el coche.	☐	☐
5.	Si llego a una esquina y no estoy seguro/a por dónde ir, sigo todo derecho, sin preguntar.	☐	☐
6.	Reviso el aceite y la batería una vez por mes.	☐	☐
7.	Nunca me han puesto una multa (*I've never gotten a ticket*) por infracciones de tránsito.	☐	☐
8.	Tampoco me han puesto ninguna multa por estacionarme en zonas prohibidas.	☐	☐
9.	Cuando veo a un amigo caminando por la acera, toco la bocina.	☐	☐

B. Necesito un servicio completo. Tell the attendant to perform the necessary service on the indicated parts of your car. Refer to the two lists if necessary.

arreglar	aceite
cambiar	batería
lavar	coche
limpiar	frenos
llenar	llanta
revisar	parabrisas
	tanque

MODELO: 1. Lave el coche, por favor.

2. _____

3. _____

4. _____

5. _____

6. _____

7. _____

C. Consejos. Déle consejos a un amigo que acaba de recibir su licencia de manejar. Llene los espacios con la forma apropiada de las palabras de la lista.

arrancar	chocar	doblar	gastar	parar
autopista	circulación	estacionar	licencia	seguir
carretera	conducir	funcionar	manejar	semáforo

1. Es muy peligroso _____ si los frenos no _____ bien porque es difícil _____ el coche.

2. Si necesitas un buen taller, tienes que _____ a la izquierda y luego _____ todo derecho hasta llegar a la gasolinera Yáñez. Allí los mecánicos son honrados y atentos.

3. Es mejor comprar un coche pequeño; es más económico porque _____ poca gasolina.

4. Se prohíbe _____ el coche en esta calle durante las horas de trabajo.

5. No manejes sin _____ porque es ilegal.

6. Si la batería no está cargada (*charged*), tu coche no va a _____.

7. ¡Cuidado! Si _____ en el lado izquierdo de la _____, vas a _____ con alguien.

8. Debes ir por la Segunda Avenida; allí la _____ es más rápida y no hay tantos _____ para controlar el tráfico.

9. En muchas _____ la velocidad máxima es ahora de 70 millas por hora. No debes manejar más rápido.

GRAMÁTICA

42. *Más descripciones* • Past Participle Used as an Adjective

A. Problemas del medio ambiente. ¿Cuánto sabe Ud. de los problemas del medio ambiente?

                                                                             C   F

1. El agua de muchos ríos está contaminada. ☐ ☐

2. La capa de ozono (*ozone layer*) está completamente destruida. ☐ ☐

3. Hay algunas especies de pájaros que no están protegidas. ☐ ☐

4. El agujero (*hole*) de ozono sobre el Polo Sur está creciendo (*growing*). ☐ ☐

5. Los problemas para proteger los recursos naturales ya están resueltos. ☐ ☐

B. Los participios pasados. Escriba el participio pasado.

1. preparar _____   6. decir _____

2. salir _____   7. poner _____

3. correr _____   8. morir _____

4. abrir _____   9. ver _____

5. romper _____   10. volver _____

C. Preparativos para una fiesta. Imagine que Ud. va a dar una fiesta esta noche.

MODELO: planes / hacer → Los planes están hechos.

1. invitaciones / escribir _____

2. comida / preparar _____

3. muebles / sacudir _____

4. mesa / poner _____

5. limpieza (*cleaning*) / hacer _____

6. puerta / abrir _____

7. ¡yo / morir de cansancio (*dead tired*)! _____

43. ¿Qué has hecho? • Perfect Forms: Present Perfect Indicative and Present Perfect Subjunctive

❖**A. Hasta ahora...** Indique si las siguientes oraciones son ciertas o falsas para Ud.

	C	F
1. He tenido sólo un auto.	☐	☐
2. Nunca me han gustado las ostras (*oysters*).	☐	☐
3. He conocido a varias personas famosas.	☐	☐
4. Nunca he estado aburrido en mis clases.	☐	☐
5. He hecho dos viajes a México.	☐	☐
6. He vivido en una finca por dos años.	☐	☐
7. Me he roto el brazo una vez.	☐	☐
8. He aprendido mucho en la universidad.	☐	☐
9. Nunca me he olvidado de pagar el alquiler.	☐	☐

B. ¿Qué han hecho? ¿Qué han hecho estas personas para ser famosas? Siga el modelo.

MODELO: David Letterman: (ser) → *Ha sido* comediante por muchos años.

1. Stephen King _____ (escribir) muchos libros de horror.

2. Anderson Cooper _____ (dar) las noticias desde 1995.

3. Óscar de la Hoya _____ (ganar) varias peleas (*fights*).

4. Rosie O'Donnell _____ (decir) muchas cosas divertidas.

5. Woody Allen _____ (dirigir) más de 30 películas.

6. Bill Gates _____ (hacerse: *to become*) rico vendiendo programas para computadoras.

C. ¿Qué has hecho últimamente? Write the questions you would use to ask a friend if he or she has done any of the following things lately (**últimamente**).

MODELO: ir al cine → *¿Has ido* al cine últimamente?

1. tener un accidente _____

2. acostarte tarde _____

3. hacer un viaje a México _____

4. ver una buena película _____

5. volver a ver al médico _____

6. romper un espejo (*mirror*) _____

D. Las sugerencias de Raúl. Imagine que Tina lo/la llama a Ud. por teléfono para decirle lo que su amigo Raúl quiere que Ud. haga. Use complementos pronominales cuando sea posible. Siga el modelo.

MODELO: (arreglar el coche) → TINA: Raúl quiere que arregles el coche.
UD.: Ya lo he arreglado.

1. (ir al centro)   TINA: _____
   UD.: _____

2. (hacer las   TINA: _____
   compras)   UD.: _____

3. (abrir las   TINA: _____
   ventanas)   UD.: _____

4. (darle la dirección   TINA: _____
   de Bernardo)   UD.: _____

5. (escribir el informe)   TINA: _____
   UD.: _____

E. Las noticias. When your friend tells you the latest news, respond with an appropriate comment, using the cues provided. Use the present perfect subjunctive of the verbs in italics. Use object pronouns to avoid unnecessary repetition.

1. Por fin *arreglaron* la autopista 91. (Dudo que...) _____
   _____ .

2. *Construyeron* otro rascacielos en el centro. (Es increíble...) _____
   _____ .

3. *Plantaron* veinte árboles en el parque. (Es bueno...) _____
   _____ .

4. *Cerraron* el tráfico en la autopista. (Es terrible...) _____
   _____ .

5. Nuestros mejores amigos *se fueron* a vivir al campo. (Es una lástima...) ___
   _____ .

6. Jorge Romero *perdió* su finca. (Siento...) _____
   _____ .

7. Su esposa *consiguió* un buen trabajo. (Me alegro...) _____
   _____ .

❖F. **¿Y Ud.?** Ahora escriba las tres cosas más interesantes que Ud. ha hecho en su vida. Use el presente perfecto de indicativo.

1. _____

2. _____

3. _____

G. **Antes de 2006.** ¿Qué cosas había hecho —o *no* había hecho— Ud. antes de 2006? Dé oraciones nuevas según las indicaciones.

MODELO: (nunca) pensar en... → Antes de 2006 (nunca) había pensado seriamente en el futuro.

1. (nunca) tener _____

2. (nunca) aprender a _____

3. (nunca) escribir _____

4. (nunca) hacer un viaje a _____

5. (nunca) estar en _____

UN POCO DE TODO

A. **Una artista preocupada por el medio ambiente.** Complete la siguiente selección con la forma apropiada de las palabras entre paréntesis.

No sólo los científicos[a] sino[b] también los artistas están _____[1] (preocupar)

por los _____[2] (diverso) aspectos del medio ambiente en Latinoamérica.

La pintora _____[3] (puertorriqueño) Betsy Padín muestra _____[4]

(este) preocupación en sus cuadros. En una entrevista _____[5] (hacer) en San Juan,

Puerto Rico, nos ha _____[6] (decir) que ella ha _____[7] (pintar)

una serie[c] de cuadros sobre las urbanizaciones puertorriqueñas actuales.

En estos cuadros, Padín ha _____[8] (incluir) imágenes de edificios

_____[9] (construir) con bloques de cemento, edificios que ella llama «ruinas del

futuro». Ella se ha _____[10] (inspirar) en sus visitas a las ruinas mayas e incaicas.

También, motivada por su preocupación por el medio ambiente, ha _____[11]

(tratar) de preservar en sus pinturas los campos _____[12] (verde), los árboles

retorcidos[d] y las costas solitarias _____[13] (cubrir) de enormes rocas.

[a]*scientists* [b]*but* [c]*series* [d]*twisted*

B. ¿Qué han hecho estas personas? Use los verbos indicados para describir la situación que se presenta en cada dibujo. En la oración **a** use el presente perfecto de indicativo, y en la oración **b** comente Ud. la situación, usando el presente perfecto de indicativo o de subjuntivo, según el significado.

MODELO: a. comer → El niño ha comido mucho.
  b. probable / tener hambre →
    Es probable que haya tenido
    mucha hambre.

1.

2.

3.

1. a. escribirle / novio _____

  b. posible / no verlo / mucho tiempo _____

2. a. volver / de un viaje _____

  b. pensar / perder / llave _____

3. a. acabársele / cigarrillos _____

  b. lástima / fumar / tanto _____

4.

5.

6.

4. a. comer / restaurante / elegante _____

  b. posible / no / traer / bastante / dinero _____

5. a. llamar / la policía _____

  b. terrible / robarle / cartera _____

6. a. romperse / pierna _____

  b. posible / caerse por / escalera _____

PERSPECTIVAS CULTURALES

La Argentina

Conteste brevemente con la información apropiada. Use palabras de la lista. ¡OJO! No se usan todas las palabras.

40 millones de habitantes	europea
80 millones de habitantes	los gauchos
Bolivia	Iguazú
el Brasil	indígena
la Casa Pintoresca	La Boca
la Casa Rosada	las Madres de la Plaza de Mayo

1. ¿Cuál es la población actual de la Argentina? _____

2. La mayoría de la población argentina está formada por personas de ascendencia _____.

3. ¿Quiénes protestaban por los desaparecidos y asesinados durante los años 70? _____

   _____

4. Nombre un barrio de Buenos Aires que es muy popular con turistas y porteños. _____

   _____

5. ¿Quiénes son un símbolo nacional de la Argentina? _____

6. ¿Cuál es el equivalente argentino de la Casa Blanca de los Estados Unidos? _____

   _____

7. Las Cataratas del Iguazú están en la frontera entre la Argentina y _____

PÓNGASE A PRUEBA

■■■A ver si sabe...

A. **Past Participle Used as an Adjective**

1. Escriba el participio pasado de los siguientes verbos.

   a. decir _____   d. poner _____

   b. ir _____   e. romper _____

   c. leer _____   f. ver _____

2. Cambie el infinitivo a la forma apropiada del participio pasado.

   a. las puertas _____ (cerrar)   c. los delitos _____ (investigar)

   b. el libro _____ (abrir)   d. los problemas _____ (resolver)

B. Present Perfect Indicative and Present Perfect Subjunctive. Complete la tabla.

INFINITIVO	PRESENTE PERFECTO (INDICATIVO)	PRESENTE PERFECTO (SUBJUNTIVO)
cantar (yo)	he cantado	que
conducir (tú)		que hayas conducido
decir (nosotros)		que
tener (vosotros)		que

C. Past Perfect. Change the verbs from the present perfect indicative to the past perfect indicative.

MODELO: Nos *hemos divertido.* → Nos habíamos divertido.

1. Me *he roto* la pierna. Me _____ la pierna.

2. *Han contaminado* el agua. _____ el agua.

3. Luis *ha hecho* investigaciones. Luis _____ investigaciones.

4. *Hemos descubierto* la verdad. _____ la verdad.

■■■Prueba corta

A. Escriba la forma adjetival del participio pasado para cada sustantivo.

MODELO: pájaros / proteger → los pájaros protegidos

1. fábricas / destruir _____

2. luces / romper _____

3. energía / conservar _____

4. montañas / cubrir de nieve _____

5. flores / morir _____

B. Seleccione la forma verbal apropiada para completar cada oración lógicamente.

1. Dudo que Juan _____ en el campo toda su vida.

   a. vive   b. haya vivido   c. ha vivido

2. Estoy seguro de que _____ este libro con papel reciclado.

   a. hayan hecho   b. han hecho   c. hacían

3. Dicen que ya _____ gran parte de los bosques amazónicos.

   a. han destruido   b. destruían   c. hayan destruido

4. Tú _____ tres viajes a Europa, ¿verdad?

   a. haces   b. hayas hecho   c. has hecho

5. No. Yo _____ a Europa sólo una vez.

   a. haya ido   b. voy   c. he ido

❖¡Repasemos!

Cambie los verbos en cursivas (*italics*) al pasado, usando el pretérito, el imperfecto o el pluscuamperfecto (*past perfect*). Lea toda la narración antes de empezar a escribir. La primera oración ya se ha hecho.

Durante la Segunda Guerra Mundial, Marcelo *es*[1] estudiante interno[a] en Bélgica.[b] Cuando *se anuncia*[2] que los alemanes *han cruzado*[3] la frontera, él y dieciséis otros jóvenes *se escapan*[4] en bicicleta en dirección a Francia. *Viajan*[5] principalmente de noche y por fin *llegan*[6] a París, donde él *tiene*[7] que abandonar su bicicleta. En París *toma*[8] un tren para el sur del país, con muchísima otra gente que *ha venido*[9] del norte. Marcelo *pasa*[10] casi tres años en un pueblo pequeño de la costa mediterránea hasta que *puede*[11] regresar a Bélgica, donde *empieza*[12] a buscar a sus padres, que *están*[13] entre los muchos que *han desaparecido*[14] durante la ocupación alemana. Aunque mucha gente *muere*[15] sin dejar rastro,[c] él *tiene*[16] la suerte de encontrar vivos a sus padres, quienes *piensan*[17] que Marcelo *ha desaparecido*[18] para siempre.

[a]*boarding* [b]*Belgium* [c]*a trace*

1. __era__
2. _____
3. _____
4. _____
5. _____
6. _____

7. _____
8. _____
9. _____
10. _____
11. _____
12. _____

13. _____
14. _____
15. _____
16. _____
17. _____
18. _____

❖Mi diario

En este capítulo Ud. ya ha escrito las tres cosas más interesantes que ha hecho en su vida. Ahora describa con detalles una de estas cosas. O, si prefiere, puede describir cualquier (*any*) incidente, bueno o malo, que haya tenido importancia en su vida. Mencione:

- cuándo ocurrió
- dónde estaba Ud.
- con quién(es) estaba
- por qué estaba Ud. allí
- lo que pasó

Incluya todos los detalles interesantes que pueda. Al final, describa las consecuencias que esta experiencia ha tenido en su vida.

CAPÍTULO 15

VOCABULARIO   Preparación

■■■Las relaciones sentimentales

❖**A. El amor y el matrimonio.** ¿Está Ud. de acuerdo con las siguientes ideas sobre el amor, el noviazgo y el matrimonio?

	SÍ	NO
1. Uno puede enamorarse apasionadamente sólo una vez en la vida.	☐	☐
2. Las personas que se casan pierden su libertad.	☐	☐
3. La familia de la novia debe pagar todos los gastos de la boda.	☐	☐
4. Las bodas grandes son una tontería porque cuestan demasiado dinero.	☐	☐
5. La luna de miel es una costumbre anticuada.	☐	☐
6. La suegra siempre es un problema para los nuevos esposos.	☐	☐
7. Cuando una mujer se casa, debe tomar el apellido de su esposo.	☐	☐
8. El hombre debe ser el responsable de los asuntos económicos de la pareja.	☐	☐
9. Si una mujer rompe con su novio, ella debe devolverle (*give him back*) el anillo de compromiso (*engagement ring*).	☐	☐

B. La vida social. Complete las oraciones con las palabras apropiadas del vocabulario.

1. La _____ es una ceremonia religiosa o civil en que se casan dos personas.

2. Blanco es el color tradicional para el vestido de la _____.

3. Muchas personas creen que los _____ deben ser largos para evitar problemas

   después del _____. Después de la boda los novios son _____.

4. Una persona que no demuestra cariño (*affection*) no es _____.

5. Una mujer _____ es una persona que no se ha casado.

6. Cuando una pareja no se _____ bien, debe tratar de solucionar sus problemas

   antes de _____.

7. Entre los novios hay amor; entre los amigos hay _____.

8. En los Estados Unidos, Hawai y las Cataratas del Niágara son dos lugares favoritos para pasar

   la _____.

9. Un hombre _____ es un hombre cuya (*whose*) esposa ha muerto.

C. Una carta confidencial. Lea la siguiente carta de «Indignada» y la respuesta de la sicóloga María Auxilio. Luego conteste las preguntas.

Querida María Auxilio:

Hace poco, mi novio decidió acabar con nuestro noviazgo y yo tuve que cancelar los planes para la boda, a la cual ya habíamos invitado a muchas personas. Por supuesto, mis padres perdieron una buena cantidad de dinero en contratos con el Country Club, la florista, etcétera. Pero lo peor para mí es que mi ex novio demanda que le devuelva el anillo de compromiso[a] que me dio hace dos años.

Yo se lo devolvería[b] sin protestar, pero mis padres insisten en que el anillo es mío,[c] y que me debo quedar con él. En verdad, es un anillo precioso, con un brillante de casi un quilate.[d] ¿Qué me aconseja Ud. que haga?

Indignada

Querida «Indignada»:

Sus padres tienen razón. Legalmente, el anillo es de Ud. Yo también le recomiendo que no se lo devuelva, y si él insiste, le puede decir que Ud. consideraría[e] hacerlo si él le reembolsara[f] a sus padres todos los gastos que ellos hicieron en los preparativos para la boda.

María Auxilio

[a]anillo... *engagement ring* [b]*would give back* [c]*mine* [d]brillante... *diamond of almost one carat* [e]*would consider* [f]*he repaid*

Comprensión

1. ¿Cuándo rompió el novio con «Indignada»?

   _____

2. ¿Qué preparativos habían hecho ya la novia y sus padres?

   _____

   _____

3. ¿Qué pide el novio que haga ahora «Indignada»?

   _____

4. Según doña Auxilio, ¿debe «Indignada» guardar o devolver el anillo?

   _____

5. Según la sicóloga,

   a. legalmente, el anillo es de _____.

   b. el ex novio debe reembolsar a _____ los _____.

❖¿Está Ud. de acuerdo con la recomendación de María Auxilio? Conteste brevemente.

_____

_____

_____

■■■Las etapas de la vida

A. Familias de palabras. Complete las oraciones con el sustantivo sugerido por la palabra indicada.

1. Los *jóvenes* sufren de problemas sentimentales durante su _____.

2. Los *adolescentes* pueden causarles muchos dolores de cabeza a sus padres durante la

   _____.

3. El _____ (acto de *nacer*) y la _____ (acto de *morir*) forman
   parte del círculo de la vida.

4. Durante su _____, el *infante* depende de sus padres para todo.

5. Se cree que una persona *madura* tiene mejor juicio (*judgment*) en la _____ que
   en la juventud.

6. Muchos *viejos* se quejan de dolores y problemas de salud cuando llegan a la

   _____.

7. Es importante que los *niños* tengan una _____ segura.

B. Palabras de amor y desengaño (*disillusionment*). ¿Cree Ud. en el amor a primera vista? ¿Ha tenido
alguna vez un gran desengaño amoroso? Los tres primeros poemas a continuación son de *Rimas*, del
gran poeta español del romanticismo Gustavo A. Bécquer (1836–1870). La cuarta selección contiene dos
estrofas (*stanzas*) del poema «Canción de otoño en primavera» del libro *Cantos de vida y esperanza*, del
famoso poeta del modernismo Rubén Darío, de Nicaragua (1867–1916).

Paso 1. Lea los cuatro poemas (¡preferiblemente en voz alta [*aloud*]!).

1. **LXXVII**

   Dices que tienes corazón, y sólo
   lo dices porque sientes sus latidos[a]
   Eso no es corazón... es una máquina
   que al compás que se mueve[b] hace ruido.

   [a]*beats* [b]*al... as it keeps time*

2. **XVII**

   Hoy la tierra y los cielos[a] me sonríen;
   hoy llega al fondo de mi alma[b] el sol; hoy
   la he visto... la he visto y me ha mirado...
   ¡Hoy creo en Dios!

   [a]tierra... *earth and the heavens*

   [b]al... *to the depth of my soul*

3. **XXXVIII**

   Los suspiros[a] son aire y van al aire
   Las lágrimas[b] son agua y van al mar.
   Dime, mujer: cuando el amor se olvida,
   ¿sabes tú adónde va?

   [a]*sighs* [b]*tears*

4. **Canción de otoño en primavera**

   Juventud, divino tesoro,[a]
   ¡ya te vas para no volver!
   Cuando quiero llorar, no lloro...
   y a veces lloro sin querer...

   . . .

   Mas a pesar del tiempo terco,[b]
   mi sed de amor no tiene fin;
   con el cabello[c] gris me acerco[d]
   a los rosales[e] del jardín...

   [a]*treasure* [b]Mas... *But in spite of relentless time*
   [c]*pelo* [d]me... *I approach* [e]*rose bushes*

Paso 2. Ahora identifique con números el poema que mejor coincide con las descripciones que siguen.

a. _____ Describe los sentimientos del amor a primera vista.

b. _____ Habla con tristeza (*sadness*) del amor perdido.

c. _____ Parece ser escrito por una persona en la madurez de su vida.

d. _____ Desengañado, le habla con sarcasmo a la persona amada.

GRAMÁTICA

44. ¿Hay alguien que... ? ¿Hay un lugar donde... ? • The Subjunctive (Part 6): The Subjunctive after Nonexistent and Indefinite Antecedents

A. En la playa. Mire Ud. la siguiente escena e indique si las declaraciones son ciertas o falsas.

	C	F
1. No hay nadie que juegue al béisbol.	☐	☐
2. Hay personas que juegan al vólibol.	☐	☐
3. Hay alguien que nada en el océano.	☐	☐
4. Hay alguien que llora.	☐	☐
5. No hay nadie que lea una revista.	☐	☐
6. Hay personas que corren.	☐	☐
7. No hay nadie que practique deportes.	☐	☐
8. No hay nadie que esté enamorado.	☐	☐

B. Todos buscan lo que no tienen. Complete las oraciones con la forma apropiada del subjuntivo de los verbos entre paréntesis.

a. Los Vásquez viven en un apartamento en el centro. Quieren una casa que

_____[1] (ser) más grande, que _____[2] (estar) en la costa, que

_____[3] (tener) vista a la playa y que no _____[4] (costar) un

millón de dólares. Francamente, dudo que la _____[5] (encontrar).

b. En nuestra oficina necesitamos un secretario que _____[1] (saber) lenguas

extranjeras, que _____[2] (ser) experto en computadoras, que no

_____[3] (fumar), que no _____[4] (pasar) todo el día hablando

por teléfono, que _____[5] (llegar) a tiempo, que no _____[6]

(ponerse) irritado con los clientes y que no _____[7] (enfermarse) cada lunes.

c. No conozco a nadie en esta universidad. Busco amigos que _____[1] (practicar)

deportes, que _____[2] (jugar) al ajedrez, que _____[3] (escuchar)

jazz, que _____[4] (hacer) *camping* y a quienes les _____[5] (gustar)

ir al cine.

C. Situaciones. Complete las oraciones según las indicaciones. Use el subjuntivo o el indicativo, según sea necesario. ¡OJO! ¡Cuidado con la concordancia (*agreement*) de los adjetivos y con las preposiciones!

1. Tenemos unos amigos que _____ (vivir / playa), pero

   no conocemos a nadie que _____ (vivir / montañas).

2. Luisa quiere conocer a alguien que _____ (enseñarle /

   hablar) francés porque tiene un primo francés que _____

   (venir / visitar) a su familia durante el verano.

3. Elena tiene unos zapatos que _____ (ser / bonito) pero que

   _____ (hacerle) daño a los pies. Por eso está buscando unos que

   _____ (ser / cómodo), que _____ (estar /

   moda) y que _____ (ir bien / falda / rosado). Aquí no

   ve nada que _____ (gustarle).

4. Aquí no hay ningún apartamento más barato que _____ (*nosotros:*

   poder / alquilar) para el verano, pero en Lake Champlain siempre se encuentran uno o dos

   que _____ (ser / razonable) y que no

   _____ (estar / lejos / centro).

45. *Lo hago para que tú...* • The Subjunctive (Part 7): The Subjunctive After Conjunctions of Contingency and Purpose

A. De viaje. Mario y su esposa Elsa van de vacaciones. Vuelva a escribir lo que dicen, reemplazando la frase preposicional por una cláusula con el subjuntivo del verbo indicado.

1. Llama a tus padres *antes de salir.*
   Llama a tus padres antes de que (nosotros) _____.

2. Cierra las puertas con llave *antes de irte.*
   Cierra las puertas con llave antes de que (nosotros) _____.

3. Escribe la dirección *para no equivocarte.*
   Escribe la dirección para que (nosotros) no _____.

4. Vamos al hotel *para descansar.*
   Vamos al hotel para que (tú) _____.

B. Los planes de Berti y Carla. Berti y Carla están haciendo planes para ir a esquiar la semana que viene. Complete lo que dicen, según las indicaciones. **¡OJO!** Fíjese en (*Note*) las conjunciones en letra cursiva que introducen los verbos que siguen.

1. Llama a Eva *en caso de que*

   a. _____ (*ella:* querer) acompañarnos.

   b. no _____ (saber) nuestra dirección.

   c. _____ (estar) en casa.

2. Eva dice que no puede ir con nosotros *a menos que*

   a. _____ (*nosotros:* volver) antes del sábado.

   b. su madre _____ (prestarle) dinero.

   c. ella _____ (conseguir) un par de esquíes.

3. Vamos a salir por la mañana *antes de que*

   a. _____ (llover).

   b. _____ (haber) mucho tráfico.

   c. _____ (empezar) a nevar.

C. Hablando de ir a la playa. Complete los comentarios con la preposición o conjunción apropiada de la lista.

antes de (que)   en caso de (que)   para (que)   sin (que)

1. Vamos a la playa _____ jugar al vólibol.

2. Vamos a salir temprano _____ no tengas que manejar cuando hay mucho tráfico.

3. Todos siempre quieren nadar _____ comer.

4. Vamos a comer _____ sea muy tarde.

5. No salgas _____ llevar bastante dinero.

6. Lleva tu suéter _____ haga frío por la noche.

D. «¡Antes que te cases, mira lo que haces!»* Un amigo está hablando de casarse y Ud. le recomienda que haga algunas cosas antes de tomar esa decisión.

Palabras útiles

casarse   amarse y llevarse bien

conocerse   tener un buen trabajo

enfermarse o haber una emergencia

1. No te cases a menos que _____.

2. Debes tener ahorros (*savings*) suficientes en caso de que _____

_____.

3. Debes hacer que las dos familias se reúnan para que los parientes _____

_____.

4. No te preocupes si todos no se llevan bien, con tal de que tú y tu novia _____

_____.

5. Si hay algún problema serio, habla con tu novia antes de (que) _____

_____.

_____

*Popular saying (**dicho**) that is equivalent to "Look before you leap."

¡Otra versión de Romeo y Julieta! Complete esta versión nueva de la historia. Use el presente de indicativo o subjuntivo, según sea necesario. Cuando se presenten dos posibilidades, escoja la correcta.

En Sevilla, nadie sabe por qué, las familias de Romeo y Julieta no _____¹ (llevarse)

bien. En verdad, _____² (odiarse) y (por / para) _____³ eso viven en

barrios diferentes, separados por el río Guadalquivir. No hay nadie que no _____⁴

(saber) que la mala sangre _____⁵ (haber) existido entre las dos familias (por / para)

_____⁶ mucho tiempo. Las dos familias han _____⁷ (hacer) todo

lo posible para que sus hijos no _____⁸ (conocerse). A pesar de todoª, un día los

dos jóvenes _____⁹ (encontrarse) en la universidad, se hacenᵇ amigos y luego

_____¹⁰ (enamorarse) locamente.

Para que sus padres no _____¹¹ (verlos), ellos _____¹²

(encontrarse) en secreto en la biblioteca, en el parque ¡y hastaᶜ en la catedral! (Por / Para)

_____¹³ fin, las familias lo _____¹⁴ (descubrir) todo e insisten en

que los novios _____¹⁵ (romper) sus relaciones. El padre de Julieta, enojadísimo,

le dice que en caso de que ella no _____¹⁶ (obedecerlo), él la va a sacar de la

universidad y la _____¹⁷ (ir) a mandar a vivir con su abuela en las Islas Canarias.

Confrontados con la terrible realidad de sus vidas, los enamorados dejan la universidad antes

de que _____¹⁸ (terminarse) el curso y _____¹⁹ (escaparse) a

Santander, (lejos / cerca) _____²⁰ de la tiranía de sus familias. Cuando los padres

descubren lo que _____²¹ (haber) hecho, les piden que _____²²

(volver) a Sevilla y les prometen que van a permitirles que se casen con tal que

_____²³ (acabar) sus estudios universitarios.

ªA... *In spite of everything* ᵇse... *they become* ᶜ*even*

PERSPECTIVAS CULTURALES

Chile

Escoja la palabra o frase que mejor completa cada oración a continuación.

1. El Estrecho de (Paine / Magallanes) conecta el océano Atlántico con el Pacífico.
2. La calidad de vida en Chile es (mejor / peor) que muchos países latinoamericanos.
3. El desierto de Atacama es uno de los lugares más (lluviosas / áridas) del mundo.
4. Chile exporta (mucho vino / muchas empanadas) a los Estados Unidos.
5. En la lengua de los rapanuis, «moai» significa «(escultura / volcán)».
6. La tasa de alfabetización en Chile es de casi el (80 / 95) por ciento.
7. La barrera natural entre Chile y otros países sudamericanos se llama (las Torres del Paine / la Cordillera de los Andes).

PÓNGASE A PRUEBA

■■■A ver si sabe...

A. Use of Subjunctive After Nonexistent and Indefinite Antecedents. Complete las oraciones con el presente de indicativo o subjuntivo, según sea necesario.

1. Tengo un amigo que _____ (ser) de Bolivia.

2. Busco a alguien que _____ (saber) hablar alemán.

3. Aquí hay alguien que _____ (conocer) al autor.

4. No veo a nadie que _____ (hacer) ejercicio.

5. ¿Hay alguien que _____ (pensar) manejar al centro?

B. Subjunctive after Conjunctions of Contingency and Purpose

1. Escriba la letra de la conjunción apropiada para completar cada oración.

   a. antes (de) que

   b. con tal (de) que

   c. a menos que

   d. para que

   1. No voy a invitar a Juan, _____ se disculpe.

   2. Luis reserva una mesa _____ tú y él cenen juntos.

   3. Voy adonde tú quieras, _____ me acompañes.

   4. Carmen se viste y se peina _____ llegue su novio.

2. Complete las oraciones con el presente de subjuntivo o el infinitivo del verbo indicado, según sea necesario.

   a. Vamos a salir ahora para _____ (poder) llegar a tiempo.

   b. Llama a Elena antes de que _____ (*ella:* salir).

   c. Lleva dinero extra en caso de que _____ (*tú:* tener) algún problema.

   d. No te vayas sin _____ (llamarme) primero.

■■■Prueba corta

A. Complete las oraciones con la forma apropiada del indicativo o del subjuntivo del verbo entre paréntesis, según el contexto.

   1. Estoy buscando a alguien que _____ (querer) viajar a Europa este invierno.

   2. No conozco a nadie que _____ (ir) de vacaciones en invierno, pero tengo

      varios amigos que siempre _____ (viajar) en verano.

   3. Hoy día no hay muchos bebés que _____ (nacer) en casa.

   4. Conozco a alguien que _____ (acabar) de tener una boda grande.

   5. Algunos muchachos sólo quieren encontrar una novia que _____ (ser) rica y bonita.

B. Complete las oraciones con la forma apropiada del subjuntivo o con el infinitivo, según el contexto.

   1. Uds. deben conocerse bien antes de _____ (casarse).

   2. Los recién casados tienen que trabajar para que _____ (poder) comprar una casa.

   3. En caso de que me _____ (*tú:* necesitar), llámame.

   4. No debes salir a menos que _____ (haber) estudiado para el examen.

   5. ¡Voy contigo a la ópera con tal que (tú) me _____ (conseguir) una entrada!

   6. Por favor, dales dinero antes de que _____ (*ellos:* irse).

PUNTO FINAL

❖¡Repasemos!

Otra carta confidencial. Lea la siguiente carta de «Confundido» y la respuesta de la sicóloga María Auxilio. Luego conteste las preguntas.*

_____

*Dos estudiantes de cuarto semestre escribieron estas cartas: Keith Olsen y Patricia Castro. Las cartas han sido un poco modificadas.

Querida Dra. Auxilio:

Tengo un problema grave, y espero que Ud. me pueda ayudar. Soy un chico joven y tengo una novia que vive muy lejos de mí. Como^a vive tan lejos, no nos podemos ver con frecuencia, pero todavía nos escribimos a menudo^b y nos queremos mucho. Otra chica quiere que yo salga con ella, pero cuando le digo que tengo novia, se ríe y me dice que no le parece que dos personas puedan ser novios de verdad^c si viven tan lejos la una de la otra. Me dice que yo le gusto y, a decir verdad, ella me gusta a mí también. Es bien^d guapa e inteligente. Me gustaría salir con ella, pero no quiero traicionar^e a mi novia. ¿Qué puedo hacer?

Confundido

Querido Confundido:

Creo que tu problema es algo especial. Mi consejo es que analices tus sentimientos hacia tu enamorada y, si la quieres de verdad, entonces no la traiciones. Pero eso no quiere decir^f que no puedas salir con amigas y pasarlo bien sanamente.^g Eres joven y a veces es bueno comparar y no atarte^h a tus propios sentimientos. Si de verdad no te interesa ninguna otra mujer más que tu novia, entonces recuerda que cuando hay amor todo se supera.^i Gracias por escribirme y ¡ojalá todo te salga bien!

María Auxilio

^a*Since* ^b*a... frecuentemente* ^c*de... realmente* ^d*muy* ^e*to betray* ^f*no... it doesn't mean* ^g*safely*
^h*tie yourself down* ^i*se... can be resolved*

Comprensión

1. ¿Qué espera «Confundido» que haga la Dra. Auxilio?

_____

2. ¿Cuál es el problema del joven?

_____

3. ¿Qué dice «la otra chica» de las personas que viven lejos la una de la otra?

_____

4. ¿Qué no desea hacer «Confundido»?

_____

5. Complete las siguientes oraciones para dar un resumen de la respuesta de la Dra. Auxilio.

La Dra. Auxilio le recomienda a «Confundido» que _____^1 sus sentimientos

y que no _____^2 a su novia si _____^3 de verdad. Pero también

le dice que _____^4 con la otra chica porque así puede comparar sus sentimientos
hacia las dos.

❖Mi diario

Primero describa Ud. cómo era su vida social en la escuela secundaria. (Use el imperfecto de indicativo.) Luego, escriba sobre sus actividades sociales como estudiante universitario. (Use el presente de indicativo o subjuntivo.) Haga referencias a las amistades, noviazgos, diversiones y problemas que tenía/tiene con sus compañeros. Finalmente, haga una comparación entre las dos etapas de su vida social. Puede usar la siguiente lista de palabras útiles.

Palabras útiles

a diferencia de (*unlike*)

a pesar de (*in spite of*)

en cambio (*on the other hand*)

pero

también

CAPÍTULO 16

VOCABULARIO Preparación

■■■Las profesiones y los oficios

A. ¿Qué oficio o profesión tienen? Vea la lista si necesita ayuda.

abogado	hombre/mujer de negocios	obrero
bibliotecario	ingeniero	periodista
comerciante	maestro	plomero
enfermero	médico	siquiatra

1. Es dueño/a de una compañía que produce y vende ciertos productos o servicios.

   _____

2. Es un trabajador sin especialización. _____

3. Va a las casas para arreglar o instalar aparatos que usan agua. _____

4. Generalmente tiene un almacén donde se venden artículos de varias clases. _____

5. Ayuda al doctor en su consultorio o en el hospital. _____

6. Prepara documentos legales para sus clientes. _____

7. Es un médico que ayuda a las personas que tienen problemas mentales o sicológicos.

   _____

8. Enseña en una escuela primaria o secundaria. _____

9. Ayuda a construir casas, edificios, calles, etcétera. Debe ser un buen matemático.

   _____

10. Trabaja en un hospital o en su consultorio privado. Gana mucho dinero. _____

11. Escribe las noticias que se publican en el periódico. _____

12. Trabaja en una biblioteca. _____

B. Oficios y profesiones. Lea la siguiente anécdota y conteste las preguntas.

Dos hombres viajaban en autobús de Guayaquil a Quito. Iban sentados juntos y pronto empezaron a conversar sobre sus familias. Uno de ellos dijo:

—Yo solamente tengo tres hijos. Todos ya mayores... y profesionales. Los tres son intelectuales. Mi hija es profesora, un hijo es abogado y el otro, arquitecto.

—¡Qué bueno, hombre! Y Ud., ¿qué hace? —le preguntó curioso el otro viajero.

—¿Yo?... Pues... yo soy comerciante. Tengo una tienda de abarrotes[a] en Guayaquil. No es un gran negocio pero me permite ganar lo suficiente para poder mantener[b] a mis tres hijos y a sus familias.

[a]tienda... *grocery store*   [b]*to support*

1. ¿Cómo y adónde viajan los dos hombres?

   _____

2. ¿Cómo son los hijos de uno de ellos y qué profesiones tienen?

   _____

3. ¿Cuál es el oficio del padre?

   _____

4. Siendo profesionales los hijos, ¿ganan lo suficiente para mantener a sus familias?

   _____

5. Según esta anécdota, ¿cuál es el problema de algunos profesionales en Hispanoamérica?

   _____

■■■El mundo del trabajo

A. Consejos para encontrar empleo. Déle consejos a su hermana menor. Complete las oraciones con la forma apropiada de las palabras de la lista. Use el mandato familiar cuando sea necesario.

caerle bien	empleo	llenar
currículum	empresa	mujer de negocios
dejar	entrevista	renunciar
director de personal	escribirlo en la computadora	solicitud

1. Prepara tu _____ con cuidado, incluyendo todos los empleos y experiencia que has tenido.

2. No lo escribas a mano; _____ y ten cuidado que no haya errores.

3. Ve a la oficina de _____ de la universidad y busca anuncios en el periódico.

4. Llama a todas las oficinas que ofrezcan posibilidades; no te limites a sólo una. Pide una

   _____ con el _____.

5. Ve a la biblioteca e infórmate sobre la _____: su historia, qué tipo de trabajo

   hacen, etcétera.

6. Si te llaman para entrevistarte, vístete como _____.

7. _____ la _____ con bolígrafo; no uses lápiz.

8. Si te dan el empleo, ¡magnífico! Pero, si después de algún tiempo no ves oportunidades de

   avanzar en la empresa, piensa en _____ al puesto, pero no lo

   _____ antes de conseguir otro empleo.

B. Situaciones. Conteste las preguntas según los dibujos.

1. a. ¿Qué busca el señor a quien están entrevistando? _____

   _____

   _____

   b. ¿Duda él mucho de poder colocarse (*get a job*) allí? ¿O parece que tiene contactos
      (*connections*)?

   _____

   _____

2. a. ¿El jefe está despidiendo o empleando (*hiring*) al joven?

   _____

   b. ¿Qué es necesario que haga el joven para obtener otro puesto?

   _____

3. a. ¿Qué está haciendo esta aspirante? _____

   b. ¿Qué espera que suceda (*will happen*)? _____

   _____

■■■Una cuestión de dinero

❖**A. El dinero y yo.** Indique lo que Ud. hace con su dinero según las siguientes declaraciones.

	C	F
1. Si quiero comprar algo y no tengo suficiente dinero, espero hasta ahorrar lo suficiente.	☐	☐
2. Si quiero comprar algo y no tengo suficiente dinero, se lo pido prestado a alguien.	☐	☐
3. No me gusta ir solo/a al cajero automático por la noche.	☐	☐
4. Tengo una cuenta corriente.	☐	☐
5. Prefiero pagar en efectivo para controlar mejor mis gastos.	☐	☐
6. Uso mucho la tarjeta de crédito y casi siempre tengo que pagar intereses.	☐	☐
7. Cuando le pido un préstamo a un amigo, siempre se lo devuelvo en la fecha prometida.	☐	☐
8. Hacer un presupuesto es una pérdida de tiempo.	☐	☐
9. Estoy comprando un coche a plazos.	☐	☐

B. Roberto y Elena. Roberto y su esposa Elena están hablando de su presupuesto mensual (*monthly*). Complete el diálogo con la forma apropiada de las palabras de la lista.

ahorrar	devolver	presupuesto
alquiler	factura	quejarse
corriente	gastar	

ROBERTO: En los últimos dos meses hemos _____[1] tanto dinero que no hemos podido _____[2] nada. Debemos economizar más.

ELENA: Es cierto, pero es difícil seguir nuestro _____[3] mensual con el constante aumento de gastos.

ROBERTO: Hoy es el primero de abril y tenemos que pagar el _____[4] de la casa.

ELENA: Si no depositamos más dinero en nuestra cuenta _____,[5] no vamos a poder pagar nuestras _____.[6]

ROBERTO: Realmente creo que debes _____[7] esos dos vestidos de Gucci que compraste ayer, ¿no te parece?

ELENA: ¡Tú siempre _____[8] de mis gastos pero no dejas de manejar tu Porsche!

C. En la agencia de automóviles. Carlos está comprando un coche de segunda mano y habla con el agente. Complete el diálogo con la forma apropiada de las palabras de la lista.

> a plazos   cajera   tarjeta de crédito
> en efectivo   préstamo

CARLOS: Me gustaría comprar el coche _____[1] para ahorrar los intereses, pero no tengo suficientes ahorros.

AGENTE: No hay ningún problema. Ud. puede pagarlo _____[2] Y si necesita un

_____[3] se lo damos a sólo el doce por ciento.

CARLOS: Es una buena idea. Puedo usar mi _____[4] para hacer el primer pago, ¿verdad?

AGENTE: ¡Cómo no! Pase a la oficina. La _____[5] le va a dar el recibo (*receipt*).

D. Finanzas creativas. Lea la tira cómica y conteste las preguntas.

Source: Bob Englehart, *The Hartford Courant*
ªgastar con exceso ᵇdinero… *cash*

1. ¿Qué ha decidido hacer la pareja que gasta demasiado?

_____

2. ¿Qué tipo de fondos (*funds*) les pide el cajero para abrir la cuenta?

_____

3. ¿Qué quiere usar la pareja?

_____

4. ¿Qué muestra este chiste con respecto al uso de la tarjeta de crédito?

_____

❖**¿Y Ud.?** ¿Cómo es Ud. con respecto al uso de las tarjetas de crédito? ¿Cuántas tiene? ¿Con qué frecuencia las usa? ¿En qué circunstancias?

_____

_____

46. Talking About the Future • Future Verb Forms

❖**A.** **¿Cómo será mi vida el próximo año?** Indique lo que Ud. piensa que hará o le pasará a Ud.

1. ☐ Estaré en el segundo año de español.

2. ☐ Tendré un apartamento nuevo o una casa nueva.

3. ☐ Haré un viaje a Europa.

4. ☐ Me enamoraré otra vez.

5. ☐ Volveré a vivir con mis padres / Viviré con mis hijos.

6. ☐ Conseguiré un buen puesto / un mejor puesto.

7. ☐ Seguiré estudiando en la universidad.

8. ☐ Podré ahorrar más dinero.

9. ☐ Me compraré ropa nueva.

B. **¿Qué pasará este verano?** Complete las oraciones con el futuro de los verbos.

1. Yo _____ (buscar) otro trabajo que me pague más y _____ (comprar) un coche nuevo.

2. Tú _____ (hacer) un viaje a Francia y _____ (vivir) con una familia allí.

3. Mi primo Miguel _____ (venir) a visitarnos y _____ (estar) un mes con nosotros.

4. Nosotros _____ (ir) de excursión y _____ (divertirse).

5. Patricia y Antonio _____ (tener) que mudarse a fines de junio y por eso no

   _____ (poder) acompañarnos.

6. Nosotros _____ (salir) para México en julio y no _____ (volver) hasta fines de agosto.

C. **El viernes por la noche.** Imagínese que Ud. conoce bien a sus parientes y amigos y sabe lo que harán o *no* harán el viernes después de clases. Complete las oraciones con el futuro de los verbos entre paréntesis.

1. Mi hermano _____ (cobrar) su cheque y _____ (ponerlo) todo en su cuenta de ahorros.

2. Mis padres no _____ (querer) hacer nada y _____ (sentarse) a mirar la televisión.

3. Mi hermana Julia no _____ (saber) qué hacer y también _____ (quedarse) en casa.

4. Tito _____ (decirles) a todos que tiene que estudiar.

5. Andrés y yo _____ (tener) que trabajar, pero a las once _____

   (ir) a una discoteca y _____ (bailar) hasta las dos.

D. **¿Qué pasará si... ?** Complete las oraciones lógicamente con el futuro de los verbos entre paréntesis.

1. Si ahorro dinero, pronto (poder) _____ .

2. Si vamos por la autopista a estas horas, (haber) _____ .

3. Si no llamo a Anita esta noche, ella (ponerse) _____ .

4. Si no me das un mapa, (yo) no (saber) _____ .

E. **Especulaciones.** ¿Qué harán sus compañeros de la escuela secundaria? Haga especulaciones acerca de (*about*) lo que hacen ellos *ahora*, según las indicaciones. Use el futuro de probabilidad.

MODELO: A Pepe le gustaban los coches. (trabajar / taller de automóviles) →
Ahora trabajará en un taller de automóviles.

1. A Mario le gustaban las matemáticas. (estudiar / ingeniería)

_____

2. A Bárbara le encantaban las computadoras. (ser / programadora)

_____

3. Julia sólo pensaba en casarse. (estar / casada)

_____

4. Tito jugaba muy bien al basquetbol. (jugar / equipo profesional)

_____

47. Expressing Future or Pending Actions • The Subjunctive (Part 8): The Subjunctive and Indicative After Conjunctions of Time

A. **¿Cuándo hace Ud. estas cosas?** Indique la mejor manera de completar las siguientes oraciones. Luego indique si se refiere a una acción habitual (el indicativo) o a una acción futura (el subjuntivo).

		HABITUAL	FUTURO
1. Siempre le pido un préstamo a mi hermano cuando…			
a. me falta dinero	b. me falte dinero	☐	☐
2. Depositaré mi cheque en cuanto…			
a. salgo del trabajo	b. salga del trabajo	☐	☐
3. Firmaré los cheques después de que…			
a. llego al banco	b. llegue al banco	☐	☐
4. El cajero siempre me da un recibo (*receipt*) después de que…			
a. deposito mi dinero	b. deposite mi dinero	☐	☐
5. Pienso cobrar mi cheque tan pronto como…			
a. se abra el banco	b. se abre el banco	☐	☐

B. ¿Cómo se dice en español? ¡RECUERDE! The use of the subjunctive or the indicative, *after conjunctions of time*, is entirely dependent on whether you are talking about a present, habitual action (use present indicative), a past action (use preterite, imperfect, and so on), or a future action (use present subjunctive).

1. (cuando / casarse)

   a. When I got married . . . _____

   b. When I get married (*future*) . . . _____

2. (tan pronto como / volver)

   a. As soon as I return (*habitual, present*) . . . _____

   b. As soon as I returned (*last night*) . . . _____

   c. As soon as I return (*future*) . . . _____

3. (hasta que / llamarnos)

   a. . . . until they call us (*habitual, present*) _____

   b. . . . until they called us (*habitual, past*) _____

   c. . . . until they call us (*future*) _____

4. (después [de] que / irnos)

   a. After we leave (*habitual, present*) . . . _____

   b. After we left (*last night*) . . . _____

   c. After we leave (*future*) . . . _____

C. ¿Qué harán? Tell what the following people will do when the conditions are ideal.

   MODELO: yo / estudiar / cuando / tener tiempo → Yo estudiaré cuando tenga tiempo.

1. Elena / hacer su viaje / en cuanto / recibir / pasaporte _____

   _____

2. ellos / no casarse / hasta que / encontrar casa _____

   _____

3. Roberto / llamarnos / tan pronto como / saber los resultados _____

   _____

4. Mario / venir a buscarnos / después de que / volver su hermano _____

   _____

5. mi hermana y yo / ir a México / cuando / salir de clases _____

   _____

D. Cambiando dinero en México. Restate the following narrative to tell what *will* happen. Remember to use the subjunctive in the dependent clause after conjunctions of time that introduce *future* events.

MODELO: Salí en cuanto me llamaron. → Saldré en cuanto me llamen.

1. Cuando viajé a México, llevé solamente dólares y tuve que cambiarlos a pesos. _____

_____

2. Fui a la Casa de Cambio Génova, en el Paseo de la Reforma. _____

_____

3. Firmé los cheques de viajero (*traveler's checks*) en cuanto entré en el banco. _____

_____

Casa de Cambio

SUCURSAL GENOVA   GENOVA N° 2 Local N-bits

Paseo de la Reforma N° 284   Col. Juárez
06600 México, D.F.   Tels. 528-5414
R. F. C. CCM-8507111A3   Ced. Emp. 1394652
Autorización 299097

DE DOCUMENTOS Y TRANSFERENCIA

CANTIDAD	DIVISA	TIPO	IMPORTE
Situaciones A deducir (domumentos foraneos)			
Otros			
Impuesto			
Total a deducir			
		A PAGAR	

4. Hice cola hasta que fue mi turno. _____

_____

5. Le di mi pasaporte al cajero tan pronto como me lo pidió. _____

_____

6. Después de que le di 100 dólares, él mi dio un recibo (*receipt*). _____

_____

7. Me devolvieron el pasaporte cuando me dieron el dinero. _____

_____

8. Fui al restaurante Delmónico's en la Zona Rosa en cuanto salí de la Casa de Cambio.

_____

A. El Banco Hispano Americano. Lea el anuncio del Banco Hispano Americano y conteste las preguntas.

Los clientes del Hispano tienen la clave de todas las ventajas.

Rapidez

El Sr. Díaz dice que no tiene precio el tiempo que le ahorra su 4B del Hispano. Sin colas y sin esperas, realiza sus operaciones bancarias de camino a la oficina. Y cuando viaja, su 4B del Hispano le ahorra el mismo tiempo en cualquier ciudad, con sus 750 telebancos.

Facilidad

A doña Mercedes le parece maravilloso poder sacar dinero con sólo mover un dedo. Y todavía le parece más maravilloso que una tarjeta con tantas ventajas sea gratis.

Comodidad

Paco y Marta piensan que la tarjeta 4B del Hispano es el invento del siglo. Sobre todo cuando les apetece ir a cenar y al cine, y su 4B del Hispano les proporciona dinero a cualquier hora.

Tranquilidad

Y José Miguel, que es un despistado, valora especialmente la seguridad de la 4B del Hispano. Si se pierde, nadie más que él la puede usar, porque sólo él conoce su número clave.

Pida su Tarjeta 4B al Hispano. Y, si ya la tiene, disfrútela. Sus ventajas son clave.

Banco Hispano Americano

---

1. ¿Cuáles son las cuatro ventajas de la Tarjeta 4B? Para contestar, identifique los sustantivos derivados de estos adjetivos:

   rápido _____   cómodo _____

   fácil _____   tranquilo _____

2. ¿Qué le ahorra la tarjeta al Sr. Díaz?

   _____

3. ¿Cuántos telebancos (*automatic teller machines*) tiene el Banco Hispano Americano? (Escriba el número en palabras.)

   _____

4. ¿Qué es lo más maravilloso de esta tarjeta para doña Mercedes?

   _____

5. Para Paco y Marta, ¿qué es lo mejor de tener esta tarjeta?

   _____

6. Y para el distraído José Miguel, ¿cuál es la ventaja?

   _____

❖7. ¿Tiene Ud. una tarjeta bancaria? ¿Con qué frecuencia la usa?

   _____

❖8. ¿Siempre paga Ud. sus cuentas lo más rápido posible o con frecuencia acaba Ud. pagando intereses?

   _____

B. ¿Qué traerá el futuro? Form complete sentences using the words provided in the order given. Make any necessary changes, and add other words when necessary. Give the future tense of verbs unless another tense (or the subjunctive mood) is required.

> MODELO: (nosotros) ir / Guatemala / próximo / primavera →
> Iremos a Guatemala la próxima primavera.

1. en / año / 2050 / ya / no / haber / guerras

   _____

2. en dos años / (yo) saber / hablar español / bastante bien

   _____

3. ojalá que Uds. / venir / verme / año que viene (¡ojo!)

   _____

4. próximo / año / (yo) poder / comprar / mi / propio / computadora

   _____

5. (nosotros) comprar / coche / rojo / descapotable / cuando / ganar / lotería

   _____

6. jubilarme / cuando / tener /65 años / a menos que / ganar / lotería / antes

   _____

❖**C. Comentarios de un viajero** (*traveler*). Complete las oraciones lógicamente.

1. No fui a _____ hasta que _____.

   _____.

2. No iré a Europa hasta que _____.

3. Ayer volví a casa en cuanto _____.

4. Saldré para Acapulco en cuanto _____.

5. Me quedé en un hotel muy barato cuando _____.

   _____.

6. Me quedaré en un hotel elegante cuando _____.

Conteste las preguntas brevemente con la información apropiada.

1. ¿Qué países europeos disputaron el territorio uruguayo por muchos años? _____

2. ¿Por qué son importantes los ríos para la economía del Paraguay?

   _____

3. ¿Cuál es la herencia racial de 95 por ciento de los paraguayos? _____

4. ¿Cuáles son las dos playas de Punta del Este y dónde están?

   _____

5. ¿Cuál es la música típica del Uruguay y con qué se toca?

   _____

6. ¿Es el arpa un instrumento indígena? _____

7. ¿Por qué es importante la Represa de Itaipú?

   _____

PÓNGASE A PRUEBA

■■■A ver si sabe...

A. **Future Verb Forms.** Complete la siguiente tabla.

INFINITIVO	YO	UD.	NOSOTROS	ELLOS
llevar	llevaré			
poder		podrá		
saber			sabremos	
salir				saldrán
venir				

B. Subjunctive and Indicative After Conjunctions of Time. Escoja la forma verbal correcta.

1. Ahorraré más en cuanto _____ un aumento de sueldo.

   a. me den   b. me dan   c. me darán

2. Su madre piensa jubilarse cuando _____ 60 años.

   a. tendrá   b. tiene   c. tenga

3. Siempre cobro mi cheque cuando lo _____.

   a. recibo   b. recibí   c. reciba

4. Tan pronto como _____ a casa, te llamaremos.

   a. volvemos   b. volvamos   c. volveremos

5. No podré tener un empleo de tiempo completo hasta que _____ mis estudios.

   a. termino   b. terminé   c. termine

6. ¡Antes que _____, mira lo que haces!

   a. te casas   b. te cases   c. te casaste

■■■Prueba corta

A. Complete las oraciones con el futuro del verbo entre paréntesis.

1. Mañana, si tengo tiempo, _____ (ir) a la biblioteca.

2. Elena va a comprar una casa y el lunes _____ (hacer) el primer pago.

3. No quiero ir a ese café. Allí _____ (haber) mucha gente.

4. Cuando reciba mi cheque, lo _____ (poner) en el banco.

5. No le prestes dinero a Enrique. No te lo _____ (devolver) nunca.

B. Complete las oraciones con el indicativo o el subjuntivo del verbo entre paréntesis, según el contexto.

1. Pagaremos la factura tan pronto como la _____ (*nosotros:* recibir).

2. Te daré un cheque después de que _____ (*yo:* depositar) dinero en mi cuenta corriente.

3. No podré comprar un coche hasta que _____ (*yo:* poder) ahorrar más dinero.

4. En el banco me pidieron la licencia de manejar cuando _____ (ir) a cobrar un cheque.

5. Viajaremos a Madrid en cuanto se _____ (terminar) las clases.

6. El verano pasado yo siempre iba a la playa en cuanto _____ (tener) tiempo.

7. Me graduaré cuando _____ (pasar) todos mis exámenes.

PUNTO FINAL

❖¡Repasemos!

Padres e hijos. Escriba una composición de dos párrafos comparando sus ideas con las de sus padres. Use las preguntas como guía.

PÁRRAFO 1
1. Cuando Ud. estaba en la escuela secundaria, ¿qué tipo de hijo/a era Ud.? (¿rebelde, obediente, cariñoso/a, desagradable, quieto/a, egoísta, comprensivo/a, etcétera?)
2. ¿Se llevaban bien Ud. y sus padres o discutían mucho?
3. ¿En qué cosas no estaba Ud. de acuerdo con sus padres? ¿Protestaba mucho o los obedecía por lo general sin protestar?
4. ¿Era fácil o difícil hablar con sus padres?
5. ¿A quién le confesaba sus problemas más íntimos?

PÁRRAFO 2
1. ¿Piensa Ud. casarse y tener hijos? (¿Ya se ha casado? ¿Tiene hijos?)
2. ¿Qué aspectos son importantes en las relaciones entre padres e hijos?
3. ¿Qué querrá Ud. que hagan sus hijos? (¿Qué quiere que hagan sus hijos?)
4. ¿Qué tipo de padre/madre será (es) Ud.?

❖Mi diario

Escriba en su diario unos párrafos sobre las ventajas y desventajas de la profesión u oficio que piensa seguir. Recuerde usar palabras conectivas.

Frases útiles

de todas maneras (*anyway*)	por otra parte (*on the other hand*)
en cambio (*on the other hand*)	sin embargo (*however*)

Considere los siguientes puntos:

- la satisfacción personal
- las ventajas o desventajas económicas
- las horas de trabajo
- el costo del equipo profesional cuando empiece a trabajar
- la posible necesidad de mudarse para encontrar empleo o para establecer su propia oficina

Si Ud. no ha decidido todavía qué carrera va a seguir, escriba sobre alguien que Ud. conoce (puede entrevistarlo/la), pero haga referencia a los mismos puntos.

CAPÍTULO **17**

VOCABULARIO Preparación

■■■Las noticias

❖**A.** **¿Cómo se entera Ud. de las noticias?** Indique con qué frecuencia hace Ud. las siguientes cosas.

	SIEMPRE	A VECES	NUNCA
1. Escucho las noticias en el radio.	☐	☐	☐
2. Miro el noticiero de las 6:00 de la tarde en la televisión.	☐	☐	☐
3. Leo periódicos extranjeros.	☐	☐	☐
4. Veo programas en la Televisión Pública.	☐	☐	☐
5. Leo una revista como *Time* o *Newsweek*.	☐	☐	☐
6. Leo un periódico local.	☐	☐	☐
7. Miro un noticiero en español.	☐	☐	☐
8. Me comunico con amigos por el Internet.	☐	☐	☐

B. **Definiciones.** Complete las definiciones con la forma apropiada de las palabras de la lista.

asesinato   enterarse   paz
ciudadano   guerra   prensa
dictador   huelga

1. Saber de un acontecimiento por primera vez es _____ de él.

2. La libertad de _____ es el derecho de publicar libremente periódicos, revistas y libros.

3. Una _____ es un conflicto armado entre dos o más naciones o grupos.

4. Una _____ es la acción de dejar de trabajar para protestar por algo.

5. Un _____ es un jefe supremo que tiene poder (*power*) absoluto.

6. Un _____ es un crimen violento en el que muere la víctima.

7. Lo contrario de la guerra es la _____.

❖C. **Ud. y las noticias.** ¿Está Ud. de acuerdo o no con las siguientes declaraciones?

	ESTOY DE ACUERDO.	NO ESTOY DE ACUERDO.
1. No hay más desastres naturales hoy en día que hace 50 años. La diferencia es que los medios de comunicación traen las noticias más rápidamente hoy.	☐	☐
2. Prefiero enterarme de las noticias por la televisión porque no tengo tiempo para leer el periódico.	☐	☐
3. Seleccionan a los reporteros de la televisión por su apariencia física y no por su habilidad analítica.	☐	☐
4. En este país se da poca importancia a los acontecimientos que ocurren en Latinoamérica.	☐	☐
5. Prefiero no mirar las noticias porque siempre son malas.	☐	☐

■■■El gobierno y la responsabilidad cívica

A. **Más definiciones.** Complete las definiciones con la forma apropiada de las palabras de la lista.

ciudadano   derecho   discriminación   ejército   reina   rey

1. Un _____ es algo que la Constitución y las leyes garantizan a todos los

    _____.

2. El _____ / La _____ es el jefe / la jefa de una monarquía.

3. El _____ es una organización militar que defiende el país.

4. La _____ es el trato (*treatment*) desigual que se le da a una persona o un grupo.

❖B. **Preguntas personales.** Conteste con oraciones completas.

1. ¿Votó Ud. en las últimas elecciones?

    _____

2. ¿Obedece Ud. la ley de manejar a un máximo de 70 millas por hora en las autopistas?

    _____

3. ¿Ha sido Ud. alguna vez testigo o víctima de un crimen violento?

    _____

4. ¿Cree Ud. que la libertad de prensa incluye también el derecho de distribuir material porno-gráfico por el Internet?

    _____

5. ¿Cree Ud. que el servicio militar debe ser obligatorio en este país?

    _____

6. ¿Cree Ud. que el gobierno debe sacrificar nuestros derechos civiles en la lucha contra el terrorismo?

    _____

7. ¿Es justo que los puertorriqueños tengan que servir en el ejército de este país pero que no puedan votar por el presidente?

    _____

C. Las últimas noticias. Complete con las palabras apropiadas del vocabulario. Algunas palabras se repiten.

Buenas noches. El Canal 25 les ofrece el _____[1] (*news broadcast*) de las ocho, con

nuestros _____[2] (*reporters*) Teresa Frías y Jaime Cienfuegos.

Teresa: París. El _____[3] (*event*) más notable del día es la _____[4]

(*strike*) iniciada por los _____[5] (*workers*) de los transportes públicos, que ha

paralizado casi por completo la vida en la capital francesa. La huelga incluye a los trabajadores de

los ferrocarriles[a] y, por esta razón, los viajeros[b] a muchas ciudades francesas han perdido la

_____[6] (*hope*) de llegar hoy a su destino.[c] El Ministro del Interior ha declarado en

una rueda[d] de _____[7] (*press*) que la huelga significa un _____[8]

(*disaster*) económico de grandes proporciones; espera que no dure más de tres o cuatro días.

Cuando el jefe del Sindicato[e] de Trabajadores de Transporte _____[9] (*found out*) de lo

que había dicho el Ministro, comentó: —La huelga va a durar hasta que se resuelva la

_____[10] (*inequality*) de salarios ahora existente—. Como es de esperar[f] en estos

casos, ha habido algunos incidentes de violencia, y Jaime Cienfuegos nos _____[11]

(*informs*) sobre lo que pasó esta mañana.

Jaime: Unos obreros en huelga atacaron esta mañana a tres camiones[g] de la Compañía

Francesa de Petróleo cerca de la Estación de San Lázaro. Según varios _____[12]

(*witnesses*), los camiones fueron detenidos[h] cuando cruzaban las vías[i] del ferrocarril y fueron

incendiados[j] por tres obreros, mientras que los _____[13] (*others*) aplaudían. El

embotellamiento de tráfico[k] que se produjo causó varios _____[14] (*collisions*) de

automóviles. Felizmente no hubo daños personales serios. El público espera que la

_____[15] (*peace*) se restablezca pronto entre los trabajadores y los dueños...

Teresa: ¡Últimas _____[16] (*news*)! Acabamos de enterarnos del

_____[17] (*assassination*) del último _____[18] (*dictator*) de Maldivia.

No hay detalles todavía, pero se teme que este _____[19] (*event*) precipite una

_____[20] (*war*) civil entre los militares que apoyaban[l] al _____[21]

(*dictator*) y los izquierdistas radicales.

[a]*railroads* [b]*travelers* [c]*destination* [d]*conference* [e]*Union* [f]*Como... As might be expected* [g]*trucks* [h]*detained* [i]*tracks* [j]*set on fire* [k]*embotellamiento... traffic jam* [l]*supported*

GRAMÁTICA

48. ¡No queríamos que fuera así! • The Subjunctive (Part 9): The Past Subjunctive

A. Formas verbales. Escriba la tercera persona plural (**ellos**) del pretérito y la forma indicada del imperfecto de subjuntivo.

	PRETÉRITO			IMPERFECTO DE SUBJUNTIVO
hablar →	*hablaron*	→ yo		*hablara*
1. aprender	_____	yo		_____
2. decidir	_____	yo		_____
3. sentar	_____	tú		_____
4. jugar	_____	tú		_____
5. querer	_____	tú		_____
6. hacer	_____	Ud.		_____
7. tener	_____	Ud.		_____
8. poner	_____	Ud.		_____
9. traer	_____	nosotros		_____
10. venir	_____	nosotros		_____
11. seguir	_____	nosotros		_____
12. dar	_____	Uds.		_____
13. ser	_____	Uds.		_____
14. ver	_____	Uds.		_____

❖**B. De niño/a.** Ahora Ud. puede tomar sus propias decisiones, pero cuando era niño/a, casi todo lo que hacía dependía de la voluntad de sus padres. Indique si a Ud. le pasaba o no lo siguiente cuando era niño/a.

		SÍ	NO
1.	Era necesario que tomara el autobús para ir a la escuela.	☐	☐
2.	Mis padres insistían en que hiciera mis tareas antes de salir a jugar.	☐	☐
3.	Mi madre insistía en que limpiara mi alcoba antes de acostarme.	☐	☐
4.	Era obligatorio que ayudara con los quehaceres de la casa.	☐	☐
5.	No me permitían que saliera de noche.	☐	☐
6.	Me prohibían que mirara mucho la televisión.	☐	☐
7.	Mi madre siempre me decía que dijera «Gracias» cuando alguien me regalaba algo.	☐	☐

C. ¿Qué querían todos? Complete las oraciones con la forma apropiada del imperfecto de subjuntivo de los verbos entre paréntesis.

1. Enrique quería que yo...

   a. _____ (ir) con él.

   b. _____ (almorzar) con él.

   c. _____ (empezar) la cena.

   d. _____ (hacer) el café.

2. Ellos esperaban que tú...

   a. _____ (poder) visitarlos.

   b. _____ (recordar) la fecha.

   c. _____ (estar) allí.

   d. _____ (venir) hoy.

3. Ellos nos pidieron que...

   a. _____ (*nosotros:* despertarlos).

   b. _____ (poner) la mesa.

   c. _____ (sentarnos).

   d. _____ (llamarlos).

4. Pepe dijo que no iría (*wouldn't go*) a menos que ellos...

   a. le _____ (ofrecer) más dinero.

   b. le _____ (dar) otro empleo.

   c. le _____ (decir) la verdad.

   d. le _____ (conseguir) otro coche.

D. Más deseos. Escriba lo que cada persona quería que la otra hiciera. Siga el modelo.

   MODELO: LUISA: Enrique, cómprame una botella de vino. →
   Luisa quería que Enrique le comprara una botella de vino.

1. PEPE: Gloria, tráeme las llaves.

   _____

2. ANA: Carla, dime la verdad.

   _____

3. DAVID: Miguel, acuéstate temprano.

   _____

4. RITA: Ernesto, no te enojes tanto y sé más paciente.

   _____

E. Hablando con su profesor(a) de español. Write the following sentences in Spanish. Use the past subjunctive to express these softened requests and statements. Then add one of your own invention.

1. I would like to see you in your office.

_____

2. I would like to see all my grades (**notas**).

_____

3. My classmates and I would like to take our last exam again (**otra vez**).

_____

❖4. _____

❖**F. ¡Ojalá!** Complete las oraciones según sus propios deseos.

1. ¡Ojalá que yo pudiera _____!

2. ¡Ojalá que mis amigos y yo pudiéramos _____!

3. ¡Ojalá que tuvieras _____!

4. ¡Ojalá que hoy fuera _____!

❖**G. Antes de empezar mi primer año en la universidad...** Haga por lo menos tres oraciones sobre los consejos que le dieron sus padres a Ud. antes de que empezara su primer semestre/trimestre en la universidad. O, si quiere, puede dar los consejos que Ud. le(s) dio a su(s) hijo(s) en la misma situación.

Mis padres me dijeron/pidieron que...
Esperaban/Dudaban/Temían que...
Insistían en que...
(No) Querían que...

Frases útiles
buscar un apartamento bueno pero económico
cuidarse mucho
empezar a fumar / beber alcohol
escribirles dos veces al mes
estudiar mucho
gastar dinero en ropa
tener problemas serios con las clases
volver a casa los fines de semana

1. _____

2. _____

3. _____

_____

¡RECUERDE! Adjetivos posesivos		
¿Cómo se dice en español?		
1. **esperanza**	our hope	_____
	my hopes	_____
2. **huelga**	their strikes	_____
	their strike	_____
3. **derecho**	our rights	_____
	your (*informal*) right	_____
4. **ley**	our laws	_____
	their laws	_____

49. More About Expressing Possession (Part 2) • Stressed Possessives

A. Con un grupo de viajeros (*travelers*). Trate de identificar de quién(es) son las siguientes cosas. Cambie el adjetivo a su forma apropiada. Siga el modelo.

MODELO: ¿Es de Ud. esta maleta? (pequeño) → No, no es mía. La mía es más pequeña.

1. ¿Son de Ud. estos zapatos de tenis? (viejo)

_____

2. ¿Es de Beatriz esta cartera? (negro)

_____

3. ¿Son de Uds. estas llaves? (grande)

_____

4. ¿Es de Pablo esta cámara? (nuevo)

_____

5. ¿Son de Ud. estas botas? (alto)

_____

B. ¿Quién lo hizo? Vuelva a escribir las respuestas usando la forma tónica del adjetivo posesivo (*stressed possessive adjective*).

MODELO: —¿Quién te prestó el coche?
—Me lo prestó mi amigo. → Me lo prestó un amigo mío.

1. —¿Quiénes vinieron?
—Vinieron tus amigos. _____

2. —¿Quién se quejó con el profesor?
—Se quejaron sus estudiantes. _____

3. —¿Quién les trajo esa raqueta?
—Nos la trajo nuestra vecina. _____

4. —¿Quién me llamó?
—Te llamó tu amigo. _____

C. **Lectura.** Lea la breve lectura y conteste las preguntas.

Noticias de última hora   24 de junio

Los Ángeles. Pepe Crow, artista ecuatoriano, residente en los Estados Unidos desde hace muchos años, lamentaba hoy que la Cámara de Comercio de Hollywood no le hubiera dado —por enésima[a] vez— una estrella en el Paseo de la Fama a Carlos Gardel, compositor e intérprete de tangos argentinos.

Para protestar y conmemorar al mismo tiempo el aniversario de la muerte de Gardel, Crow y los miembros de su comité —y todo el público que quiera asistir— se reunirán hoy lunes, 24 de junio, en la esquina del Bulevar Hollywood y Vine, para manifestar su desacuerdo con la decisión de la Cámara de Comercio.

Artistas de origen latino, como la puertorriqueña Rita Moreno, el cubano Andy García y el mexicano Ricardo Montalbán, ya tienen su estrella en la famosa avenida de las estrellas.

México, D.F. Miles de estudiantes, candidatos al nivel de bachillerato[b] en la Ciudad de México, se presentaron en las instalaciones de la Alberca[c] Olímpica de la capital para tomar el examen único que es requisito para los candidatos. Los estudiantes dijeron que en la zona metropolitana no hay suficientes escuelas preparatorias, colegios de bachilleres y colegios vocacionales para los 262.000 solicitantes que necesitan cumplir con estos estudios para entrar en la universidad.

---

[a]11ª   [b]*high school*   [c]Piscina

Comprensión

1. ¿Por qué protestan hoy Pepe Crow y otros residentes hispánicos de Los Ángeles?

   _____

2. ¿Qué se conmemora hoy?

   _____

3. ¿Cuántas veces ha pedido Pepe Crow a la Cámara de Comercio de Hollywood que honre a Gardel?

   _____

4. ¿Quiénes son algunos de los artistas latinos que ya tienen una estrella en el Paseo de la Fama?

   _____

5. ¿Dónde se presentaron miles de estudiantes para tomar el examen para empezar el bachillerato?

   _____

6. ¿Es obligatorio o electivo este examen?

   _____

7. ¿Cuál es el problema que tienen los estudiantes del D.F. que quieren entrar en la universidad?

   _____

8. ¿Es obligatorio que todos los estudiantes en los Estados Unidos tomen un examen para entrar en la universidad?

   _____

UN POCO DE TODO

A. Repaso de las noticias. Vuelva a leer «Las últimas noticias» en la página 239 de este cuaderno y conteste las preguntas con oraciones completas.

1. ¿A qué hora ofrece un noticiero el Canal 25? _____

_____

2. ¿De qué trata (*deals*) la noticia que viene de París? _____

_____

3. ¿Qué temen muchos viajeros franceses por causa de la huelga? _____

_____

4. Económicamente, ¿qué significa la huelga para el país? _____

_____

5. ¿Qué dice el Ministro del Interior acerca del (*about the*) fin de la huelga? _____

_____

6. Y ¿qué comenta el Jefe del Sindicato cuando se entera de lo que ha dicho el Ministro?

_____

_____

7. ¿Qué acontecimiento violento ocurrió cerca de la Estación de San Lázaro? _____

_____

8. ¿Qué hicieron los obreros con los camiones? _____

_____

9. ¿Qué ocurrió como resultado de la congestión de tráfico? _____

_____

10. ¿Qué acaba de pasar en la nación de Maldivia? _____

_____

11. ¿Qué dice la reportera en cuanto a la posibilidad de una guerra en ese país? _____

_____

B. Situaciones. Complete las oraciones con la forma apropiada del verbo entre paréntesis. Use el presente o el pasado (pretérito o imperfecto) de indicativo, o el presente, el presente perfecto o el imperfecto de subjuntivo.

1. (llegar)

   ¿Por qué te enojas tanto? Antes, nunca te importaba que nosotros _____ tarde.

   Ahora siempre te enojas cuando _____ atrasados. Si insistes en que

   _____ a tiempo, lo vamos a hacer.

2. (ir)

   De niño/a, (yo) siempre _____ con mis padres a visitar a mis parientes los domingos.

   Siempre insistían en que _____ con ellos, aunque no me gustaba mucho. Cuando yo

   sea padre/madre, no voy a insistir en que mis hijos _____ conmigo de visita.

3. (conocer)

   —Ayer (yo) _____ al hermano de tu novia. ¡Qué simpático es!

   —¿Ah, sí? Me alegro que lo _____ (haber) conocido, por fin. Yo quería que (tú)

   lo _____ en la última fiesta que dimos, pero no pudiste venir.

C. Una fiesta de sorpresa. Complete la narración con la forma apropiada de los verbos en el pretérito, el imperfecto o el imperfecto de subjuntivo.

Enrique _____[1] (llamar) a Elena para que lo _____[2] (ayudar) con

una fiesta de cumpleaños para su hermano Jorge. Le _____[3] (pedir) que ella

_____[4] (hacer) una ensalada de frutas y que _____[5] (traer) unas

sillas. Esperaba que su hermano no _____[6] (saber) que iba a venir mucha gente

porque _____[7] (querer) darle una sorpresa. Les _____[8] (recomendar)

a todos que _____[9] (venir) temprano para que así _____[10] (poder)

estar todos reunidos antes de que Jorge _____[11] (volver) de la oficina.

PERSPECTIVAS CULTURALES   España

Conteste brevemente las preguntas con la información apropiada.

1. ¿Qué lenguas se hablan en España? _____

2. ¿Qué construcción famosa de los romanos existe en España todavía hoy y cuándo fue construida?

   _____

3. ¿Qué fue el lema (*motto*) del arquitecto Antonio Gaudí?

   _____

4. ¿Cuál es el estado de la Catedral de la Sagrada Familia hoy día?

   _____

5. Durante la época medieval, ¿quiénes vivían juntos en la ciudad de Toledo?

   _____

6. ¿Qué región es famosa por el flamenco y qué influencias se notan en esa música?

   _____

PÓNGASE A PRUEBA

■■■A ver si sabe...

A. Past Subjunctive

1. Complete la siguiente tabla.

INFINITIVO	YO	TÚ	NOSOTROS	ELLOS
aprender	aprendiera			
decir		dijeras		
esperar			esperáramos	
poner				pusieran
seguir				

2. Cambie al pasado los verbos indicados.

    a. Quiero que *vayan*.   Quería que _____.

    b. No hay nadie que *pueda* ir.   No había nadie que _____ ir.

    c. Piden que les *demos* más.   Pidieron que les _____ más.

    d. Dudamos que *sea* verdad.   Dudábamos que _____ verdad.

B. More About Expressing Possession. Vuelva a escribir las frases indicadas con la forma tónica del adjetivo posesivo.

    MODELO: Recibimos *una carta de él.* → Recibimos una carta suya.

1. Llamó *un amigo de Uds.*   Llamó _____.

2. Vinieron *unos amigos de nosotros.*   Vinieron _____.

3. Me llamó *tu vecina.*   Me llamó _____.

4. ¿Recibirán *la llamada de Ud.?*   ¿Recibirán _____?

5. Perdieron *una de mis maletas.*   Perdieron _____.

■■■Prueba corta

A. Complete las oraciones con el imperfecto de subjuntivo.

1. El gobierno quería que todos _____ (obedecer) la ley.

2. Perdón, ¿_____ (poder) Ud. decirme a qué hora sale el autobús para Teotihuacán?

3. Era necesario que los reporteros _____ (dar) más importancia a los problemas de los jóvenes.

4. Mis padres siempre insistían en que _____ (*yo:* decir) la verdad.

5. El rey Juan Carlos I prefería que la gente lo _____ (tratar) como a cualquier otro ciudadano.

6. Pedro, ¿_____ (*tú:* querer) acompañarme a la estación de policía?

B. Complete las oraciones con la forma tónica del adjetivo posesivo.

1. Yo sólo quiero defender mis derechos. ¿Por qué no defiendes _____?
                                                  (*yours*)

2. Pedro encontró sus llaves, pero Mario no pudo encontrar _____.
                                              (*his*)

3. Oye, ¿pudieras prestarme tu computadora portátil? _____ no funciona.
                                            (*Mine*)

4. Tus noticias no son muy buenas. Afortunadamente, _____ son mejores.
                                            (*ours*)

PUNTO FINAL

❖¡Repasemos!

El mundo en el nuevo milenio. Lea el artículo y conteste las preguntas.

Al final del milenio anterior, el mundo fue testigo de importantes cambios políticos, sociales y económicos, entre ellos la reunificación de las dos Alemanias y la desintegración de la Unión Soviética. Ambos fueron ejemplos del triunfo de la voluntad popular en sus esfuerzos por la democratización de sus gobiernos y sistemas económicos.

Sin embargo,[a] en este nuevo milenio, todavía hay mucho que hacer para convertir a nuestro planeta en un lugar de paz y armonía para todos. El mundo entero continúa siendo testigo de crueles y violentas intervenciones militares en África, en el sur de Asia y en algunas regiones de Hispanoamérica. También, el conflicto entre israelitas y palestinos ha revivido con mayor intensidad y pone en peligro la paz, no sólo en el Oriente Medio sino[b] en el mundo entero. Otra causa de preocupación es la falta de protección suficiente del medio ambiente, y la contaminación industrial del aire y las aguas de los océanos y ríos. Las advertencias[c] sobre la destrucción de la capa de ozono que nos protege de la radiación solar son más alarmantes cada año.

Las frecuentes noticias que vemos en la televisión, leemos en los periódicos y escuchamos en la radio nos advierten[d] que si queremos sobrevivir[e] el nuevo milenio es urgente que los gobiernos y cada uno de nosotros trabajemos para crear un mundo mejor, un mundo en el cual todos podamos vivir en paz, y en armonía con la naturaleza.

[a]*However* [b]*but* [c]*warnings* [d]*warn* [e]*survive*

Comprensión

1. ¿Cuál fue un cambio político importante al final del milenio pasado?

   _____

   _____

2. ¿Dónde ha habido intervenciones militares?

   _____

   _____

3. ¿Qué conflicto pone en peligro la paz del mundo?

_____

_____

4. ¿Cuáles son los problemas que afectan negativamente la
salud de la gente en todo el planeta? _____

_____

_____

5. ¿Qué sugiere el dibujo? _____

_____

_____

[a]En... *In case of democracy break glass*

❖Mi diario

Escriba en su diario sobre alguna noticia que le haya afectado profundamente a Ud. (o a su familia o amigos). Describa el acontecimiento y los efectos que tuvo sobre Ud. (o sobre su familia o amigos). Mencione si este acontecimiento fue reportado en algún medio de información. Puede comenzar de la siguiente manera:

Un acontecimiento que me ha afectado (que me afectó) profundamente ha sido (fue)...

CAPÍTULO 18

VOCABULARIO   Preparación

■■■■En el extranjero: Lugares y cosas

Consejos a un turista americano en España. Complete las oraciones con la forma apropiada de las palabras de la lista. A veces hay más de una respuesta posible.

bar	copa	estampilla	papelería	pastelería
café	correo	estanco	paquete	quiosco
champú	estación	farmacia	parada	

1. Se puede comprar estampillas o sobres en un _____ o en el _____.

2. Puede comprar el jabón, la pasta dental y el _____ en una _____.

3. Aquí en España se puede conseguir cigarrillos en un _____.

4. Si Ud. quiere tomar un trago o una _____ de vino, vaya a un

   _____ o a un _____.

5. Si Ud. necesita enviar (*to send*) una carta o un _____, tiene que llevarlos al correo.

6. Si Ud. necesita comprar un periódico o una revista, vaya a un _____.

7. Si Ud. tiene ganas de unos pastelitos o un batido, irá a una _____.

8. Para tomar el metro, hay que ir a la _____ del metro; para tomar el autobús,

   hay que ir a la _____ del autobús.

■■■■En un viaje al extranjero

A. Viajando por el extranjero. Indique si las siguientes declaraciones son ciertas o falsas. Si Ud. nunca ha viajado, consulte con alguien que lo haya hecho.

	C	F
1. Cuando se hace un viaje al extranjero, hay que llevar pasaporte.	☐	☐
2. Siempre es necesario tener visa para entrar a otro país.	☐	☐
3. Hay que declarar en la aduana todas las compras hechas en el extranjero.	☐	☐
4. El inspector de aduanas siempre pide el pasaporte (u otro documento de identificación).	☐	☐
5. Si se declaran menos de $800, no es necesario presentar las facturas.	☐	☐

B. Cruzando la frontera. Complete la narración con la forma apropiada de las palabras de la lista.

aduanas	nacionalidad	preguntar
cruzar	pasaporte	registrar
formulario	pedir	viajero

Ayer (yo) _____[1] la frontera yendo de España a Francia. El inspector de _____[2] primero me pidió el _____[3] y luego me preguntó si tenía algo que declarar. Yo le dije que no y naturalmente me dejó pasar sin pagar nada. También me preguntó cuánto tiempo iba a quedarme en Francia. Le contesté que seis semanas. Debo tener cara (*face*) de persona honesta porque él apenas (*scarcely*) examinó mis maletas. Sin embargo (*However*), una _____[4] de _____[5] francesa que volvía a su país tuvo muchos problemas. Después de _____le[6] el pasaporte, el agente la hizo abrir una maleta y empezó a _____la[7] cuidadosamente (*carefully*). Cuando encontró unos artículos que ella seguramente no había declarado en su _____,[8] le puso una multa (*fine*) que ella pagó muy descontenta.

❖**C. Buscando alojamiento.** Indique con qué frecuencia hace Ud. las siguientes cosas.

	SIEMPRE	A VECES	NUNCA
1. Cuando viajo, me quedo en un hotel de lujo.	☐	☐	☐
2. Hago una reservación con anticipación por el Internet.	☐	☐	☐
3. Prefiero alojarme en una pensión porque son más baratas que los hoteles.	☐	☐	☐
4. Le doy una buena propina al mozo que me ayuda con las maletas.	☐	☐	☐
5. Me gusta conocer a los otros huéspedes y conversar con ellos.	☐	☐	☐
6. Si no me gusta la habitación, me quejo en la recepción y pido que me cambien a otra.	☐	☐	☐
7. Llevo mi propia almohada cuando voy a un hotel.	☐	☐	☐
8. Llamo al servicio de cuartos para pedir el desayuno.	☐	☐	☐
9. Le pido a la criada del hotel que no cambie mis toallas y sábanas todos los días.	☐	☐	☐

D. Viajando por el extranjero. Complete la narración con la forma apropiada de las palabras de la lista.

alojarse	confirmar	huésped
botones	de lujo	pensión
completo	desocupado	propina
con anticipación	ducha	recepción

Antes, cuando viajaba por el extranjero siempre me quedaba en una _____,[1] nunca

en un hotel _____.[2] La última vez que fui a Bogotá, le escribí primero al dueño de

la pensión Monte Carlo para reservar una habitación con pensión _____.[3]

Desgraciadamente no había ninguna habitación libre para la fecha que yo necesitaba. Entonces

mandé un fax al Hotel Internacional para ver si tenían una habitación _____.[4] Muy

pronto me contestaron del hotel para _____[5] mi reservación para el 18 de agosto.

Cuando llegué al hotel había varios empleados en la _____.[6] Me dieron una

buena habitación porque la reservé _____.[7] El _____[8] llevó mis

maletas a mi habitación y le di una _____.[9] Felizmente mi cuarto tenía un baño

privado con _____[10] y una vista preciosa de la ciudad. En la recepción conocí a

varios _____[11] del hotel que eran estudiantes chilenos.

Después de _____[12] en ese hotel, creo que prefiero un hotel de lujo a una

simple pensión.

GRAMÁTICA

50. Expressing What You Would Do • Conditional Verb Forms

A. ¿Qué haría Ud.? Si Ud. pudiera hacer un viaje a la Península de Yucatán, ¿cuáles de estas actividades serían lógicas y posibles de hacer?

1. ☐ Iría en avión.
2. ☐ Practicaría mi español.
3. ☐ Visitaría las ruinas incaicas.
4. ☐ Nadaría en el Océano Pacífico.
5. ☐ Escucharía tangos en los clubes nocturnos.
6. ☐ Saldría de noche y me divertiría mucho.
7. ☐ Llevaría ropa de invierno porque haría frío.
8. ☐ Sacaría fotos de Chichén Itzá.

B. Formas verbales. Cambie al condicional.

MODELO: ver: yo → vería

1. bajar: yo _____
2. saber: tú _____
3. querer: Ud. _____
4. poder: Jorge _____
5. hacer: nosotros _____
6. ser: nosotros _____
7. decir: Uds. _____
8. poner: ellas _____

C. Si fuera al mar Caribe... Forme oraciones para describir lo que Ud. haría si fuera al Caribe. Haga todos los cambios necesarios.

Yo...

1. salir / en / crucero / desde / Ft. Lauderdale

   _____

2. ir / Puerto Rico / y / visitar / parque / nacional / El Yunque

   _____

3. (no) gastar / todo / mi / dinero / en / casinos / de San Juan

   _____

4. poder / practicar / francés / Martinique

   _____

5. mandarles / tarjetas postales / mi / amigos

   _____

6. hacer / mucho / compras / en / St. Thomas / porque / no / tener / pagar / impuestos

   _____

   _____

D. Hablando por teléfono con Rafael. Dígale a Ana lo que Rafael acaba de decir, según el modelo. Cuidado con los complementos pronominales.

> MODELO: RAFAEL: Los llevaré al cine mañana.
> ANA: ¿Qué dijo?
> UD.: Dijo que nos llevaría al cine mañana.

1. RAFAEL: Saldré del trabajo a las siete.
   ANA: ¿Qué dijo?

   UD.: _____

2. RAFAEL: Tendré que volver a casa antes de buscarlos (a Uds.).
   ANA: ¿Qué dijo?

   UD.: _____

3. RAFAEL: Pasaré por Uds. a las ocho.
   ANA: ¿Qué dijo?

   UD.: _____

4. RAFAEL: Llegaremos al cine a las ocho y media.
   ANA: ¿Qué dijo?

   UD.: _____

5. RAFAEL: No habrá ningún problema en buscarlos (a Uds.).
   ANA: ¿Qué dijo?

   UD.: _____

51. Hypothetical Situations • What if . . . ?; *Si* Clause Sentences

---

¡RECUERDE!

Circle the correct answer.

If the statement is *contrary to fact*, the **si** clause uses . . .

a. the present subjunctive   b. the imperfect subjunctive   c. the imperfect indicative

and the main clause uses . . .

a. the present subjunctive   b. the future   c. the conditional

---

❖**A. ¿Qué haría Ud.?** Complete las oraciones con información verdadera para Ud.

1. Si yo hiciera un viaje a Latinoamérica, iría a _____.

2. Si yo fuera mi hermano/a, iría de vacaciones a _____.

3. Si estuviera en España, sacaría fotos de _____.

4. Si tuviera suficiente dinero, compraría _____.

5. Si pudiera quedarme en cualquier hotel, haría reservas en _____.

6. Si quisiera ir al cine, vería _____.

B. ¿Adónde iría Ud. si estuviera en España? Complete las oraciones con el lugar apropiado.

1. Si quisiera comprar aspirinas, las compraría en _____.

2. Si tuviera ganas de tomar un batido, iría a _____.

3. Si necesitara jabón o champú, los encontraría en _____.

4. Si quisiera comprar una revista o un periódico, los conseguiría en _____.

5. Si tuviera que tomar el autobús, lo esperaría en _____.

6. Si necesitara estampillas, me los venderían en _____ o en _____.

C. Consejos apropiados. ¿Qué consejos les daría Ud. a estas personas famosas? Complete Ud. las oraciones con la forma apropiada del condicional del verbo indicado.

1. A Jodie Foster: Si yo fuera Ud., no _____ (aceptar) una invitación para cenar con Anthony Hopkins.

2. A Julio César: Si yo fuera Ud., no _____ (confiarse: *to trust*) de Bruto.

3. A Ana Bolena: Si yo fuera Ud., no _____ (casarse) con Enrique VIII.

4. A Abraham Lincoln: Si yo fuera Ud., no _____ (ir) al Teatro Ford.

5. A Alejandro Magno: Si yo fuera Ud., no _____ (volver) a Babilonia.*

6. A Janet Leigh: Si yo fuera Ud., no _____ (ducharse) en el Motel Bates.

---

*Alejandro Magno murió de una fiebre en Babilonia.

D. Situaciones. ¿Qué haría Ud. si estuviera en estas situaciones? Complete las oraciones con la forma apropiada del verbo entre paréntesis.

1. Si _____ (ser) testigo de un robo (*robbery*)...

   a. _____ (tratar) de parar al criminal.

   b. no _____ (decir) nada.

   c. _____ (llamar) a la policía.

2. Si _____ (haber) un terremoto (*earthquake*)...

   a. me _____ (sentar) debajo de la mesa del comedor.

   b. no _____ (saber) qué hacer.

   c. no me _____ (mover).

3. Si _____ (ser) presidente/a del país...

   a. _____ (cortar) las relaciones con todas las dictaduras del mundo.

   b. _____ (ayudar) a los pobres.

   c. _____ (tratar) de eliminar la desigualdad.

   d. _____ (hacerme) millonario/a.

E. ¿Qué quería hacer? Imagine que Ud. pensaba hacer algunas cosas hoy y mañana, pero las circunstancias no se lo permiten. Cambie las oraciones según el modelo. ¡OJO! Observe que las cláusulas con **pero** cambian a cláusulas con **si.**

MODELO: Pensaba *divertirme* esta noche, pero *tenemos* un examen mañana. →
   Me divertiría esta noche *si no tuviéramos* un examen mañana.

1. Pensaba *salir* esta noche, pero no *me siento* bien. _____

   _____

2. Me gustaría *terminar* este trabajo, pero *me duelen* los ojos. _____

   _____

3. Quisiera *guardar* cama mañana, pero el profesor nos *da* un examen. _____

   _____

4. Quisiera *hacer* ejercicio, pero no *tengo* tiempo. _____

   _____

5. Pensaba *ponerme* este traje, pero *está* sucio. _____

   _____

❖**F.** **Preguntas personales.** Conteste con oraciones completas.

1. Si Ud. pudiera vivir en cualquier ciudad del mundo, ¿dónde viviría? ¿Por qué?

   _____

   _____

2. Si Ud. recibiera una herencia (*inheritance*) de 25.000 dólares, ¿qué haría con el dinero? (Mencione por lo menos dos cosas.)

   _____

   _____

UN POCO DE TODO

A. **¿Cómo se dice en español?** Siga las indicaciones.

tener tiempo / leer el periódico

1. If I have time, I'll read the newspaper.

   _____

2. If I had time (but I don't), I would read the newspaper.

   _____

3. If I had time, I used to read the newspaper.

   _____

poder / ir por la noche

4. If I can, I'll go at night.

   _____

5. If I could (but I can't), I would go at night.

   _____

6. If I could, I used to go at night.

   _____

❖B. **¿Dónde se alojaría Ud.?** Lea los tres anuncios y conteste las preguntas. Note Ud. que los hoteles en España están clasificados de una a cinco estrellas, siendo cinco la categoría superior.

Monte Real Hotel
UN LUJOSO HOTEL DE CAMPO DENTRO DE LA CIUDAD
EN LA COLONIA PUERTA DE HIERRO A 7 MINUTOS DEL CENTRO. AMBIENTE SELECTO Y TRANQUILO
PISCINA. TENIS. AIRE ACONDICIONADO
GARAGE · SAUNA · NIGHT CLUB · RESTAURANTE
ARROYOFRESNO. 1. CIUDAD PUERTA DE HIERRO
T Nº 2 16 21 40 · MADRID · 20

Hotel Atlántico S.A.
HOSTAL RESIDENCIA ● ● ●
CENTRICO · TODAS LAS HABITACIONES CON BAÑO
AIRE ACONDICIONADO · MUSICA AMBIENTAL
GRAN VIA, 38 · TELEFONO 222 64 80 · Cables: ATLANTICOTEL
MADRID-13

HOTEL CARLTON
TODAS LAS HABITACIONES CON BAÑO, RADIO Y TELEFONO.
SELECTA COCINA ESPAÑOLA E INTERNACIONAL
AIRE ACONDICIONADO · MODERNO Y CONFORTABLE · SNACK-BAR-CAFETERIA·
PASEO DE LAS DELICIAS, 26
★★★★ TELEFONOS · 239 71 00 - 230 92 00 · 20 LINEAS · MADRID · 7·

1. Si Ud. fuera a Madrid, ¿en cuál de los tres hoteles se quedaría?

_____

2. ¿De cuántas estrellas es el hotel que Ud. eligió en el número 1? _____

3. Dé por lo menos tres razones para explicar por qué se quedaría en ese hotel.

_____

_____

_____

C. Situaciones. Complete este resumen de dos situaciones que tratan sobre (*deal with*) viajes. Use el pasado (pretérito, imperfecto o imperfecto de subjuntivo). Cuando se den dos posibilidades, escoja la correcta.

En la aduana argentina

En la aduana, una viajera colombiana le _____[1] (entregar) su pasaporte al inspector

y le aseguró que su maleta _____[2] (contener) sólo objetos de uso personal y que

no _____[3] (tener) _____[4] (nada / algo) que declarar. De todos

modos,[a] él le _____[5] (pedir / preguntar) que _____[6] (abrir) su

maleta. Como no encontró nada ilegal, el inspector le permitió _____[7] (salir).

En la fila de inmigraciones, Uruguay

El inspector le _____[8] (preguntar / pedir) a un viajero argentino cuánto tiempo

_____[9] (pensar) quedarse. Cuando el viajero le dijo que dos semanas, el inspector

le _____[10] (dar) un mes.

[a]*De... Nevertheless*

D. Diálogo. Complete este diálogo entre un inspector de aduanas y Ud.

INSPECTOR: ¿Su nacionalidad?

UD.: _____

INSPECTOR: Déme su pasaporte, por favor.

UD.: _____

INSPECTOR: ¿Tiene Ud. algo que declarar?

UD.: _____

INSPECTOR: ¿Qué trae Ud. en esa maleta pequeña?

UD.: _____

INSPECTOR: ¿Me hace el favor de abrirla?

UD.: _____

INSPECTOR: Todo está en orden. Muchas gracias.

PERSPECTIVAS CULTURALES — Otras comunidades hispanas del mundo

Conteste brevemente las preguntas con la información apropiada.

1. ¿En qué regiones del mundo tuvo lugar la colonización española del siglo XVI?

_____

2. ¿En qué se nota la influencia hispana en la Guinea Ecuatorial?

_____

3. ¿Qué lugar del Oriente fue gobernado por España desde México y por cuánto tiempo?

_____

4. ¿En qué se nota hoy día la influencia de la lengua española en las Islas Filipinas?

_____

5. ¿Qué es la harana filipina?

_____

6. ¿Dónde vive la mayoría de hispanos que reside en el Canadá?

_____

7. ¿Cuál es la primera ciudad en lo que es hoy los Estados Unidos y cuándo fue fundada?

_____

8. ¿Cuántos millones de hispanos viven hoy día en el Canadá y los Estados Unidos?

_____

PÓNGASE A PRUEBA

■■■A ver si sabe...

A. Conditional Verb Forms

1. Complete la siguiente tabla.

INFINITIVO	YO	UD.	NOSOTROS	ELLOS
comer		comería		
decir				
poder			podríamos	
salir				
ser				serían

2. Complete las oraciones con la forma apropiada del condicional.

a. Dije que _____ (yo: ir) con ellos el sábado.

b. Dije que _____ (nosotros: hacerlo) mañana.

c. Dije que _____ (Uds.: volver) a las cuatro.

d. Dije que no _____ (yo: tener) tiempo.

B. *Si* **Clause Sentences.** Complete las oraciones con el imperfecto de subjuntivo o el condicional, según las indicaciones.

1. Si yo _____ (ser) Ud., me mudaría.

2. Si yo _____ (tener) tiempo, iría.

3. Si (yo) supiera su número de teléfono, _____ (llamarlo).

4. Si no _____ (hacer) tanto frío, podríamos sentarnos afuera.

5. Si _____ (*yo:* querer) quedarme, me quedaría.

■■■Prueba corta

Complete las oraciones con el indicativo (incluyendo el futuro y el condicional) o el subjuntivo.

1. Si él tenía tiempo, _____ (ir) al cine.

2. Si tengo dinero el verano próximo, _____ (viajar) al Ecuador.

3. Visitarían la Florida si allí no _____ (hacer) tanto calor.

4. Si viviera en San Diego, yo _____ (tener) un apartamento en la playa.

5. Si yo fuera ella, _____ (escribir) una novela sobre mi vida.

6. Si ellos tuvieran interés en trabajar, _____ (conseguir) cualquier tipo de trabajo.

7. Si estoy cansado/a, no _____ (hacer) ejercicio.

8. Si estudiaran más, _____ (salir) mejor en los exámenes.

PUNTO FINAL

❖¡Repasemos!

A. Planes frustrados. Complete la narración con la forma apropiada de los verbos indicados. Use el presente o el pasado de indicativo o de subjuntivo, o el condicional.

Ayer, unos amigos me llamaron para preguntarme si _____[1] (tener) tiempo para ir

con ellos a un restaurante argentino y luego al cine. Yo les dije que yo _____[2] (hacer)

todo lo posible por terminar mi trabajo antes de que _____[3] (ser) hora de salir. Les

pedí que _____[4] (pasar) por mi casa, pues era probable que _____[5]

(*yo:* acabar) a tiempo. Desgraciadamente no pude hacerlo, y cuando _____[6] (tocar)

el timbre,[a] todavía me faltaba mucho por hacer.[b] Yo les prometí que _____[7] (ir) en

mi propio coche más tarde y que los _____[8] (encontrar) después para ir juntos al

cine. Cuando finalmente _____[9] (*yo:* terminar) mi trabajo, _____[10]

[a]tocar... *they rang the doorbell* [b]me... *I had a lot left to do*

(ser) tan tarde que _____[11] (decidir) quedarme en casa. _____[12]

(*Yo:* Llamar) al restaurante para avisarles^c que no _____[13] (poder) ir. Les dije que

sería mejor que _____[14] (*yo:* salir) con ellos otro día.

Mis amigos son personas muy interesantes y si yo no _____[15] (tener) que

trabajar tanto, me _____[16] (encantar) pasar más tiempo con ellos.

^c*tell them*

B. La historia de Buttercup. Lea esta selección sobre un lugar muy especial y conteste las preguntas.

En Costa Rica, en el bosque tropical cerca de Puerto Limón, hay un refugio privado, llamado Aviarios del Caribe, dedicado a la protección y rehabilitación de más de 300 especies de pájaros residentes y migratorios, y otros animales.

En septiembre de 1992 llevaron a una perezosa de tres dedos^a a este santuario. La gente la había rescatado^b cuando su madre murió atropellada^c por un coche. Los dueños de este refugio, Luis y Judy Arroyo, la llamaron Buttercup y, como sólo tenía tres meses, la cuidaron como a una bebé. Hoy día sigue viviendo allí y es una de las mayores atracciones del refugio. Aviarios del Caribe es hoy un centro importante donde trabajan varios voluntarios de todas partes del mundo en el rescate, protección y rehabilitación de los perezosos y otros animales salvajes. En cuanto estos animales están rehabilitados, los sueltan^d para que vuelvan a vivir a su habitat natural.

^aperezosa... *three-toed sloth* ^bhabía... *had rescued* ^crun over ^dthey release

1. ¿Qué es Aviarios del Caribe? _____

2. ¿Dónde está? _____

3. ¿Por qué llevaron a Buttercup al refugio? _____

4. ¿Cuál es la misión de Aviarios del Caribe? _____

   _____

5. ¿Qué se hace con los animales cuando están rehabilitados? _____

6. ¿Tendría Ud. interés en trabajar allí de voluntario? _____

❖Mi diario

Imagine que Ud. es uno de «los ricos y famosos» y que le gustaría hacer un viaje espléndido. Planee su viaje, incluyendo los siguientes datos:

- adónde iría
- a quién invitaría
- cómo viajaría

- dónde se alojaría
- la ropa que llevaría
- las cosas que haría en ese lugar

Answers

Primera parte

Saludos y expresiones de cortesía   A.   1. Hola. ¿Qué tal?   2. Buenas noches, señora Alarcón.
3. Buenas tardes, señor Ramírez.   4. Buenos días, señorita Cueva.   **¡RECUERDE!**   1. usted   2. tú
3. ¿Cómo te llamas?   4. ¿Cómo se llama usted?   **B.**   1. ¿Qué tal? (¿Cómo estás?)   2. ¿Y tú?   3. hasta
4. Hasta luego. (Hasta mañana.)   **C.**   1. Buenas   2. está usted   3. gracias   4. se llama   5. Me llamo
_____.   6. gusto   7. Mucho gusto. (Igualmente. / Encantado/a.)   **D.**   1. te llamas   2. Me llamo _____.
3. eres   4. Soy   5. soy   **E.**   1. Gracias.   2. Con permiso.   3. Perdón.   4. No hay de qué. (De nada.)
El alfabeto español   A.   1. rr, ñ   2. h   **B.**   1. ge   2. ve (uve)   3. equis   4. zeta   5. ce   6. i   7. con
hache   **Nota comunicativa: Los cognados   B.   Paso 2.**   1. C   2. F   3. F   4. C   5. C   6. C   **Spanish
Around the World   A.**   Northeast d; Southwest a, c; Southeast a, b

Segunda parte

Los números del 0 al 30; Hay   A.   1. seis   2. once   3. quince   4. dieciséis (diez y seis)   5. veintidós
(veinte y dos)   6. veintiséis (veinte y seis)   7. treinta   **B.**   1. una   2. cuatro   3. siete   4. trece   5. once
6. un   7. veinte   8. veintitrés (veinte y tres)   9. veintiséis (veinte y seis)   10. veintiún (veinte y un)
11. veintiuna (veinte y una)   12. treinta   **C.**   1. 8 / ocho   2. 11 / once   3. 5 / cinco   4. 6 / seis   5. 7 /
siete   6. 22 / veintidós (veinte y dos)   7. 30 / Treinta   **Los gustos y las preferencias (Part 1)**
A.   (*Possible answers*)   1. ¿le gusta jugar a la lotería? Sí, (No, no) me gusta.   2. ¿le gusta la música
jazz? Sí, (No, no) me gusta.   3. ¿te gusta esquiar? Sí, (No, no) me gusta.   4. ¿te gusta beber café? Sí,
(No, no) me gusta.   5. ¿te gusta el programa «American Idol»? Sí, (No, no) me gusta.   6. ¿te gusta el
chocolate? Sí, (No, no) me gusta.   **¿Qué hora es?   A.**   1. c   2. f   3. d   4. a   5. e   6. b   **B.**   1. Son
las doce y veinte de la mañana.   2. Es la una y cinco de la tarde.   3. Son las dos de la mañana.
4. Son las siete y media de la noche.   5. Es a las once en punto de la mañana.   6. Son las diez menos
cuarto (quince) de la noche.   7. Es la una y media de la mañana.   8. Son las ocho y cuarto (quince)
de la mañana.   9. Es a las tres y veinticinco (veinte y cinco) de la tarde.   10. Son las cuatro y diez de
la mañana.   **¡OJO!**   a. 4:05 P.M.   b. 8:15 P.M.   c. 10:50 P.M.
Lectura: La geografía del mundo hispánico   1. a   2. c   3. b   4. f   5. e   6. d
Póngase a prueba   A ver si sabe...   A.   1. soy   2. eres   3. es   **B.**   1. Hola   2. Buenos / Buenas /
Buenas   3. te llamas   4. De nada / No hay de qué   **C.**   1. gusta   2. me gusta   **D.**   1. Qué hora es
2. Es / Son   **Prueba corta**   1. ¿Cómo se llama usted?   2. ¿Cómo te llamas?   3. ¿De dónde eres?
4. Gracias.   5. De nada. / No hay de qué.   6. (*Possible answer*) Eres inteligente, paciente y rebelde.
7. ¿Le gusta el jazz?   8. ¿Te gusta el chocolate?   9. seis / doce / quince / veintiuno / treinta   10. Son
las once y quince (cuarto) de la noche.

CAPÍTULO 1

Vocabulario: Preparación   En el salón de clase   A.   1. el edificio   2. la librería   3. la oficina   4. la
secretaria   5. el escritorio   6. el bolígrafo   7. el lápiz   8. el papel   9. el estudiante   10. la calculadora
11. la ventana   12. el cuaderno   13. la mochila   14. el salón de clase   15. la silla   16. la profesora
17. la pizarra   18. la puerta   19. el libro (de texto)   20. la biblioteca   21. la mesa   22. el bibliotecario
23. el diccionario   **B.**   1. La calculadora, porque es un objeto. No es una persona.   2. La mochila,
porque es un objeto. No es un lugar.   3. El hombre, porque es una persona. No es un objeto.   4. El
salón de clase, porque es un lugar. No es un objeto.   5. La bibliotecaria, porque es una persona. No es
un lugar.   **C.**   1. el lápiz (el bolígrafo)   2. la calculadora   3. la mochila   4. la pizarra   5. la computadora   6. la silla   7. el libro de texto   8. el diccionario   9. el papel   10. la universidad   **Las
materias   A.**   1. Gramática alemana, La novela moderna, Francés 304   2. Cálculo 1, Contabilidad,
Trigonometría, Computación   3. Antropología, Sociología urbana, Sicología del adolescente   4. Astronomía, Biología 2, Química orgánica, Física   **Nota comunicativa: Las palabras interrogativas (Part 1)**
A.   1. Cuánto   2. A qué hora (Cuándo)   3. Cómo   4. Cuál   5. Dónde   6. Quién   7. Cuándo
8. Qué   **B.**   1. Cómo   2. Quién   3. Cómo   4. Cuánto   5. Dónde   6. A qué hora   7. Qué

Pronunciación: Diphthongs and Linking   A.   1. five   2. a, e, o   3. i, u   4. strong, weak, weak
B.   1. es-tu-dian-te   2. dic-cio-na-rio   3. puer-ta   4. cua-der-no   5. bi-lin-güe   6. gra-cias
7. es-cri-to-rio   8. sie-te   9. seis
   Gramática   Gramática 1   A.   1. la   2. la   3. la   4. el   5. el   6. la   7. la   8. el   **B.**   1. un
2. una   3. un   4. una   5. un   6. una   7. una   8. un   **C.**   1. (No) Me gusta la clase de español.
2. (No) Me gusta la universidad.   3. (No) Me gusta la música de Bach.   4. (No) Me gusta el Mundo
de Disney.   5. (No) Me gusta la limonada.   6. (No) Me gusta la comida mexicana.   7. (No) Me gusta
la física.   8. (No) Me gusta el programa «American Idol».   **Gramática 2   A.**   1. las amigas   2. los
bolígrafos   3. las clases   4. unos profesores   5. los lápices   6. unas extranjeras   7. las universidades
8. unos programas   **B.**   1. el edificio   2. la fiesta   3. una clienta   4. un lápiz   5. el papel
6. la condición   7. un problema   8. una mujer   **C.**   1. Hay unos libros.   2. Hay un cuaderno.
3. Hay unos lápices.   4. Necesita una mochila.   5. Necesita unos bolígrafos.   6. Necesita un diccionario.   7. Necesita una calculadora.   **Gramática 3   A.**   1. ellas   2. él   3. yo   4. ellos   5. ellos
6. nosotros/as   **B.**   1. tú   2. vosotros / Uds.   3. Uds.   4. Ud.   5. tú / tú   **C.**   1. hablo / canta /
bailan / toman / paga / trabaja   2. escuchamos / busca / necesita   3. enseña / estudian / practican /
regresa   **D.**   1. Él canta.   2. Él toca la trompeta.   3. Nosotros deseamos cantar (escuchar).   4. Yo
estudio en la biblioteca (en casa).   5. Yo tomo Coca-Cola (cerveza).   6. Ellos toman Coca-Cola (cerveza) también.   7. Nosotros practicamos español.   **E.**   1. Él no trabaja en una oficina.   2. Ella no
canta en japonés.   3. No tomamos cerveza en la clase.   4. Ella no regresa a la universidad por la
noche.   5. Ellos no bailan en la biblioteca.   6. No enseño español.   **Nota comunicativa: The Verb**
estar   1. Raúl y Carmen están en el salón de clase.   2. Yo estoy en la biblioteca.   3. Tú estás en la
clase de biología.   4. Uds. están en el laboratorio de lenguas.   **F.**   1. estamos   2. bailan   3. cantan
4. toco   5. toma / escucha   **Gramática 4   A.**   1. ¿Trabajas por la noche?   2. ¿Miras telenovelas con
frecuencia?   3. ¿Tomas café por la mañana?   4. ¿Deseas tomar una Coca-Cola ahora?   **B.**   1. (Martín)
Compra libros en la librería.   2. Sí, hay libros en italiano.   3. Hay cuadernos, bolígrafos y lápices.
4. Compra dos libros.   5. No, hablan inglés.   6. No, paga veintidós dólares.
   Un poco de todo   A.   (*Possible answers*)   1. Sí, estudiamos español.   2. El Sr. (La Sra./Srta.) _____
enseña la clase.   3. Es de _____.   4. Hay _____ estudiantes en la clase.   5. Sí, me gusta.   6. No, no
habla inglés en la clase.   7. No, no necesitamos practicar en el laboratorio todos los días.   8. (La
clase) Es a la (las) _____.   **B.**   1. ¿Hay un programa interesante en la televisión?   2. ¿Hay unos
problemas en la pizarra?   3. ¿Hay una mochila en la silla?   4. ¿Hay una residencia en la
universidad?   5. (*Possible answer*) ¿Hay unos cuadernos en la mesa?
   Perspectivas culturales: Los hispanos en los Estados Unidos   1. F   2. F   3. F   4. C   5. F   6. C
   Póngase a prueba   A ver si sabe...   A.   1. el / los   2. la / las   3. un / unos   4. una / unas
B.   1. busco   2. buscas   3. busca   4. buscamos   5. buscáis   6. buscan   **C.**   1. Yo no deseo tomar
café.   2. No hablamos alemán en la clase.   **D.**   1. ¿Dónde?   2. ¿Cómo?   3. ¿Cuándo?   4. ¿Quién?
5. ¿Qué?   6. ¿Por qué?   **E.**   1. nosotros estamos   2. estáis   3. están   4. ellos están   **Prueba corta**
A.   1. el   2. la   3. la   4. el   5. la   6. los   7. los   8. los   **B.**   1. una   2. unos   3. unos   4. un   5. una
6. unas   7. una   8. unas   **C.**   1. estudian   2. practico   3. hablamos   4. Toca   5. enseña   6. Necesito
7. regresa

CAPÍTULO 2

Vocabulario: Preparación   La familia y los parientes   A.   1. Joaquín es el abuelo de
Julián.   2. Julio es el primo de Julián.   3. Miguel y Mercedes son los tíos de Julián.   4. Estela
y Julio son los primos de Julián.   5. Josefina es la abuela de Julián.   6. Pedro y Carmen son los
padres de Julián.   7. Chispa es el perro de Julián.   8. Tigre es el gato de Julián.   **B.**   1. sobrino
2. tía   3. abuelos   4. abuela   5. nieta   6. parientes   7. mascota   **Los números del 31 al 100**
A.   1. cien   2. treinta y una   3. cincuenta y siete   4. noventa y un   5. setenta y seis   **Nota cultu-**
ral: Los apellidos hispánicos   1. c   2. b   **Los adjetivos   B.**   (*Possible answers*)   1. pequeño y nuevo
2. grande y viejo   3. viejo, gordo y perezoso   4. joven, moreno y trabajador   **C.**   1. No, Diana es
joven y morena.   2. No, Luis tiene 48 años.   3. No, Carlos es soltero y delgado.   4. No, a Luis le
gusta la música clásica.   5. No, es el siete, catorce, veintiuno, setenta y siete.   **D.**   1. bajo, feo, listo,
trabajador   2. soltero, viejo, simpático, moreno   **E. Paso   1.**   (*Possible answers*)   1. Will Ferrell es
simpático, cómico, delgado y alto.   2. Antonio Banderas es moreno, guapo, simpático y casado.

3. Madonna es rica, rubia, extrovertida, independiente, rebelde y arrogante.   4. Penélope Cruz es morena, guapa, inteligente, delgada y rica.

Pronunciación: Stress and Written Accent Marks (Part 1)   ¡RECUERDE!   1. a   2. b   **Ejercicio** 1. doctor   2. mujer   3. mochila   4. actor   5. permiso   6. posible   7. general   8. profesores 9. universidad   10. Carmen   11. Isabel   12. biblioteca   13. usted   14. libertad   15. origen   16. animal

Gramática   Gramática 5   A.   1. bonita, grande, interesante   2. delgados, jóvenes, simpáticos 3. delgada, pequeña, trabajadora   4. altas, impacientes, inteligentes   **B.**   1. generosos   2. simplistas 3. trabajadores   4. prácticos y realistas   5. racistas   6. materialistas   **D.**   1. alemana   2. italiano 3. norteamericano   4. inglesa   5. mexicana   6. ingleses   7. francesas   **E.**   1. Ana busca otro coche italiano.   2. Buscamos una motocicleta alemana.   3. Paco busca las otras novelas francesas.   4. Busco el gran drama inglés *Romeo y Julieta*.   5. Jorge busca una esposa ideal.   **Gramática 6   A.**   1. soy de Barcelona   2. son de Valencia   3. eres de Granada   4. somos de Sevilla   5. son de Toledo   6. sois de Burgos   **C.**   1. El programa de «Weight Watchers» es para Rosie O'Donnell. Es gorda.   2. La casa grande es para los Sres. Walker. Tienen cuatro niños.   3. El dinero es para mis padres. Necesitan comprar un televisor nuevo.   4. Los discos compactos de las sinfonías de Haydn son para mi hermano Ramón. Le gusta la música clásica.   **D.**   1. —¿De quién son los libros? —Son de la profesora. 2. —¿De quién es la mochila? —Es de Cecilia.   3. —¿De quién son los bolígrafos? —Son del Sr. Alonso.   4. —¿De quién es la casa? —Es de los Sres. Olivera.   **Gramática 7**   ¡RECUERDE!   1. (Ella) Es la hermana de Isabel.   2. (Ellos) Son los parientes de Mario.   3. (Ellos) Son los abuelos de Marta. **A.**   1. Mi   2. Nuestra   3. mis   4. mis   5. Mis   6. mi   **B.**   1. Sí, es su suegra.   2. Sí, es nuestro hermano.   3. Sí, son sus padres.   4. Sí, somos sus primos.   5. Sí, es su sobrina.   6. Sí, soy su nieto (nieta).   **Gramática 8   A.**   1. Luis come mucho.   2. Gloria estudia francés.   3. José y Ramón beben Coca-Cola.   4. Inés escribe una carta.   5. Roberto mira un vídeo.   6. Carlos lee un periódico. **C.**   1. vivimos   2. asisto   3. hablamos   4. leemos   5. escribimos   6. aprendemos   7. abren 8. comemos   9. debemos   10. prepara

Un poco de todo   B.   1. come un sándwich   2. estudian   3. escribe en el cuaderno   4. lee el periódico   5. toma (bebe) café y mira (la) televisión   6. habla por teléfono   7. toca la guitarra 8. abro el refrigerador

Perspectivas culturales: México   1. F   2. F   3. C   4. C   5. F   6. C

Póngase a prueba   A ver si sabe...   A.   1. a. casada b. casados   2. a. grandes b. sentimentales 3. mexicano / mexicanas / mexicanos // francesa / francés / francesas // española / español / españoles   **B.**   1. c   2. a   3. b   4. d   **C.**   1. mi hermano   2. su tío   3. nuestros abuelos   4. su casa **D.**   *leer:* leo / leemos / leéis // *escribir:* escribes / escribe / escriben   **Prueba corta   A.**   1. italiano 2. francesa   3. alemán   4. inglesas   **B.**   1. es   2. soy   3. son   4. eres   5. somos   **C.**   1. mi   2. mi 3. Mis   4. su   5. nuestra   6. sus   7. su (tu)   **D.**   1. comprendemos / habla   2. Escuchas / estudias 3. lee   4. venden   5. recibe   6. bebo   7. asistimos

CAPÍTULO 3

Vocabulario: Preparación   De compras: La ropa   A.   1. a. un traje b. una camisa c. una corbata d. unos calcetines e. unos zapatos f. un impermeable   2. a. un abrigo b. un vestido c. unas medias d. una bolsa e. un sombrero   **B.**   1. centro   2. almacén   3. venden de todo   4. fijos   5. de última moda   6. tiendas   7. rebajas   8. mercado   9. regatear   10. gangas   **C.**   1. algodón   2. corbatas / seda 3. suéteres / faldas / lana   4. cuero   **D.**   1. Necesitas comprar una sudadera nueva, ¿verdad? (¿no?) 2. Buscas una camisa de seda, ¿verdad? (¿no?)   3. Tus sandalias son cómodas ¿verdad? (¿no?)   4. No necesito llevar corbata, ¿verdad?   5. Esta chaqueta es perfecta, ¿verdad? (¿no?)   **¿De qué color es?   A.**   1. verdes   2. verde / blanca / roja   3. roja / blanca / azul   4. anaranjada / amarillo 5. gris   6. morado   7. rosado   8. color café   **Más allá del número 100   A.**   1. 111   2. 476 3. 15.714   4. 700.500   5.   1.965   6.   1.000.013   **B.**   1. veintiocho mil quinientos diez pesos   2. catorce mil seiscientos veinticinco pesos   3. siete mil trescientos cincuenta y cuatro pesos   4. tres mil setecientos ochenta y dos pesos   5. mil ochocientos cuarenta y un pesos   6. novecientos veinte mil pesos

Pronunciación: Stress and Written Accent Marks (Part 2)   ¡RECUERDE!   1. a   2. b   3. b **A.**   1. doctor   2. mujer   3. mochila   4. inglés   5. actor   6. permiso   7. posible   8. Tomás   9. general 10. profesores   11. universidad   12. Bárbara   13. lápices   14. Carmen   15. Isabel   16. López 17. Ramírez   18. biblioteca   19. sicología   20. usted   **B.**   3. matrícula   4. bolígrafo   7. Pérez   9. alemán

Gramática ¡RECUERDE! 1. Este 2. Estos 3. esta 4. estas **Gramática 9 A.** 1. Este 2. ese 3. aquel 4. este (*possible answer*) / es económico **B.** 1. Sí, esta chaqueta es de Miguel. 2. Sí, esos calcetines son de Daniel. 3. Sí, ese impermeable es de Margarita. 4. Sí, estos guantes de cuero son de Ceci. 5. Sí, este reloj es de Pablo. 6. Sí, esos papeles son de David. **Gramática 10 A. Paso 1.** 1. Quieres 2. puedo 3. tengo 4. Prefiero 5. vengo 6. quiero **Paso 2.** (*Verb forms*) Quieren / podemos / tenemos / Preferimos / venimos por Uds. / queremos **B.** LUIS: ¿A qué hora vienes a la universidad mañana? MARIO: Vengo a las ocho y media. ¿Por qué? LUIS: ¿Puedo venir contigo? No tengo coche. MARIO: ¡Cómo no! Paso por ti a las siete y media. ¿Tienes ganas de practicar el vocabulario ahora? LUIS: No. Ahora prefiero comer algo. ¿Quieres venir? Podemos estudiar para el examen después. MARIO: Buena idea. Creo que Raúl y Alicia quieren estudiar con nosotros. **C.** 1. Tengo sueño. 2. Tengo que estudiar mucho. 3. Tengo miedo 4. Tengo prisa. 5. Tengo razón. **Gramática 11 A.** 1. va 2. van 3. vas 4. vamos 5. voy **B.** 1. Eduardo y Graciela van a buscar… 2. David y yo vamos a comprar… 3. Ignacio y Pepe van a ir… 4. Por eso vamos a necesitar… 5. Desgraciadamente Julio no va a preparar… **C.** 1. Vamos a estudiar esta tarde. 2. Vamos a mirar en el Almacén Juárez. 3. Vamos a buscar algo más barato. 4. Vamos a descansar ahora.

Un poco de todo A. 1. la 2. quiere 3. ir 4. pequeñas 5. venden 6. especiales 7. grandes 8. prefiere 9. españolas 10. esta 11. especializadas 12. populares 13. existen 14. elegantes 15. famosos **B.** 1. Tengo 2. ganas 3. miedo 4. razón 5. sueño **C.** 1. estás 2. estos 3. tus 4. esos 5. nuestro 6. vas 7. voy 8. vamos 9. nosotras 10. tu 11. esta 12. queremos 13. prisa 14. Adiós **D.** 1. Beatriz no quiere ir a clase. Prefiere ir de compras. 2. Isabel Suárez no puede asistir a clases por la tarde porque tiene que trabajar. 3. ¡Mi profesor siempre lleva chaquetas de lana y calcetines rojos! 4. Marcos no es un buen estudiante. Con frecuencia no lee las lecciones y llega tarde a clase. 5. Creo que la Sra. Fuentes es una gran profesora.

Perspectivas culturales: Guatemala y Honduras 1. Tegucigalpa 2. pobre 3. maya-quiché 4. Tikal 5. volcanes 6. Copán 7. la punta

Póngase a prueba A ver si sabe… A. 1. este 2. estos 3. esa 4. esos 5. aquella 6. aquellos **B.** 1. *poder*: puedo / puede / podéis / podemos // *querer*: quiero / quiere / queréis / queremos // *venir*: vengo / viene / venís / venimos 2. a. tener miedo (de) b. tener razón (no tener razón) c. tener ganas (de) d. tener que **C.** 1. Ellos van a comprar… 2. ¿No vas a comer? 3. Van a tener… 4. Voy a ir… **Prueba corta A.** 1. Quiero comprar ese impermeable negro. 2. ¿Buscas este traje gris? 3. Juan va a comprar esa chaqueta blanca. 4. Mis padres trabajan en aquella tienda nueva. **B.** 1. venimos / tenemos 2. prefieres (quieres) / prefiero (quiero) 3. tiene 4. pueden **C.** 1. Roberto va a llevar traje y corbata. 2. Voy a buscar unas chanclas baratas. 3. Vamos a tener una fiesta. 4. ¿Vas a venir a casa esta noche?

CAPÍTULO 4

Vocabulario: Preparación ¿Qué día es hoy? A. (*Possible answers*) 1. El lunes también va a hablar (tiene que hablar) con el consejero. 2. El martes va (tiene que ir) al dentista. 3. El miércoles va a estudiar (tiene que estudiar) física. 4. El jueves va (tiene que ir) al laboratorio de física. 5. El viernes tiene un examen y va a cenar con Diana. 6. El sábado va (a ir) de compras y (por la noche) va a un concierto. 7. El domingo va (a ir) a la playa. **B.** 1. fin / el sábado / el domingo 2. El lunes 3. miércoles 4. jueves 5. pasado mañana 6. el / los 7. próxima **Los muebles, los cuartos y otras partes de la casa (Part 1) A.** 1. la sala 2. el comedor 3. la cocina 4. la alcoba 5. el baño 6. el garaje 7. el patio 8. la piscina 9. el jardín **B.** En la alcoba hay… 1. una cama 2. una cómoda 3. un escritorio 4. una silla 5. un estante 6. un armario En la sala hay… 1. un sofá 2. una mesita 3. una lámpara 4. una alfombra 5. un sillón 6. un televisor **¿Cuándo? Las preposiciones (Part 1)** (*Possible answers*) 1. Tengo sueño antes de descansar. 2. Regreso a casa después de asistir a clase. 3. Tengo ganas de comer antes de estudiar. 4. Preparo la comida después de ir al supermercado. 5. Lavo los platos después de comer.

Pronunciación: *b* and *v* ¡RECUERDE! m / n 2. un <u>v</u>estido 4. hom<u>b</u>re 7. tam<u>b</u>ién 8. <u>b</u>ien 9. <u>B</u>uenos días, <u>V</u>íctor. 10. <u>V</u>ioleta baila bien, ¿<u>v</u>erdad? 11. ¡<u>B</u>ien<u>v</u>enido, <u>B</u>enito!

Gramática Gramática 12 A. 1. veo 2. salimos 3. Pongo 4. traigo 5. oímos 6. hago 7. Salgo **B.** 1. pongo 2. hago 3. trae 4. salimos 5. Vemos 6. salimos ¡RECUERDE! *querer*: quiero / quieres / quiere / quieren / / *preferir*: prefiero / prefiere / preferimos / prefieren / / *poder*: puedo /

puedes / podemos / pueden **Gramática 13** **B.** 1. piensan / pensamos / piensas 2. volvemos / vuelve / vuelven 3. pide / piden / pedimos **C.** 1. Sale de casa a las siete y cuarto. 2. Su primera clase empieza a las ocho. 3. Si no entiende la lección, hace muchas preguntas. 4. Con frecuencia almuerza en la cafetería. 5. A veces pide una hamburguesa y un refresco. 6. Los lunes y miércoles juega al tenis con un amigo. 7. Su madre sirve la cena a las seis. 8. Hace la tarea por la noche y duerme siete horas. **Gramática 14** **B.** 1. me / se 2. se 3. te 4. Se 5. nos / nos 6. te **C.** 1. Nos despertamos… 2. Nos vestimos después de ducharnos. 3. Nunca nos sentamos… 4. …asistimos… y nos divertimos. 5. …hacemos la tarea. 6. …tenemos sueño, nos cepillamos los dientes y nos acostamos. 7. Nos dormimos… **D.** **Paso 1.** 2. levantarse / afeitarse 3. ducharse / vestirse 4. sentarse / divertirse 5. quitarse / dormirse **Paso 2.** (*Possible answers*) 2. Carlos se levanta de la cama y Daniel se afeita en el baño. 3. Carlos se ducha en el baño y Daniel se viste. 4. Daniel se sienta y se divierte en un café. 5. Daniel se quita la chaqueta en la sala y Carlos se duerme en el sofá.

Un poco de todo **A.** 1. me levanto 2. tengo 3. despertarme 4. quiero 5. jugar 6. empezamos 7. pongo 8. salgo 9. puedo 10. almorzamos 11. pierde 12. tiene 13. pierdo 14. tengo 15. vuelvo

Perspectivas culturales: El Salvador y Nicaragua 1. El Salvador 2. volcanes, lagos 3. cuatro, cuatrocientos 4. pirámide, pelota 5. activos 6. salada, tiburones 7. indígena / española

Póngase a prueba **A ver si sabe…** **A.** *hacer:* hago / haces / hacen / / *traer:* traigo / traes / traemos / / *oír:* oigo / oímos / oyen / / *poner:* pongo / pones / ponemos / ponen / / *ver:* veo / ves / vemos / ven / / *salir:* salgo / sales / salimos / salen **B.** 1. a. e→ie b. o→ue c. e→i 2. nosotros / vosotros 3. a. ¿Qué piensas servir? b. Ahora empiezo a entender. c. ¿Uds. van a volver a entrar? d. Voy a pedir otra Coca-Cola. **C.** 1. a. me b. te c. se d. nos e. os f. se 2. a. Yo me acuesto tarde. b. ¿Cuándo te sientas a comer? c. Yo me visto en cinco minutos. **Prueba corta** **A.** 1. se duermen 2. sentarme / oigo 3. me divierto 4. levantarte 5. se pone 6. haces 7. salimos **B.** (*Possible answers*) 1. me despierto, me levanto, me visto 2. me baño, me afeito, me cepillo los dientes 3. el sofá, el sillón, la mesa 4. un escritorio, una lámpara, una cama 5. Almuerzo en la cocina. / Duermo en la alcoba. / Estudio en la sala.

CAPÍTULO 5

Vocabulario: Preparación **¿Qué tiempo hace hoy?** **A.** 1. Hace sol. 2. Hace calor. 3. Está nublado. 4. Hace fresco. 5. Llueve. 6. Hace viento. 7. Nieva. 8. Hace frío. 9. Hay mucha contaminación. **B.** 1. Llueve. 2. Hace (mucho) frío. 3. Hace calor. 4. Hace fresco. 5. Hace buen tiempo. 6. (*Possible answer*) Hay mucha contaminación. **C.** (*Possible answers*) 1. tengo ganas de quedarme en casa 2. hace ejercicio 3. vamos a la playa 4. me pongo otro suéter 5. tienen que agarrar el sombrero 6. juegan en la nieve 7. almuerzo en el parque **Los meses y las estaciones del año** **A.** 1. el primero de abril 2. junio / julio / agosto 3. invierno 4. llueve 5. otoño 6. cuatro de julio 7. nieva 8. enero / mayo **B.** 1. el dieciséis (diez y seis) de marzo de mil novecientos treinta y tres 2. el catorce de junio de mil novecientos veinticinco (veinte y cinco) 3. el quince de septiembre de mil quinientos sesenta y seis 4. el siete de agosto de dos mil quince 5. el primero de enero de mil setecientos setenta y siete **¿Dónde está? Las preposiciones (Part 2)** **B.** 1. entre 2. al norte 3. al sur 4. al este 5. al oeste 6. lejos 7. cerca 8. en 9. al oeste

Pronunciación: *r and rr* ¡RECUERDE! r / rr 1. <u>R</u>osa 3. pe<u>rr</u>o 4. <u>R</u>oberto 5. <u>r</u>ebelde 6. un ho<u>rr</u>ible e<u>rr</u>or 7. una persona <u>r</u>ara 8. <u>R</u>aquel es <u>r</u>ubia

Gramática **Gramática 15** **A.** 1. c 2. a 3. d 4. f 5. b 6. e **B.** 1. durmiendo 2. pidiendo 3. sirviéndose 4. leyendo 5. almorzando / divirtiéndose **C.** 1. están despertándose (se están despertando) 2. está afeitándose (se está afeitando) / está levantándose (se está levantando) 3. está vistiéndose (se está vistiendo) / está duchándose (se está duchando) 4. está charlando y divirtiéndose 5. está quitándose la chaqueta (se está quitando) / está durmiendo **D.** 1. Mis padres están jugando al golf, pero yo estoy corriendo en un maratón. 2. Mis padres están mirando la tele, pero yo estoy aprendiendo a esquiar. 3. Mis padres están leyendo el periódico, pero yo estoy escuchando música. 4. Mis padres están acostándose (se están acostando), pero yo estoy vistiéndome (me estoy vistiendo) para salir. **Gramática 16** ¡RECUERDE! 1. estar / están 2. ser / es 3. ser / es 4. ser / son / es 5. estar / está / estás / Están 6. ser / somos / es 7. ser / Son **A.** 1. eres / Soy 2. son / son 3. son / están 4. es / estar / es 5. está / Estoy / está 6. es / es **B.** (*Possible answers*)

1. estoy aburrido/a   2. estoy contento/a   3. estoy nervioso/a   4. estoy preocupado/a   5. estoy molesto/a   6. estoy cansado/a   7. estoy triste   **C.**   1. estás   2. estoy   3. son   4. están   5. Son 6. Son   7. es   8. es   9. estar   **Gramática 17   B.**   1. Ceci es más delgada que Laura.   2. Ceci es más atlética que Roberto.   3. Roberto es más introvertido que Laura.   4. Ceci es tan alta como Laura. 5. Roberto es tan estudioso como Laura.   6. Roberto es tan moreno como Ceci.   **C.**   1. Sí, el cine es tan alto como la tienda.   2. El café es el más pequeño de todos.   3. El hotel es el más alto (de todos).   4. No, el cine es más alto que el café.   5. No, el hotel es más grande que el cine. **D.**   1. menos que / mejor que   2. más que / más de   3. mejor que   4. tantas / como

Un poco de todo   A.   1. Carmen está ocupada y no puede ir al cine esta noche.   2. Esa camisa está sucia. Debes ponerte otra.   3. Esas tiendas están cerradas ahora. No podemos entrar.   4. Debemos llevar el paraguas. Está lloviendo.   5. Mis primos son de Lima. Ahora están visitando a sus tíos en Texas, pero su madre está enferma y tienen que regresar a su país la semana que viene.   **B.**   1. Sí, uno puede nadar porque hace calor y sol.   2. Debemos llevar impermeable (y botas) porque llueve (está lloviendo).   3. Está contaminado en México, D.F.   4. Tenemos que usar abrigo y botas porque nieva (hay nieve).   **C.**   1. veintiún   2. diecinueve   3. ese   4. que   5. que   6. que   7. tanto   8. como 9. de   10. doscientos dólares   11. porque   12. estar   13. de   14. ciento cincuenta dólares   15. pagar

Perspectivas culturales: Costa Rica   1. neutra   2. ejército   3. veinticinco   4. Arenal, bañarse 5. Sarchí, pintadas   6. café

Póngase a prueba   A ver si sabe...   A. cepillándose / divirtiéndose / escribiendo / estudiando / leyendo / poniendo / sirviendo   **B.**   1. f   2. a   3. c   4. i   5. h   6. b   7. g   8. e   9. d   **C.**   1. más / que   2. tantos / como   3. mejor   4. tan / como   5. menos / que   **Prueba corta   A.**   1. Estoy mirando un programa.   2. Juan está leyendo el periódico.   3. Marta está sirviendo el café ahora. 4. Los niños están durmiendo.   5. ¿Estás almorzando ahora?   **B.**   1. está / Estoy   2. eres / Soy 3. están / Estamos   4. Estás / estoy   5. está   **C.**   1. Arturo tiene tantos libros como Roberto. 2. Arturo es más gordo que Roberto.   3. Roberto es más alto que Arturo.   4. Roberto es menor (tiene dos años menos) que Arturo.   5. Arturo tiene menos perros que Roberto.

CAPÍTULO 6

Vocabulario: Preparación   La comida   A.   1. jugo / huevos / pan / té / leche   2. camarones / langosta   3. papas fritas   4. agua   5. helado   6. carne / verduras   7. queso   8. lechuga / tomate 9. zanahorias   10. arroz   11. hambre / galletas   12. sed   **C.**   1. Torre del Oro   2. Sevilla   3. vino blanco 4. gazpacho   5. Sí (No)   6. cuatro mil cuatrocientas cincuenta y dos pesetas   **¿Qué sabe Ud. y a quién conoce?   B.**   1. Sabes   2. Conocemos   3. conozco   4. sé   5. sabemos   6. conocer **C.**   1. conocen   2. sé   3. Sabes   4. saber   5. Conocemos / conozco   6. conocer   **D.**   1. al   2. a 3. A   4. a   5. Ø   6. al   7. Ø   8. a

Pronunciación: *d*   2. a<u>d</u>ónde   3. uste<u>d</u>es   5. Buenos <u>d</u>ías.   6. De na<u>d</u>a.   7. venden <u>d</u>e to<u>d</u>o 8. dos ra<u>d</u>ios   9. universi<u>d</u>ad   10. a<u>d</u>iós   11. posibili<u>d</u>ad   12. Perdón.

Gramática   Gramática 18   B.   1. Yo lo preparo.   2. Yo voy a comprarlos. / Yo los voy a comprar.   3. Dolores va a hacerlas. / Dolores las va a hacer.   4. Juan los trae.   5. Yo los invito. **C.**   1. Los despierta a las seis y media.   2. El padre lo levanta.   3. La madre lo baña.   4. Su hermana lo divierte.   5. Lo sienta en la silla.   6. El padre lo acuesta.   **D.**   (*Possible answers*)   1. Acaba de cantar y bailar.   2. Acabamos de comer.   3. Acaba de traer la cuenta.   4. Acaba de enseñar.   **Gramática 19   B.**   1. No, no voy a hacer nada interesante.   2. No, nunca (jamás) salgo con nadie los sábados.   3. No, no tengo ninguno (ningún nuevo amigo).   4. No, ninguna es mi amiga.   5. No, nadie cena conmigo nunca (jamás).   **C.**   1. Pues yo sí quiero (comer) algo. La comida aquí es buena. 2. Pero aquí viene alguien.   3. Yo creo que siempre cenamos en un restaurante bueno.   4. Aquí hay algunos platos sabrosos.   **D.**   1. Yo tampoco.   2. Yo tampoco.   3. Yo también.   4. Yo también. **Gramática 20   A.   Paso 1.** Título: acostumbre   1. compruebe   2. encargue   3. no lo haga / déjelas   4. no comente / deje   5. no los deje   **Paso 2.**   1. your house is well locked   2. your mail 3. someone you know   4. when you will return   5. in your house   **B.**   (*Possible answers*)   1. Entonces, coman algo.   2. Entonces, beban (tomen) algo.   3. Entonces, estudien.   4. Entonces, ciérrenlas. 5. Entonces, lleguen (salgan) (más) temprano.   6. No sean impacientes.   **C.**   1. empiécenla ahora   2. no la sirvan todavía   3. llámenlo ahora   4. no lo hagan todavía   5. tráiganlas ahora   6. no la pongan todavía

Un poco de todo   A. 1. conoces 2. al 3. lo 4. conozco 5. sé 6. siempre 7. tampoco 8. El **B.** (*Possible answers*) 1. Voy a prepararla (La voy a preparar) este sábado. 2. Sí, pienso invitarlos (los pienso invitar). 3. Sí, puedes llamarlas (las puedes llamar) si quieres. 4. Sí, me puedes ayudar (puedes ayudarme). 5. Sí, las necesito. **C.** 1. ¡Laven los platos! / Ya estamos lavándolos. (Ya los estamos lavando.) 2. ¡Hagan la ensalada! / Ya estamos haciéndola. (Ya la estamos haciendo.) 3. ¡Preparen las verduras! / Ya estamos preparándolas. (Ya las estamos preparando.) 4. ¡Empiecen la paella! / Ya estamos empezándola. (Ya la estamos empezando.)

Perspectivas culturales: Panamá 1. XVI, XIX 2. colonial 3. estadounidense 4. calipso, Trinidad 5. parques, reservas 6. San Blas, las molas

Póngase a prueba   A ver si sabe…   A. 1. te / lo / la / nos / las 2. a. Yo lo traigo. b. ¡Tráigalo! c. ¡No lo traiga! d. Estamos esperándolo. / Lo estamos esperando. e. Voy a llamarlo. / Lo voy a llamar. **B.** 1. nadie 2. tampoco 3. nunca / jamás 4. nada 5. ningún detalle **C.** piense / vuelva / dé / vaya / busque / esté / sepa / diga **Prueba corta   A.** 1. conozco 2. conoces 3. sé 4. sabe **B.** 1. Quiero comer algo. 2. Busco a alguien. 3. Hay algo para beber. 4. —Yo conozco a algunos de sus amigos. —Yo también. **C.** (*Possible answers*) 1. No, no voy a pedirla. (No, no la voy a pedir.) 2. Sí, las quiero. 3. No, no lo tomo por la noche. 4. Yo la preparo. **D.** 1. Compren 2. hagan 3. Traigan 4. pongan 5. Llámenlo 6. lo sirvan

CAPÍTULO 7

Vocabulario: Preparación   De viaje   B. 1. boleto 2. ida y vuelta 3. bajar / escala 4. equipaje 5. el control de la seguridad 6. pasajeros 7. guarda 8. vuelo / demora 9. salida / cola / subir 10. asistentes **C.** (*Possible answers*) 1. En la sala de espera (En la sección de no fumar) un hombre está durmiendo; en la sección de fumar dos pasajeros están fumando y una mujer está leyendo el periódico. 2. Los pasajeros están haciendo cola para facturar su equipaje. El vuelo 68 a Madrid hace una parada en Chicago. 3. Está lloviendo. Un hombre está corriendo porque está atrasado. Los otros pasajeros están subiendo al avión. 4. Los asistentes de vuelo están sirviendo algo de beber. Los pasajeros están mirando una película. **De vacaciones   A.   Paso 1.** 1. las montañas 2. la tienda de campaña 3. la playa 4. la camioneta 5. el mar / el océano **Paso 2.** 1. El padre saca fotos (de la madre). 2. La madre toma el sol en la playa. 3. Las hijas juegan en la playa. 4. El hijo nada en el mar / océano. 5. Toda la familia hace *camping*. **Nota comunicativa: Other Uses of *se* (For Recognition)** 1. c 2. b 3. c 4. b 5. a

Pronunciación: *g*, *gu*, and *j* 1. [x] 2. [x], [g] 3. [x] 4. [x] 5. [g] 6. [x], [g] 7. [g] 8. [x], [g]

Gramática   Gramática 21   A. 1. damos 2. da 3. dan 4. das 5. doy 6. digo 7. dice 8. dicen 9. dices 10. decimos **C.** 1. Te compro regalos. 2. Te mando tarjetas postales. 3. Te invito a almorzar. 4. Te explico la tarea. **D.** 1. ¿Le presto el dinero? 2. ¿Le digo la verdad? 3. ¿Les doy una fiesta? 4. ¿Le pido ayuda al profesor? 5. ¿Les doy más? **Gramática 22   A.** 1. te gusta 2. les gusta 3. me gustan 4. nos gusta / le gusta 5. les gusta **B.   Paso 1.** 1. A su padre le gustan las vacaciones en las montañas. 2. A su madre le encantan los cruceros. 3. A sus hermanos les gustan los deportes acuáticos. 4. A nadie le gusta viajar en autobús. 5. A Ernesto le gusta sacar fotos. **Gramática 23   C.** *hablar:* hablaste / habló / hablamos / hablaron / / *volver:* volví / volvió / volvimos / volvieron / / *vivir:* viví / viviste / vivimos / vivieron / / *dar:* di / diste / dio / dieron / / *hacer:* hice / hiciste / hizo / hicimos / / *ser / ir:* fuiste / fue / fuimos / fueron / / *jugar:* jugué / jugó / jugamos / jugaron / / *sacar:* saqué / sacaste / sacamos / sacaron / / *empezar:* empecé / empezaste / empezó / empezaron **D.   yo:** 1. volví 2. Me hice 3. comí 4. Recogí 5. metí 6. di *tú:* 1. asististe 2. Te acostaste 3. empezaste 4. fuiste 5. Saliste 6. volviste *Eva:* 1. se casó 2. fue 3. se matriculó 4. empezó 5. regresó 6. viajó 7. vio 8. pasó *Mi amiga y yo:* 1. pasamos 2. Vivimos 3. asistimos 4. hicimos 5. Visitamos 6. caminamos 7. comimos 8. vimos *Dos científicos:* 1. fueron 2. Salieron 3. llegaron 4. viajaron 5. vieron 6. tomaron 7. gustaron 8. volvieron

Un poco de todo   A. (*Possible answers*) 1. Les mandé tarjetas postales a mis abuelos. (No le mandé tarjetas postales a nadie. / Nadie me mandó tarjetas postales a mí.) 2. Le regalé flores a mi madre. (No le regalé flores a nadie. / Nadie me regaló flores a mí.) 3. Les recomendé un restaurante a mis amigos. (No le recomendé un restaurante a nadie. / Nadie me recomendó un restaurante a mí.) 4. Le ofrecí ayuda a una amiga. (No le ofrecí ayuda a nadie. / Nadie me ofreció ayuda a mí.) 5. Le presté una maleta a mi hermano. (No le presté una maleta a nadie. / Nadie me prestó una maleta a mí.)   6. Le hice un pastel a un amigo. (No le hice un pastel a nadie. / Nadie me hizo un pastel a mí.)   **B.**   1. Salí / me quedé / Almorcé / fui / Volví / Cené / miré / subí / me quejé / hice / dormí   2. fueron / hicieron / dio / fue / se hizo / escribieron / volvieron   3. Busqué / dieron / perdí / pagaron / gasté / hice / descansé   4. Pasamos / Comimos / vimos / jugamos

Perspectivas culturales: La República Dominicana   A.   1. F   2. F   3. C   4. F   5. C   6. C

Póngase a prueba   A ver si sabe…   A.   1. a. Siempre le digo… b. Le estoy diciendo… / Estoy diciéndole… c. Le voy a decir… / Voy a decirle… d. Dígale… e. No le diga…   2. *dar:* doy / da / damos /dais / dan / / *decir:* digo / dices / dice / decís / dicen   **B.**   1. ¿Les gusta viajar?   2. A mí no me gusta quejarme.   3. A Juan le gustan los aeropuertos.   **C.**   *dar:* di / dio / dimos / disteis / / dieron / *hablar:* hablé / hablaste / hablamos / hablasteis / hablaron / / *hacer:* hice / hiciste / hizo / hicisteis / hicieron *ir / ser:* fui / fuiste / fue / fuimos / fueron / *salir:* salí / saliste / salió / salimos / salisteis   **Prueba corta   A.**   1. le   2. nos   3. les   4. me   5. te   **B.**   1. les gustan   2. le gusta   3. me gusta   4. nos gustan   5. te gusta   **C.**   1. mandaste   2. empecé   3. hizo   4. Fueron   5. Oíste   6. volvieron   7. dio

CAPÍTULO 8

Vocabulario: Preparación   La fiesta de Javier   B.   1. el Día de Año Nuevo   2. la Navidad   3. La Pascua   4. la Nochebuena   5. el Cinco de Mayo   **C.**   1. Es el primero de abril.   2. Les hace bromas.   3. Significa *lion.*   **Las emociones y los estados afectivos.   A.**   (*Possible answers*)   1. me pongo avergonzado/a   2. se enojan (se ponen irritados)   3. se enferman / se quejan   4. se portan   5. discutir   **B.**   1. Sí, me parece larguísima.   2. Sí, son riquísimos.   3. Sí, me siento cansadísimo/a.   4. Sí, es carísima.   5. Sí, fueron dificilísimas.   **C.**   (*Possible answers*)   1. Me enojo.   2. Me río.   3. Me pongo avergonzado/a.   4. Lloro.   5. Me quejo.   6. Sonrío y me pongo contentísimo/a.   7. Me enojo.

Gramática   Gramática 24   A.   Paso 1.   1. C   2. F   3. C   4. F   5. F   6. C   7. F   8. F   9. F   **Paso 2.**   2. La Unión Soviética puso un satélite antes que los Estados Unidos.   4. En 1492…   5. Hitler sí quiso dominar Europa.   7. Los españoles llevaron el maíz y el tomate a Europa.   8. John Kennedy dijo: «Yo soy un berlinés».   9. Muchos inmigrantes irlandeses vinieron en el siglo XIX.   **B.** estuve / estuvo / estuvimos / estuvieron / tener / tuvo / tuvimos / tuvieron / poder / pude / pudimos / pudieron / poner / puse / puso / pusieron / querer / quise / quiso / quisimos / supe / supo / supimos / supieron / venir / vino / vinimos / vinieron / decir / dije / dijimos / dijeron / traer / traje / trajo / trajeron   **C.**   *Durante la Navidad:*   1. tuvo   2. estuvieron   3. Vinieron   4. trajeron   5. dijeron   6. fueron   7. comieron   8. pudieron   9. lo pasaron   *Otro terremoto…*   1. supimos   2. hubo   3. oí   4. leí   5. se rompieron   6. hizo   7. dijo   8. fue   **D.**   1. estuvo   2. pude   3. tuve   4. viniste   5. Quise   6. estuve   7. hizo   8. Supiste   9. tuvo   10. vino   11. dijo   12. puse   13. trajiste   14. traje   **Gramática 25   A.**   *divertirse:* me divertí / te divertiste / se divirtió / nos divertimos / se divirtieron / / *sentir:* sentí / sentiste / sintió / sentimos / sintieron / / *dormir:* dormí / dormiste / durmió / dormimos / durmieron / / *conseguir:* conseguí / conseguiste / consiguió / conseguimos / consiguieron / / *reír:* reí / reíste / rio / reímos / rieron / / *vestir:* vestí / vestiste / vistió / vestimos / vistieron   **B.**   1. me senté / me dormí   2. se sentaron / nos dormimos   3. se durmió   4. nos reímos / se rio   5. sintieron / se sintió   **C.**   1. entró   2. se sentó   3. Pidió   4. sirvió   5. se sintió   6. se levantó   7. se despidió   8. Volvió   9. durmió   10. entré   11. me senté   12. Pedí   13. me la sirvió   14. me sentí   15. me levanté   16. me despedí   17. Volví   18. dormí   **D.**   1. ¿Adónde fueron?   2. ¿Consiguieron un hotel cerca de la playa?   3. ¿Se divirtieron mucho?   4. ¿Jugaron al tenis y nadaron?   5. ¿Cuánto tuvieron que pagar por la habitación?   6. ¿Cómo estuvo la comida?   7. ¿Conocieron a alguien interesante?   8. ¿A qué hora volvieron hoy?   9. No durmieron mucho anoche, ¿verdad?   **¡RECUERDE!**   1. Yo le traigo el café. (O.I.)   2. Yo lo traigo ahora. (O.D.)   3. Ellos nos compran los boletos. (O.I.)   4. Ellos los compran hoy. (O.D.)   5. No les hablo mucho. (O.I.)   6. No las conozco bien. (O.D.)   7. Queremos darles una fiesta. (O.I.)   8. Pensamos darla en casa. (O.D.)   **Gramática 26   B.**   1. ¿El dinero? Te lo devuelvo mañana.   2. ¿Las tapas? Te las traigo esta noche.   3. ¿La sorpresa? Nos la van a revelar después.   4. ¿Los pasteles? Me los prometieron para esta tarde.   5. ¿Las fotos? Se las mando a Uds. con la carta.   6. ¿La bicicleta? Se la devuelvo a Pablo mañana.   7. ¿El dinero? Se lo doy a Ud. el viernes.   8. ¿Los regalos? Se los muestro a Isabel esta noche.   **C.**   (*Possible answers*)   1. Se lo dejó a Cristina.   2. Se la dejó a Memo.   3. Se los dejó a la biblioteca.   4. Se los dejó a la Cruz Roja.   5. Se la dejó a Ernesto y Ana.   6. ¡Me los dejó a mí!

Un poco de todo A. Paso 1. 1. hice 2. tuve 3. estuve 4. quise 5. supe 6. di
7. estuvimos 8. pedí **Paso 2.** 1. Fue porque tuvo una reunión con su agente de viajes. 2. No, no tuvo mucho tiempo libre. (No, estuvo ocupadísimo.) 3. Lo supo porque se lo dijo su amigo Luis Dávila. 4. Se las dio a Luis. **B.** (*Possible answers*) 1. Se la mandé a mi novio/a. 2. Se los di a mi familia y a mis amigos. 3. Nadie me las trajo. 4. Mi hermano me lo pidió. 5. Mis amigos me la hicieron.

Perspectivas culturales: Cuba 1. 1959 2. 1898 3. El Morro 4. el béisbol 5. plantaciones de tabaco y azúcar 6. la africana

Póngase a prueba A ver si sabe... A. 1. estuve 2. pudiste 3. puso 4. quisimos 5. supieron
6. tuve 7. viniste 8. trajo 9. dijeron 10. fuimos **B.** *él/ella/Ud.*: durmió / pidió / prefirió / recordó / se sintió / / *ellos/Uds.*: durmieron / pidieron / prefirieron / recordaron / se sintieron **C.** 1. se lo
2. se la 3. se los **Prueba corta A.** 1. nos reímos 2. se puso / durmió 3. conseguí 4. se despidió
5. se vistió / se divirtió 6. hicimos / trajeron **B.** 1. a 2. a 3. c 4. b 5. a 6. b

CAPÍTULO 9

Vocabulario: Preparación Los pasatiempos, diversiones y aficiones B. 1. el golf 2. el basquetbol
3. el fútbol 4. el ciclismo 5. el tenis 6. el béisbol **D.** 1. a. hacer *camping* b. juegan a las cartas
c. dan un paseo d. toma el sol 2. a. juegan al ajedrez b. Teatro c. Museo 3. ELSA: divertido LISA: Cine / la película ELSA: pasarlo bien **Los quehaceres domésticos (Part 2) A.** 1. La mujer está sacudiendo los muebles. 2. El chico está sacando la basura. 3. El hombre está lavando (limpiando) la ventana. 4. El hombre está barriendo el suelo. 5. El niño está haciendo la cama. 6. La mujer está poniendo la mesa. **B.** 1. Se usa la estufa para cocinar. 2. Se prepara el café en la cafetera. 3. Lavamos y secamos la ropa. 4. Usamos el lavaplatos. 5. Pasamos la aspiradora. 6. Tostamos el pan en la tostadora. 7. Usamos el microondas. 8. La plancho.

Gramática Gramática 27 A. 1. celebraba 2. se llenaba 3. debíamos 4. Corríamos 5. comíamos 6. cortábamos 7. era 8. me molestaba 9. era 10. era **B.** 1. tenía 2. vivíamos 3. Iba
4. volvía 5. prefería 6. venían 7. era 8. celebrábamos 9. hacía 10. cocinaba 11. visitaban
12. se quedaban 13. dormíamos 14. nos acostábamos 15. había 16. pasábamos 17. eran
C. Paso 1. 1. Antes tenía menos independencia. Ahora se siente más libre. 2. Antes dependía de su esposo. Ahora tiene más independencia económica. 3. Antes se quedaba en casa. Ahora prefiere salir a trabajar. 4. Antes sólo pensaba en casarse. Ahora piensa en seguir su propia carrera. 5. Antes pasaba horas cocinando. Ahora sirve comidas más fáciles de preparar. 6. Antes su esposo se sentaba a leer el periódico. Ahora (su esposo) la ayuda con los quehaceres domésticos. **D.** 1. éramos / veíamos / venían / íbamos 2. estábamos / daban / saludaban / despedían 3. almorzaba / Servían / veían / llevaban / traían / comía **Gramática 28 A.** 1. (*Possible answers*) El béisbol es el más emocionante de todos los deportes. 2. LeBron James es el mejor jugador del mundo. 3. El equipo de los Dallas Cowboys es el peor equipo de todos. 4. El estadio de Río de Janeiro es el más grande del mundo. **B.** 1. La ciudad más interesante de los Estados Unidos es _____. 2. La mejor (peor) película del año pasado fue _____. 3. El deporte más violento de todos es _____. 4. El programa de televisión más divertido es _____. **Gramática 29 A.** 1. ¿Cómo se llama Ud.? 2. ¿De dónde es Ud.? 3. ¿Dónde vive Ud.? 4. ¿Adónde va Ud. ahora? 5. ¿Qué va a hacer? 6. ¿Cuáles son sus pasatiempos favoritos? 7. ¿Cuándo empezó a jugar? 8. ¿Quiénes son sus jugadores preferidos?
9. ¿Por qué (son sus preferidos)? 10. ¿Cuánto gana Ud. al año? **C.** 1. cómo 2. Qué 3. Quién
4. De dónde 5. cuántos 6. Cómo 7. Cuándo 8. Por qué 9. cómo 10. Qué

Un poco de todo A. 1. pasaba 2. esquiando 3. conoció 4. visitaba 5. vivían 6. esquiaba
7. estaba 8. vio 9. Dobló 10. perdió 11. se puso 12. Te hiciste 13. esperando 14. sacudiéndose
15. sonriendo 16. se hicieron **B.** 1. Ahora Amada está jugando al basquetbol. Ayer jugó... De niña jugaba... 2. Ahora Joaquín está nadando. Ayer nadó... De niño nadaba... 3. Ahora Rosalía está bailando. Ayer bailó. De niña bailaba. 4. Ahora Rogelio está paseando en bicicleta. Ayer paseó...
De niño paseaba... 5. Ahora David está haciendo ejercicio. Ayer hizo... De niño hacía...

Perspectivas culturales: Colombia 1. Caribe, Pacífico 2. altiplanos 3. oro, petróleo, platino, café
4. piratas 5. esculturas, fantásticas 6. cumbia

Póngase a prueba A ver si sabe... A. 1. *yo*: iba / leía / era / veía / / *nosotros*: cantábamos / íbamos / leíamos / éramos / veíamos 2. 1. d 2. e 3. c (a) 4. b 5. f 6. a **B.** 1. Soy la persona más feliz del mundo.   2. Son los mejores jugadores del equipo.   3. Es el peor estudiante de la clase.   **C.**   1. Qué   2. Cuál   3. Cuáles   4. Qué   5. Cuál   **Prueba corta   A.**   1. era   2. asistía   3. estaba   4. ayudaba   5. vivían   6. iban   7. jugaban   8. servía   9. se cansaban   10. volvían   **B.**   1. Adónde   2. Quién   3. Cómo   4. Dónde   5. Cuál   6. Cuánto

CAPÍTULO 10

Vocabulario: Preparación   La salud y el bienestar   A.   1. la boca / el cerebro   2. los ojos / los oídos   3. los pulmones / la nariz   4. el corazón   5. la garganta   6. el estómago   7. los dientes   **B.**   1. a. Hace ejercicio. b. Lleva una vida sana. c. Sí, (No, no) hago tanto ejercicio como ella.   2. a. No, no se cuida mucho. b. Debe dejar de tomar y fumar y comer carne. c. Es mejor que coma verduras. d. Debe caminar más.   **En el consultorio del médico   A.**   1. a. La paciente tose.   b. Le ausculta los pulmones.   2. a. Está en el consultorio del doctor. b. Acaba de ponerle una inyección. c. Debe guardar cama.   3. a. Tiene resfriado o gripe.   b. Le duele la cabeza.   c. Acaba de tomarse la temperatura.   **B.**   1. Tengo fiebre.   2. Tenemos que abrir la boca y sacar la lengua.   3. Debemos comer comidas sanas, cuidarnos, dormir lo suficiente y hacer ejercicio.   4. Cuando tenemos un resfriado, no respiramos bien, tenemos fiebre y tenemos tos (tosemos).   5. (El doctor) Receta un jarabe.   6. Es necesario llevar lentes.   7. Nos da antibióticos.   8. Prefiero tomar pastillas (jarabe).   **C.**   (*Possible answers*)   1. Lo bueno es poder nadar. (Lo malo es que siempre hay mucha gente / mucho tráfico.)   2. Lo mejor de dejar de fumar es no toser (tener mejor salud).   3. Lo peor de resfriarse es no poder respirar bien (toser mucho).   4. Lo malo es el dolor.

Gramática   ¡RECUERDE!   **A.**   1. nos cuidábamos / nos cuidamos   2. comíamos / comimos   3. hacía / hice   4. eras / fuiste   5. decían / dijeron   6. sabía / supe   7. jugaba / jugué   8. iba / fue   9. ponía / puso   10. venías / viniste   **B.**   1. I   2. I   3. I   4. P   **Gramática 30   A.   Paso 1.**   1. imperfect   2. preterite   3. imperfect   4. preterite   5. imperfect   6. preterite / imperfect   **Paso 2.**   1. tenía   2. vivía   3. asistía   4. trabajaba   5. se quedaba   6. viajaron   7. nos quedamos   8. iba   9. se rompió   10. supieron   11. querían   12. aseguró   13. estaba   **B.**   1. supimos / tuvo   2. sentía / iba   3. podía (pudo) / fue   4. pude / tenía   5. estuve / estaba   6. iba   **C.**   1. se despertó   2. dijo   3. se sentía   4. pudo   5. dolía   6. hizo   7. Estaba   8. temía   9. examinó   10. dijo   11. era   12. estaba   13. debía   14. dio   15. llegó   16. se sentía   **Gramática 31   A.**   1. que   2. que / que   3. quien   4. quienes   5. quienes   6. que / quien   7. lo que   **B.**   1. Esa es la doctora que me cuidó cuando me resfrié gravemente.   2. Aquella es la paciente de quien te hablaba ayer.   3. Esa es Susana Preciado con quien compartí mi cuarto.   4. Estas son las flores que me mandaron al hospital.   5. ¡Esta es la cuenta que recibí hoy!   **Gramática 32   B.**   1. Se miran mucho.   2. Los novios se besan y se abrazan mucho.   3. Ana y Pili se conocen bien, se escriben mucho y se hablan con frecuencia.   4. Nos damos la mano y nos saludamos.

Un poco de todo   A.   1. fue   2. tuve   3. estuve   4. me levanté   5. sentía   6. quería (quise)   7. se puso   8. dolía   9. dormí   10. empecé   11. llamaste   12. los   13. conocía   14. llamé   15. a   16. llamó   17. llevaron   18. lo   19. despertaba   20. lo   21. el   22. hablaba   23. el   **B.** enfermaba / cuidaba / comía / hacía / dormía / llevaba / / sentía / dolían / dolía / quería / decidí / Miré / vi / eran / Llamé / venía / dije / iba / Tomé / acosté   **C.**   1. Los niños se estaban pegando cuando su madre los vio.   2. Graciela estaba durmiendo cuando sonó el teléfono.   3. Estaba despidiéndome de Raúl cuando entraste.

Perspectivas culturales: Venezuela   1. Curaçao, Aruba   2. Maracaibo   3. el Salto Ángel   4. la Ciudad Universitaria de Caracas   5. Cametro   6. arpa llanera

Póngase a prueba   A ver si sabe…   A.   a. I   b. P   c. I   d. I   e. I   **B.**   1. a. quien(es) b. que c. lo que   2. 1. c   2. b   3. a   4. a   5. b   **C.**   1. Mi novio/a y yo nos queremos.   2. Mi mejor amigo y yo nos conocemos bien.   3. Marta y sus padres se llaman todos los domingos.

Prueba corta   A.   1. era   2. tenía   3. pagaban   4. preguntó   5. quería   6. pude   7. me dieron   8. creían   9. era   10. tenía   11. conseguí   12. empecé   **B.**   1. que   2. quien   3. lo que   4. quien   5. que   **C.**   1. se despiden / se dan   2. se hablan   3. se respetan   4. se ven   5. se ayudan

CAPÍTULO 11

Vocabulario: Preparación ¡La profesora Martínez se levantó con el pie izquierdo! B. 1. torpe
2. me caí 3. me hice daño en (me lastimé) 4. duele 5. no se equivoca 6. rompí 7. aspirinas
8. se siente 9. Qué mala suerte 10. me acuerdo **C.** (*Possible answers*) 1. Estudia fotografía.
2. Tiene dos clases muy temprano por la mañana y otra por la noche. 3. Porque hay mucho tráfico
y no encuentra dónde estacionarse. 4. Tiene que revelarlas, copiarlas y presentarlas. 5. Porque
no quiere sacar malas notas. 6. a. Es difícil. b. Puede tomar menos clases. **D.** 1. el cuerpo
2. la cabeza 3. el brazo 4. la mano 5. la pierna 6. el pie 7. los dedos **Nota comunicativa:**
More on Adverbs A. 1. fácilmente 2. inmediatamente 3. impacientemente 4. lógicamente
5. totalmente 6. directamente 7. aproximadamente 8. furiosamente **B.** 1. tranquilamente
2. finalmente 3. Posiblemente 4. aproximadamente 5. sinceramente 6. solamente

Gramática Gramática 33 B. 1. Hace dos semanas que visito México. 2. Hace un semestre que
estudio español. 3. Hace una semana que estoy aquí. **C.** 1. ¿Cuánto tiempo hace que estudias
español? 2. ¿Cuánto tiempo hace que asistes a esta universidad? 3. ¿Cuánto tiempo hace que vives
en el mismo lugar? 4. ¿Cuánto tiempo hace que no vas al cine? 5. ¿Cuánto tiempo hace que no
recibes dinero de tu familia? **D.** (*Possible answers*) 1. —¿Cuándo fue la última vez que te enfer-
maste? —Fue hace dos meses. 2. —¿Cuándo fue la última vez que diste una fiesta? —Fue el año
pasado (hace un año). 3. —¿Cuándo fue la última vez que estuviste en un restaurante elegante? —
Fue hace tres años. 4. —¿Cuándo fue la última vez que hiciste un viaje? —Fue hace un mes.
Gramática 34 A. 1. b 2. d 3. a 4. c 5. e **B.** 1. olvidaron 2. cayó 3. acabó 4. rompieron
D. 1. a. Se le quedó en casa. b. No, se le quedó el libro en casa. c. No, se le quedó el libro a Pablo.
2. a. Se me olvidaron los papeles. b. Se me olvidaron en la biblioteca. c. No, se me olvidaron los papeles.
3. a. Se le perdió el paraguas. b. Se le perdió ayer. c. Se le perdió en el cine. d. Se le perdió a Carla.
Gramática 35 A. 1. Por Dios (Por favor) / por 2. por primera 2. por eso / por ejemplo 4. por si
acaso 5. Por lo general 6. por 7. por lo menos 8. por / Por fin **B.** 1. Mi hermano y yo fuimos
a Europa por primera vez en el verano de 1992. 2. Visitamos España por las Olimpíadas.
3. Viajamos de Los Ángeles a Barcelona por avión. 4. Fuimos (Pasamos) por Nueva York.
5. Pasamos por lo menos trece horas en el avión. **C.** 1. Lo necesita para ir a recoger a María
Rosa. 2. Viene para esquiar. 3. No, son para ella. 4. Sí, es muy lista para su edad. 5. Estudia para
(ser) sicóloga. 6. Sí, trabaja para la compañía de teléfonos. **D.** 1. por 2. por 3. por 4. para
5. para 6. por 7. para 8. para 9. por 10. para 11. para 12. para 13. por

Un poco de todo A. 1. a 2. está 3. le 4. perdió 5. dimos 6. su 7. supo 8. se escapó
9. se despertó 10. se vistió 11. salió 12. encontró 13. hizo 14. pudo 15. se olvidó 16. por
17. se sintió 18. durmió 19. para **B.** 1. Ayer mientras pelaba las papas, me corté y me hice daño
en el dedo. 2. Cuando sacaba mi coche del garaje, choqué con el coche de papá. 3. Cuando el
mesero traía el vino, se le cayeron los vasos. 4. Mientras Julia esquiaba, se cayó y se (le) rompió el
brazo. 5. Mientras Carlos caminaba, se dio contra una señora y le pidió disculpas. **C.** 1. ¿Cuánto
tiempo hace que vives en tu apartamento? 2. ¿Cuánto tiempo hace que no compras ropa?
3. ¿Cuánto tiempo hace que no visitas al médico? 4. ¿Cuánto tiempo hace que no vas al cine?
5. ¿Cuánto tiempo hace que aprendiste a tocar la guitarra? 6. ¿Cuánto tiempo hace que hiciste un
viaje a México? 7. ¿Cuánto tiempo hace que conociste a tu mejor amigo? 8. ¿Cuánto tiempo hace
que supiste del accidente de Mario? **D.** 1. Ud. habla muy bien para principiante. 2. Necesitamos
terminar esta lección para el viernes. 3. Debemos repasar los mandatos, por si acaso. 4. Vamos a
pasar por la biblioteca. 5. Necesito sacar unos libros para mi hermano.

Perspectivas culturales: Puerto Rico 1. mil personas 2. el Viejo San Juan 3. El Yunque
4. Estado Libre Asociado 5. El Morro 6. la bomba, la plena

Póngase a prueba A ver si sabe... A. 1. a. Hace diez años que vivimos en esta casa.
b. ¿Cuánto tiempo hace que estudias español? 2. a. Hace dos días que entregué mi trabajo. b. Hace
una hora que recogieron los documentos. **B.** 1. Se me perdió 2. Se nos perdió 3. (A Juan) Se le
rompieron 4. Se les olvidó poner **C.** Usos de *para:* a. 3 b. 4 c. 1 d. 2 Usos de *por:* a. 3
b. 1 c. 2 d. 4 **Prueba corta A.** 1. Fui a ver al doctor hace una semana. 2. Tomé mis píldoras
hace una hora. 3. Hace tres semanas que estoy enfermo/a. 4. Hace dos días que me siento
mejor. **B.** 1. b 2. b 3. a 4. a 5. a **C.** 1. por 2. para 3. para 4. por 5. para 6. para

Vocabulario: Preparación   Tengo... Necesito... Quiero... (Part 3)   B. (*Possible answers*)   1. Le gusta (interesa) a ella.   2. Le gusta a él.   3. Les gusta a los dos.   4. Les gusta (interesa) a los dos.   5. Le gusta a ella.   6. Le gusta a él.   7. Le gusta a él.   8. Le gusta a él.   **C.**   1. falló / guardar   2. lector / videocasetera   3. impresora   4. correo electrónico   5. cámara / imprimir   **D:**   1. jefa / aumento / cambiar de trabajo / obtener   2. sueldo / parcial   3. falló   4. manejar   **La vivienda (Part 4)** 1. alquilar   2. dirección   3. vecindad   4. alquiler   5. piso   6. vista   7. centro   8. afueras 9. luz   10. dueños   11. portero   12. planta baja   13. vecinos

   Gramática ¡RECUERDE! A.   2. Escríbanlo / lo escriban   3. Juéguelo / lo juegue   4. Dígamelo / me lo diga   5. Dénselo / se lo den   **B.**   1. No se equivoque.   2. No se hagan daño.   3. No se ría tanto.   4. Consiga otro puesto (trabajo).   **Gramática 36   B.**   1. Sube   2. cambies   3. Pon / pongas   4. uses / usa   5. Apaga   6. Arregla   7. Préstame   8. le mandes / mándale   9. Dile / le digas   **C.** (*Possible answers*)   1. no juegues en la sala   2. deja de hablar por teléfono   3. llega a tiempo   4. vístete bien (mejor)   5. lávate las manos antes de comer   6. no seas pesado   7. no pongas los pies sobre mi cama   8. no toques el piano todo el tiempo   **D.**   1. ponla / no la pongas   2. sírvesela / no se la sirvas   3. tráemela / no me la traigas   4. lávamelos / no me los laves   **Gramática 37 A.** lleguemos / empiece / conozcamos / juegue / consigamos / divirtamos / duerma   **B.**   1. a, c 2. b, c   3. a, b   4. a, b   5. a, c   6. b, c   **C.**   1. pueda / olvide / sepa   2. empiecen / manden / digan   3. llegues / seas / busques   4. vayamos / alquilemos / perdamos   **Gramática 38 B.**   1. digan la verdad / lleguen a tiempo / acepten responsabilidades / sepan usar... / no usen... 2. resulte interesante / me guste / no esté lejos de casa / me dé oportunidades para avanzar **C.**   1. veamos   2. compremos   3. paguemos   4. volvamos   5. llamemos   **D.**   1. ¿Qué quieres que compre?   2. ¿Qué quieres que traiga?   3. ¿Qué quieres que prepare?   4. ¿Qué quieres que busque? 5. ¿Qué quieres que cocine?   **E.**   1. trabajemos / trabajar   2. almorcemos / almorzar   3. traer / traigamos   4. pidamos / pedir   5. obtengo / obtenga

   Un poco de todo   A. *Oye, mira. Abre* los ojos y *ve* todos los detalles del paisaje. *Viaja* a *tu* destino sin preocupar*te* por el tráfico. *Haz tu* viaje sentado cómodamente y *llega* descansado. *Goza* de la comida exquisita en el elegante coche-comedor. *Juega* a las cartas o *conversa* con otros viajeros como *tú.* Y *recuerda:* ¡Esto pasa solamente viajando en tren!   **B.**   1. se lo mandes   2. se lo pidas   3. ir 4. buscarlo   5. lo empiece   6. me lo traiga   **C.**   1. Chicos, vengan aquí. Necesito enseñarles a manejar la lavadora nueva.   2. María, ayuda a tu hermano a barrer el patio.   3. Pepe, recomiendo que hagas tu tarea antes de salir a jugar.   4. María, no te olvides de llamar a Gabriela para darle nuestra nueva dirección.   5. Pepe, ve a tu cuarto y ponte una camisa limpia.

   Perspectivas culturales: El Perú   1. Bolivia, Chile, el Ecuador   2. El Valle Sagrado   3. El Palacio Nacional   4. Cuzco   5. edificios de estilo barroco   6. Machu Picchu

   Póngase a prueba   A ver si sabe...   A. *decir:* di / *escribir:* no escribas / *hacer:* haz / no hagas / *ir:* ve / no vayas / *salir:* sal / no salgas / *ser:* sé / no seas / *tener:* no tengas / *trabajar:* trabaja **B.**   1. a. busque b. dé c. escriba d. esté e. estudie f. vaya g. oiga h. pueda i. sepa j. sea k. traiga l. viva   2. *comenzar:* comience / comencemos / *dormir:* durmamos / *perder:* pierda / *sentirse:* sienta / sintamos   **C.**   1. prefiere / vengan   2. Es / comience   3. prohíbe / entremos   4. insisten / se queden 5. Es / traigas   **Prueba corta   A.**   1. Ven   2. apagues   3. Llama / dile   4. pongas / ponlo   5. te preocupes / descansa   **B.**   1. busques   2. comprar   3. vayamos   4. hablar / hablemos   5. sepas / pierdas

Vocabulario: Preparación   Las artes   C.   1. Gabriel García Márquez escribió *Cien años de soledad.* 2. Diego Rivera pintó murales.   3. Plácido Domingo cantó óperas italianas.   4. Robert Rodríguez dirigió *Desperado.*   5. Andrés Segovia tocó la guitarra clásica.   6. Judy Garland hizo el papel de Dorothy... 7. Augusto Rodin esculpió *El pensador.*   **Ranking Things: Ordinals   A.**   1. primera   2. cuarto   3. segundo 4. Primero / Quinto   5. Tercero / Cuarto   6. Octavo / segunda / quinta   7. Décimo   8. primer 9. noveno   **B.** (*Possible answers*)   1. segundo   2. primera / nueve   3. séptimo / quinto   4. cuarto

   Gramática   Gramática 39   A.   1. Me alegro mucho que el papa me mande más dinero.   2. A los artesanos no les gusta que yo siempre esté aquí.   3. Temo mucho que no podamos terminar...   4. Es mejor que nadie nos visite durante...   5. Espero que esta sea mi...   **B.** (*Possible answers*)   1. Lamento que mis amigos no puedan salir conmigo esta noche.   2. Es una lástima que los boletos para el «show» se hayan agotado.   3. Me sorprende que no vayas nunca al teatro.   4. Espero que sepas dónde está el cine.   5. ¡Es increíble que las entradas sean tan caras!   **C.**   1. Es una lástima que Juanes no cante esta noche.   2. Es absurdo que las entradas para el espectáculo cuesten tanto dinero.   3. Es increíble que no conozcas las novelas de Gabriel García Márquez.   4. Sentimos no poder ayudarlos a Uds.   5. Me molesta que haya tantas personas que hablan durante una función.   6. No me sorprende que Penélope Cruz sea tan popular.   **D.**   1. Ojalá que vea a mis amigos en Guadalajara.   2. Ojalá que vayamos juntos a Mérida. 3. Ojalá que lleguemos a Chichén Itzá para la celebración del solsticio de verano.   4. Ojalá que encuentre un objeto bonito de artesanía para mis padres.   5. Ojalá que tengamos suficiente tiempo para ver el Museo de Antropología en el D.F.   **Gramática 40   A.**   1. Dudo que a mis amigos les encante el jazz. 2. Creo que el museo está abierto los domingos.   3. No estoy seguro/a de que todos los niños tengan talento artístico.   4. No es cierto que mi profesora vaya a los museos todas las semanas.   5. No creo que mi profesor siempre exprese su opinión personal.   **B.**   (*Possible answers*)   1. Creo que a mi profesor le gusta este autor.   2. Es verdad que este libro tiene magníficas fotos…   3. Es probable que las novelas de García Márquez se vendan aquí.   4. Dudo que esta sea la primera edición de esta novela.   5. No creo que acepten tarjetas de crédito en esta librería.   6. Estoy seguro/a de que hay mejores precios en otra librería.   **C.**   1. Creo que hoy vamos a visitar el Museo del Prado.   2. Es probable que lleguemos temprano. 3. Estoy seguro/a de que hay precios especiales para estudiantes.   4. Es probable que tengamos que dejar nuestras mochilas en la entrada del museo.   5. Dudo que podamos ver todas las obras de Velázquez.   6. Creo que los guardias van a prohibir que saquemos fotos.   7. ¿Es posible que volvamos a visitar el museo mañana?   **Gramática 41   A.**   1. vayamos   2. sean   3. sepas   4. haya   5. permitan / paguemos   6. empaqueten   **B.**   1. apagues / pagar   2. es / sepa / es   3. estés / te sientas   4. hablemos / tratemos / hacerlo   5. estudies / guste / hagas   6. estaciones / caminar   7. empieza / recuerde **C.**   (*Possible answers*)   1. Dudo que todos saquemos una «A» en el próximo examen.   2. No es probable que el profesor / la profesora se olvide de venir a clase mañana.   3. Espero que no tengamos tarea para mañana.   4. Dudo que aprendamos todo sin estudiar.   5. ¡Ojalá que nos divirtamos mucho!   6. ¡Ojalá que el profesor / la profesora nos dé una fiesta!

Un poco de todo   A.   1. desee estudiar para ser doctora   2. vuelvan tarde de las fiestas   3. juegue en la calle con sus amigos   4. vaya de viaje con su novia y otros amigos   5. busque un apartamento con otra amiga   6. quiera ser músico   7. los amigos sean una influencia positiva   **B.**   1. en tomar   2. que estudiar   3. a pensar   4. de tocar / que ganarte   5. a estar   **C.**   (*Possible answers*)   1. Está esculpiendo un huevo de mármol. (Está haciendo una escultura de mármol.)   2. La escultura empieza a rajarse. 3. Al final (la escultura) se rompe y Cándido descubre que es un huevo de verdad.   4. Se siente contento (feliz). Al final, se siente asombrado (muy sorprendido).

Perspectivas culturales: Bolivia y el Ecuador   1. Bolivia, La Paz, Sucre   2. las tierras altas   3. el Ecuador   4. Titicaca   5. Charles Darwin   6. Otavalo

Póngase a prueba   A ver si sabe…   A.   1. llegues   2. estén   3. veamos   4. puedan 5. salgamos   6. se aburran   **B.**   1. sea   2. es   3. sepas   4. guste   5. dicen   **Prueba corta   A.**   1. Me alegro que Uds. vayan con nosotros al concierto.   2. Es una lástima que Juan no pueda acompañarnos. 3. Es probable que Julia no llegue a tiempo. Acaba de llamar para decir que tiene que trabajar.   4. Ojalá que consigas butacas cerca de la orquesta.   5. Es cierto que Ceci y Joaquín no van a sentarse con nosotros.   6. Me sorprende que los otros músicos no estén aquí todavía.   7. Es extraño que nadie sepa quién es el nuevo director.   **B.**   1. tercer   2. primera   3. segunda   4. séptimo   5. quinto

CAPÍTULO 14

Vocabulario: Preparación   La naturaleza y el medio ambiente   B.   1. Más de la tercera parte del papel fue reciclado.   2. Reciclar es la única forma.   **C.**   1. C   2. F   3. C   4. C   **E.**   1. puro / bella 2. fábricas / medio ambiente   3. ritmo   4. falta / población   5. transportes   6. destruyen   7. proteja / desarrollar   **Los coches   B.**   (*Possible answers*)   2. Revise la batería.   3. Cambie el aceite.   4. Revise los frenos.   5. Arregle (Cambie) la llanta.   6. Llene el tanque.   7. Limpie el parabrisas.   **C.**   1. manejar (conducir) / funcionan / parar   2. doblar / seguir (sigue)   3. gasta   4. estacionar   5. licencia 6. arrancar   7. conduces (manejas) / carretera / chocar   8. circulación / semáforos   9. autopistas **Gramática   Gramática 42   A.**   1. C   2. F   3. C   4. C   5. F   **B.**   1. preparado   2. salido 3. corrido   4. abierto   5. roto   6. dicho   7. puesto   8. muerto   9. visto   10. vuelto   **C.**   1. Las invitaciones están escritas.   2. La comida está preparada.   3. Los muebles están sacudidos.   4. La mesa está

puesta.   5. La limpieza está hecha.   6. La puerta está abierta.   7. ¡Yo estoy muerto/a de cansancio!
Gramática 43   B.   1. Ha escrito   2. Ha dado   3. Ha ganado   4. Ha dicho   5. Ha dirigido   6. Se ha
hecho   **C.**   1. ¿Has tenido un accidente últimamente?   2. ¿Te has acostado tarde últimamente?
3. ¿Has hecho un viaje a México últimamente?   4. ¿Has visto una buena película últimamente?
5. ¿Has vuelto a ver al médico últimamente?   6. ¿Has roto un espejo últimamente?   **D.**   1. TINA: Raúl
quiere que vayas al centro. UD.: Ya he ido.   2. TINA: Raúl quiere que hagas las compras. UD.: Ya las he
hecho.   3. TINA: Raúl quiere que abras las ventanas. UD.: Ya las he abierto.   4. TINA: Raúl quiere que le
des la dirección de Bernardo. UD.: Ya se la he dado.   5. TINA: Raúl quiere que escribas el informe. UD.:
Ya lo he escrito.   **E.**   1. Dudo que la hayan arreglado.   2. Es increíble que lo hayan construido.
3. Es bueno que los hayan plantado.   4. Es terrible que lo hayan cerrado.   5. Es una lastima que se
hayan ido.   6. Siento que la haya perdido.   7. Me alegro que lo haya conseguido.   **G.**   (*Possible answers*)   1. Antes de 2006 (nunca) había tenido una computadora.   2. ...(nunca) había aprendido a
esquiar.   3. ...(nunca) había escrito nada en español.   4. ...(nunca) había hecho un viaje a España.
5. ...(nunca) había estado en un terremoto.

   Un poco de todo   A.   1. preocupados   2. diversos   3. puertorriqueña   4. esta   5. hecha
6. dicho   7. pintado   8. incluido   9. construidos   10. inspirado   11. tratado   12. verdes   13. cubiertas
B.   (*Possible answers*)   1. a. Ella le ha escrito a su novio.   b. Es posible que no lo haya visto en mucho
tiempo.   2. a. Él ha vuelto de un viaje.   b. Piensa que ha perdido su llave.   3. a. Se le han acabado los
cigarrillos.   b. Es una lástima que haya fumado tanto.   4. a. Ha comido en un restaurante elegante.
b. Es posible que no haya traído bastante dinero.   5. a. Ha llamado a la policía.   b. Es terrible que le
hayan robado la cartera.   6. a. Se ha roto la pierna.   b. Es posible que se haya caído por la escalera.

   Perspectivas culturales: La Argentina   1. 40 millones de habitantes   2. europea   3. las Madres de
la Plaza de Mayo   4. La Boca   5. los gauchos   6. la Casa Rosada   7. el Brasil

   Póngase a prueba   A ver si sabe...   A.   1. a. dicho   b. ido   c. leído   d. puesto   e. roto   f. visto
2. a. cerradas   b. abierto   c. investigados   d. resueltos   **B.**   *cantar:* que haya cantado / / *conducir:* has
conducido / / *decir:* hemos dicho / que hayamos dicho / / *tener:* habéis tenido / que hayáis tenido
C.   1. había roto   2. Habían contaminado   3. había hecho   4. Habíamos descubierto   **Prueba corta**
A.   1. las fábricas destruidas   2. las luces rotas   3. la energía conservada   4. las montañas cubiertas
de nieve   5. las flores muertas   **B.**   1. b   2. b   3. a   4. c   5. c

CAPÍTULO 15

Vocabulario: Preparación   Las relaciones sentimentales   B.   1. boda   2. novia   3. noviazgos / matrimonio / esposos   4. cariñosa   5. soltera   6. lleva / divorciarse   7. amistad   8. luna de miel
9. viudo   **C.**   1. Rompió con ella hace poco.   2. Ya habían invitado a muchas personas y habían
hecho contratos con el Country Club y la florista.   3. Le pide que le devuelva el anillo.   4. Debe
guardarlo.   5. a. ella (la novia)   b. sus padres / gastos   **Las etapas de la vida   A.**   1. juventud
2. adolescencia   3. nacimiento / muerte   4. infancia   5. madurez   6. vejez   7. niñez   **B.   Paso 2.**
a. 2   b. 3   c. 4   d. 1

   Gramática   Gramática 44   A.   1. C   2. C   3. C   4. F   5. F   6. C   7. F   8. F   **B.   a.**   1. sea
2. esté   3. tenga   4. cueste   5. encuentren   b. 1. sepa   2. sea   3. fume   4. pase   5. llegue
6. se ponga   7. se enferme   c. 1. practiquen   2. jueguen   3. escuchen   4. hagan   5. guste
C.   1. viven en la playa / viva en las montañas   2. le enseñe a hablar / viene a visitar   3. son
bonitos / le hacen / sean cómodos / estén de moda / vayan bien con su falda rosada / le guste
4. podamos alquilar / son razonables / están lejos del centro   **Gramática 45   A.**   1. salgamos
2. nos vayamos   3. nos equivoquemos   4. descanses   **B.**   1. a. quiera   b. sepa   c. esté   2. a. volvamos
b. le preste   c. consiga   3. a. llueva   b. haya   c. empiece   **C.**   (*Possible answers*)   1. para   2. para
que   3. antes de   4. antes de que   5. sin   6. en caso de que   **D.**   (*Possible answers*)   1. tengas un
buen trabajo   2. te enfermes o haya una emergencia   3. se conozcan   4. se amen y se lleven bien
5. (antes de) casarte / (antes de que) se casen

   Un poco de todo   1. se llevan   2. se odian   3. por   4. sepa   5. ha   6. por   7. hecho   8. se
conozcan   9. se encuentran   10. se enamoran   11. los vean   12. se encuentran   13. Por   14. descubren

15. rompan 16. lo obedezca 17. va 18. se termine 19. se escapan 20. lejos 21. han 22. vuelvan
23. acaben

Perspectivas culturales: Chile 1. Magallanes 2. mejor 3. áridas 4. mucho vino 5. escultura
6. 95 7. la Cordillera de los Andes

Póngase a prueba A ver si sabe... A. 1. es 2. sepa 3. conoce 4. haga 5. piense
B. 1. c 2. d 3. b 4. a 2. a. poder b. salga c. tengas d. llamarme **Prueba corta A.** 1. quiera
2. vaya / viajan 3. nacen 4. acaba 5. sea **B.** 1. casarse 2. puedan 3. necesites 4. hayas
5. consigas 6. se vayan

CAPÍTULO 16

Vocabulario: Preparación Las profesiones y los oficios A. 1. hombre/mujer de negocios
2. obrero 3. plomero/a 4. comerciante 5. enfermero/a 6. abogado/a 7. siquiatra 8. maestro/a
9. ingeniero/a 10. médico/a 11. periodista 12. bibliotecario/a **B.** 1. Viajan de Guayaquil a Quito
(Ecuador) en autobús. 2. Los tres son intelectuales. Una es profesora, otro es abogado y el otro es
arquitecto. 3. Él es comerciante. 4. No, parece que no ganan lo suficiente. 5. No ganan lo suficiente
para mantener a sus familias. **El mundo del trabajo A.** 1. currículum 2. escríbelo en la computadora
3. empleo 4. entrevista / director de personal 5. empresa 6. mujer de negocios 7. Llena / solicitud 8. renunciar / dejes **B.** (*Possible answers*) 1. a. Busca empleo. b. No, no duda que puede colocarse en esa empresa. Parece que tiene contactos. 2. a. Está despidiéndolo. b. Es necesario que se
vista mejor. 3. a. Está llenando una solicitud. b. Espera conseguir el trabajo. **Una cuestión de dinero**
B. 1. gastado 2. ahorrar 3. presupuesto 4. alquiler 5. corriente 6. facturas 7. devolver 8. te
quejas **C.** 1. en efectivo 2. a plazos 3. préstamo 4. tarjeta de crédito 5. cajera **D.** 1. Ha
decidido abrir una cuenta de ahorros. (Ha decidido dejar de despilfarrar su dinero.) 2. Les pide un
cheque o dinero contado. 3. Quiere usar su tarjeta de crédito. 4. Se usa demasiado.

Gramática Gramática 46 B. 1. buscaré / compraré 2. harás / vivirás 3. vendrá / estará
4. iremos / nos divertiremos 5. tendrán / podrán 6. saldremos / volveremos **C.** 1. cobrará / lo
pondrá 2. querrán / se sentarán 3. sabrá / se quedará 4. les dirá 5. tendremos / iremos /
bailaremos **D.** (*Possible answers*) 1. ...podré comprar un coche. 2. ...habrá mucho tráfico. 3. ...se
pondrá furiosa. 4. ...sabré cómo llegar a tu casa. **E.** 1. Ahora estudiará ingeniería. 2. Ahora
será programadora. 3. Ahora estará casada. 4. Ahora jugará con un equipo profesional.
Gramática 47 A. 1. a, Habitual 2. b, Futuro 3. b, Futuro 4. a, Habitual 5. a, Futuro
B. 1. a. Cuando me casé b. Cuando me case 2. a. Tan pronto como vuelvo b. Tan pronto como
volví c. Tan pronto como vuelva 3. a. hasta que nos llaman b. hasta que nos llamaban c. hasta que
nos llamen 4. a. Después (de) que nos vamos b. Después (de) que nos fuimos c. Después (de) que nos
vayamos **C.** 1. Elena hará su viaje en cuanto reciba su pasaporte. 2. Ellos no se casarán hasta que
encuentren casa. 3. Roberto nos llamará tan pronto como sepa los resultados. 4. Mario vendrá a
buscarnos después de que vuelva su hermano. 5. Mi hermana y yo iremos a México cuando salgamos
de clases. **D.** 1. Cuando viaje a México, llevaré solamente dólares y tendré que cambiarlos a
pesos. 2. Iré a la Casa de Cambio Génova, en el Paseo de la Reforma. 3. Firmaré los cheques de
viajero en cuanto entre en el banco. 4. Haré cola hasta que sea mi turno. 5. Le daré mi pasaporte al
cajero tan pronto como me lo pida. 6. Después de que le dé 100 dólares, él me dará un recibo.
7. Me devolverán el pasaporte cuando me den el dinero. 8. Iré al restaurante... en cuanto salga...

Un poco de todo A. 1. rapidez, facilidad, comodidad, tranquilidad 2. Le ahorra tiempo.
3. Tiene setecientos cincuenta telebancos. 4. Lo más maravilloso es que la tarjeta sea gratis.
5. Lo mejor es que la tarjeta les porporcione (dé) dinero a cualquier hora. 6. Si se pierde la tarjeta,
nadie más que él la puede usar. **B.** 1. En el año 2050 ya no habrá guerras. 2. En dos años sabré
hablar español bastante bien. 3. Ojalá que Uds. vengan a verme el año que viene. 4. El próximo año
podré comprar mi propia computadora. 5. Compraremos un coche rojo descapotable cuando
ganemos la lotería. 6. Me jubilaré cuando tenga 65 años a menos que gane la lotería antes.

Perspectivas culturales: El Paraguay y el Uruguay 1. España y Portugal 2. Porque el país no tiene acceso al mar. 3. Es (la herencia) guaraní. 4. Son la playa Brava en el Atlántico y la playa Mansa en el Pacífico. 5. La música típica es el candomblé y se toca con tres tambores o cuerdas. 6. No, lo llevaron al Paraguay los jesuitas. 7. Porque provee energía eléctrica al Paraguay y al Brasil.

Póngase a prueba   A ver si sabe...   **A.** *llevar:* llevará / llevaremos / llevarán / / *poder:* podré / podremos / podrán / / *saber:* sabré / sabrá / sabrán / / *salir:* saldré / saldré / saldremos / / *venir:* vendré / vendrá / vendremos / vendrán   **B.** 1. a 2. c 3. a 4. b 5. c 6. b   **Prueba corta A.** 1. iré 2. hará 3. habrá 4. pondré 5. devolverá   **B.** 1. recibamos 2. deposite 3. pueda 4. fui 5. terminen 6. tenía 7. pase

CAPÍTULO 17

Vocabulario: Preparación   Las noticias   B. 1. enterarse 2. prensa 3. guerra 4. huelga 5. dictador 6. asesinato 7. paz   **El gobierno y la responsabilidad cívica   A.** 1. derecho / ciudadanos 2. rey / reina 3. ejército 4. discriminación   **C.** 1. noticiero 2. reporteros 3. acontecimiento 4. huelga 5. obreros 6. esperanza 7. prensa 8. desastre 9. se enteró 10. desigualdad 11. informa 12. testigos 13. demás (otros) 14. choques 15. paz 16. noticias 17. asesinato 18. dictador 19. acontecimiento 20. guerra 21. dictador

Gramática   Gramática 48   A. 1. aprendieron / aprendiera 2. decidieron / decidiera 3. sentaron / sentaras 4. jugaron / jugaras 5. quisieron / quisieras 6. hicieron / hiciera 7. tuvieron / tuviera 8. pusieron / pusiera 9. trajeron / trajéramos 10. vinieron / viniéramos 11. siguieron / siguiéramos 12. dieron / dieran 13. fueron / fueran 14. vieron / vieran   **C.** 1. a. fuera b. almorzara c. empezara d. hiciera 2. a. pudieras b. recordaras c. estuvieras d. vinieras 3. a. los despertáramos b. pusiéramos c. nos sentáramos d. los llamáramos 4. a. ofrecieran b. dieran c. dijeran d. consiguieran   **D.** 1. Pepe quería que Gloria le trajera las llaves. 2. Ana quería que Carla le dijera la verdad. 3. David quería que Miguel se acostara temprano. 4. Rita quería que Ernesto no se enojara tanto y que fuera más paciente.   **E.** 1. Quisiera verla/lo (a Ud.) en su oficina. 2. Quisiera ver todas mis notas. 3. Mis compañeros de clase y yo quisiéramos tomar nuestro último examen otra vez.   **¡RECUERDE!** 1. nuestra esperanza / mis esperanzas 2. sus huelgas / su huelga 3. nuestros derechos / tu derecho 4. nuestras leyes / sus leyes   **Gramática 49   A.** 1. No, no son míos. Los míos son más viejos. 2. No, no es suya. La suya es negra. 3. No, no son nuestras. Las nuestras son más grandes. 4. No, no es suya. La suya es más nueva. 5. No, no son mías. Las mías son más altas.   **B.** 1. Vinieron unos amigos tuyos. 2. Se quejaron unos estudiantes suyos. 3. Nos la trajo una vecina nuestra. 4. Te llamó un amigo tuyo.   **C.** 1. Protestan porque la Cámara de Comercio de Hollywood no le dio a Carlos Gardel una estrella en el Paseo de la Fama. 2. Se conmemora el aniversario de la muerte de Gardel. 3. Se lo ha pedido once veces. 4. Son Rita Moreno, Andy García y Ricardo Montalbán. 5. Se presentaron en las instalaciones de la Alberca Olímpica de la capital de México. 6. Es obligatorio. 7. No hay suficientes escuelas preparatorias. 8. No, no es obligatorio (pero casi todos toman el S.A.T. o el College Board).

Un poco de todo   A. 1. Ofrece un noticiero a las ocho. 2. Trata de una huelga de trabajadores. 3. Temen no poder llegar a su destino. 4. Significa un desastre económico. 5. Dice que espera que la huelga no dure más de tres o cuatro días. 6. Comenta que la huelga va a durar hasta que se resuelva la falta de igualdad de salarios. 7. Unos trabajadores atacaron a tres camiones de la Compañía Francesa de Petróleo. 8. Los detuvieron y los incendiaron. 9. Ocurrieron varios choques de automóviles. 10. Acaban de asesinar a su último dictador. 11. Dice que teme que ese acontecimiento precipite una guerra civil.   **B.** 1. llegáramos / llegamos / lleguemos 2. iba / fuera / vayan 3. conocí / hayas / conocieras   **C.** 1. llamó 2. ayudara 3. pidió 4. hiciera 5. trajera 6. supiera 7. quería 8. recomendó 9. vinieran 10. pudieran 11. volviera

Perspectivas culturales: España 1. español, catalán, gallego y vasco 2. El acueducto de Segovia que fue construido en el primer siglo d.C. 3. «Más es más.» 4. Está todavía incompleta. 5. árabes, judíos y cristianos 6. Andalucía es famosa por el flamenco que es una fusión de influencias gitanas, árabes y folclóricas.

Póngase a prueba   A ver si sabe...   **A.** 1. *aprender:* aprendieras / aprendiéramos / aprendieran / / *decir:* dijera / dijéramos / dijeran / / *esperar:* esperara / esperaras / esperaran / / *poner:* pusiera /

pusieras / pusiéramos / / *seguir:* siguiera / siguieras / siguiéramos / siguieran   2.   a. fueran
b. pudiera c. diéramos d. fuera   **B.**   1. un amigo suyo   2. unos amigos nuestros   3. una vecina
tuya   4. la llamada suya   5. una maleta mía   **Prueba corta**   **A.**   1. obedecieran   2. pudiera
3. dieran   4. dijera   5. tratara   6. quisieras   **B.**   1. los tuyos   2. las suyas   3. La mía   4. las nuestras

CAPÍTULO 18

Vocabulario: Preparación   **En el extranjero: Lugares y cosas**   1. estanco / correo   2. champú /
farmacia   3. estanco   4. copa / bar / café   5. paquete   6. quiosco   7. pastelería   8. estación /
parada   **En un viaje al extranjero**   **A.**   1. C   2. F   3. C   4. C   5. C   **B.**   1. crucé   2. aduanas
3. pasaporte   4. viajera   5. nacionalidad   6. pedir   7. registrar   8. formulario   **D.**   1. pensión
2. de lujo   3. completa   4. desocupada   5. confirmar   6. recepción   7. con anticipación   8. botones
9. propina   10. ducha   11. huéspedes   12. alojarme
   Gramática   **Gramática 50**   **A.**   1, 2, 6, 8   **B.**   1. bajaría   2. sabrías   3. querría   4. podría
5. haríamos   6. seríamos   7. dirían   8. pondrían   **C.**   1. Saldría en crucero desde Ft. Lauderdale.
2. Iría a Puerto Rico y visitaría el parque nacional El Yunque.   3. (No) Gastaría todo mi dinero en los
casinos de San Juan.   4. Podría practicar el francés en Martinique.   5. Les mandaría tarjetas postales a
mis amigos.   6. Haría muchas compras en St. Thomas porque no tendría que pagar impuestos.
D.   1. Dijo que saldría del trabajo a las siete.   2. Dijo que tendría que volver a casa antes de buscarnos.   3. Dijo que pasaría por nosotros a las ocho.   4. Dijo que llegaríamos al cine a las ocho y media.
5. Dijo que no habría ningún problema en buscarnos.   **Gramática 51**   ¡RECUERDE!   b, c   **B.**   1. una
farmacia   2. una pastelería   3. una farmacia   4. un quiosco   5. una parada   6. el correo / un estanco
C.   1. aceptaría   2. me confiaría   3. me casaría   4. iría   5. volvería   6. me ducharía   **D.**   1. fuera
a. trataría b. diría c. llamaría   2. hubiera   a. sentaría b. sabría c. movería   3. fuera   a. cortaría
b. ayudaría c. trataría d. me haría   **E.**   1. Saldría esta noche si me sintiera bien (si no me sintiera
mal).   2. Terminaría este trabajo si no me dolieran los ojos.   3. Guardaría cama mañana si el profesor
no nos diera un examen.   4. Haría ejercicio si tuviera tiempo.   5. Me pondría este traje si no estuviera
sucio.
   Un poco de todo   **A.**   1. Si tengo tiempo, leeré el periódico.   2. Si tuviera tiempo, leería el
periódico.   3. Si tenía tiempo, leía el periódico.   4. Si puedo, iré por la noche.   5. Si pudiera, iría por
la noche.   6. Si podía, iba por la noche.   **C.**   1. entregó   2. contenía   3. tenía   4. nada   5. pidió
6. abriera   7. salir   8. preguntó   9. pensaba   10. dio   **D.**   (*Possible answers*) Soy norteamericano/a. /
Aquí lo tiene. / No, no tengo nada que declarar. / Sólo traigo objetos de uso personal. / Sí, cómo no.
   Perspectivas culturales: Otras comunidades hispanas del mundo   1. en las Américas, el Oriente y
África   2. en el idioma, la comida y la arquitectura   3. Las Islas Filipinas fueron gobernadas por
España por 300 años.   4. Se nota su influencia en los nombres de lugares, apellidos y en el vocabula-
rio filipino.   5. Es una forma musical que viene de los mariachis mexicanos.   6. En «Golden Horse-
shoe», la zona de Montreal y Hamilton.   7. La primera ciudad es San Agustín, Florida y fue fundada
en 1565.   8. Medio millón vive en el Canadá y 40 millones en los Estados Unidos.
   Póngase a prueba   **A ver si sabe...**   **A.**   1. *comer:* comería / comeríamos / comerían / / *decir:*
diría / diría / diríamos / dirían / / *poder:* podría / podría / podrían / / *salir:* saldría / saldría /
saldríamos / saldrían / / *ser:* sería / sería / seríamos   2. a. iría b. lo haríamos c. volverían d. tendría
B.   1. fuera   2. tuviera   3. lo llamaría   4. hiciera   5. quisiera   **Prueba corta**   1. iba   2. viajaré
3. hiciera   4. tendría   5. escribiría   6. conseguirían   7. hago   8. saldrían